WESTEND

HANS-CHRISTIAN LANGE

AN IHREN TATEN SOLLT IHR SIE ERKENNEN

Ein Insider entlarvt die neue Geld- und Politikkaste

WESTEND

Mehr über unsere Autoren und Bücher:
www.westendverlag.de

Die Deutsche Nationalbibliothek verzeichnet diese Publikation in
der Deutschen Nationalbibliografie; detaillierte bibliografische Daten
sind im Internet über http://dnb.d-nb.de abrufbar.

ISBN: 978-3-86489-330-8
1. Auflage 2021
© Westend Verlag GmbH, Frankfurt / Main 2021
Satz: Publikationsatelier, Dreieich
Umschlaggestaltung: Buchgut, Berlin
Druck und Bindung: CPI – Clausen & Bosse, Leck
Printed in Germany

Dieses Buch habe ich meinen Kindern
Alexandra, Armin und Jana gewidmet

Inhalt

I. Einleitung

1. Die apokalyptischen Reiter der 1920er-Jahre kehren zurück

>»Das Ende ist nah – aber für wen?«[1]
>
>*Michael Mann, amerikanischer Regisseur, 2014*

Wir stehen wieder am Beginn von 20er-Jahren. Wenn wir zurückblicken, fragen wir uns: Werden sie wieder golden für wenige und grausam für viele – wie die letzten 20er-Jahre vor einem Jahrhundert? Das damalige Jahrzehnt war von Krisen geprägt. Überall tauchten apokalyptische Reiter auf und verbreiteten Angst und Schrecken, Elend und Tod. Die Völker sammelten sich wie heute um ihre Eliten und suchten Schutz.

Die jüdische Journalistin Gabriele Tergit notiert im Jahr 1920 über die Stimmung in Berlin, Paris und New York, dass man »(…) die apokalyptischen Reiter (zu gut kannte), als dass man sich noch über einen mehr gewundert hätte«.[2]

Tergit hatte gerade den Ersten Weltkriegs erlebt, der weltweit über 15 Millionen Menschen das Leben gekostet hatte. Zu seinem Ende brach die Spanische Grippe aus. Diese Seuche kostete bis zu 50 Millionen zusätzliche Menschenleben. Weitere Reiter des Unheils folgten. Sie überzogen die Welt mit immer neuen Krisen. Manche von ihnen waren gut erkennbar, manche aber zeigten sich erst, als sich eine noch größere Katastrophe anbahnte.

Heute, hundert Jahre später, zu Beginn der 2020er-Jahre, begegnen wir erneut apokalyptischen Gestalten. Es sind Wiedergänger der früheren. Manche erkennen wir sofort, andere weniger oder überhaupt nicht. Geschichte wiederholt sich zwar nicht, aber bestimmte Gefahren und Risiken durchaus. Der Sturm auf das Kapitol im Januar 2021 zeigt: Fast hätte dort eine kleine Machtclique eine der stabilsten Demokratien der Welt an den Kipppunkt gebracht.

Immer wieder können sich Krisen in Katastrophen verwandeln. So wie in den 1920er- und 1930er-Jahren: Die Krisen kulminierten zur Katastrophe von Diktatur und Weltkrieg. Doch es war nicht der apokalyptische Reiter der Pandemie von 1920, der die endgültige Katastrophe heraufbeschwor. Auch nicht die Hyperinflation von 1923, die die deutsche Bevölkerung enteignete, oder der Börsencrash von 1929 – so wenig wie die Weltwirtschaftskrise von 1930 oder die Massenarbeitslosigkeit. Nichts davon kippte die Demokratie Richtung Diktatur, nichts davon den Frieden Richtung Krieg.

Reiche und Einflussreiche

Es war damals eine kleine Gruppe von Reichen und Einflussreichen, die das verbrochen hat. Sie bildeten die Elite, auf deren Krisenmanagement die deutschen Bürger ihre Hoffnung setzten. Diese Elite sollte vermeiden, dass die Krisen sich zu einer Katastrophe auswuchsen. Aber ihre Worte und ihre Taten standen in einem Widerspruch. An ihren Taten hätte man sie erkennen können. Doch da war es schon zu spät. Darum müssen wir heute, angesichts neuer Krisen, besonders darauf achten, ob die Reden der Eliten sich mit ihren Taten decken oder ihnen widersprechen.

Damals predigten sie Gemeinsinn, Demokratie und Frieden, verstießen aber selbst dagegen. So wurden diese Kasten zum apokalyptischen Reiter. Sie täuschten die Bevölkerung und zerstörten die Demokratie.

Aus der Vergangenheit gelernt?

Heute gibt es eine neue Krise, die Covid-Pandemie, und es gibt neue Eliten. Die Deutschen haben die Unheilsgestalten der Zwischenkriegszeit nicht ganz vergessen. Sie hoffen, dass die Eliten der heutigen, der zweiten deutschen Demokratie aus den Katastrophen gelernt haben und es dieses Mal besser machen. Blicken wir kurz zurück, um das beurteilen zu können.

Die damaligen oberen Kasten hatten überdurchschnittlich von Krieg und Krisen profitiert. Sie bereicherten sich teilweise am Ersten Weltkrieg. Danach erlebten sie goldene 20er-Jahre, die Mehrheit der Deutschen jedoch grausame. Teile der Elite verwandelten sich in eine korrupte Clique. Sie vertraten nicht mehr die Interessen der Bevölkerung, sondern ihre eigenen gegen diejenigen der Allgemeinheit. Was war ihr Motiv? Ihre Hauptangst galt ihren Interessen und ihrem Besitz. Wer bildete diese Kaste? Sie setzte sich aus Großindustriellen, Bankiers, Großgrundbesitzern und hohen Politikern zusammen. Im Weltkrieg und in den darauffolgenden Staatskrisen hatten sie mehr Macht und Einfluss angesammelt, als es ihnen sonst möglich gewesen wäre.[3]

Schicksal eines Elitenkritikers

Schon damals, zu Zeiten der Berliner Journalistin Tergit, warnte ein Mann frühzeitig vor ihnen. Es war der junge Hauptmann Kurt von Schleicher. Er veröffentlichte mitten im Ersten Weltkrieg, während der Schlacht von Verdun, eine Denkschrift, in der er die Bereicherung einiger weniger auf Kosten der Vielen anprangerte. Er empörte sich über die »Kriegsgewinnler«, die als Großindustrielle oder Spekulanten vom Krieg profitierten, während das Volk litt, oder die sogar direkt am Tod von Millionen Soldaten verdienten.[4]

In den liberal-konservativen Führungsschichten echauffierte man sich heftig über Schleichers Pamphlet. Er aber machte trotzdem Karriere und sollte als der »rote General« 16 Jahre später der letzte demokratische Reichskanzler der Republik werden. Historiker bezeichnen ihn als die letzte Chance von Weimar. Verzweifelt versuchte er unter schwierigsten Umständen, Hitlers Machtergreifung zu verhindern. Aber genau die korrupten Eliten, die er als junger Offizier angeprangert hatte, fielen ihm in den Rücken.

Sie hatten das perfekt vorbereitet. Jahre zuvor sammelten Großindustrie und Großgrundbesitzer Gelder und schenkten dem Reichspräsidenten von Hindenburg ein Rittergut. Dieser Fall von Korruption sollte später den Sturz der Demokratie ermöglichen.[5]

Als General von Schleicher Reichskanzler geworden war, beging er im Krisenjahr 1932 zwei fatale Fehler: Er versuchte die Partei Hitlers zu spalten, was dieser vereitelte. Und Schleicher ging daran, die Privilegien der Großgrundbesitzer zurechtzustutzen: Er plante eine Reform, die das Vermögen und Eigentum dieser Kreise bedrohte. Mit beiden Maßnahmen machte er sich erbitterte Feinde, die sich hinter seinem Rücken zusammenschlossen.[6]

Eliten gegen Bevölkerung

Die Verschwörung der Eliten vollzog sich ohne Wissen des Parlaments und der Bevölkerung. Heute wissen wir: Diese hat insgesamt mehr Instinkt gegenüber den Machtambitionen Hitlers bewiesen als die Geld- und Machteliten. Die Wähler ließen Hitlers NSDAP die gesamten 1920er-Jahre nicht über den Status einer mickrigen Nischenpartei hinauskommen – und selbst bei den Reichstagswahlen von 1928 erreichte die NSDAP nur 2,6 Prozent der Stimmen. Erst nach Ausbruch der Weltwirtschaftskrise und der Massenarbeitslosigkeit im Jahr 1930 erreichte sie den Höhepunkt von 18 Prozent. Die Wähler verpassten ihr bei den Reichstagswahlen vom November 1932 aber wieder einen entscheidenden Dämpfer – mit einem Schwund von vier Millionen Stimmen. Damit hatte Hitler es versäumt, auf dem Höhepunkt seiner Wahlerfolge nach der Macht zu greifen.

Er trug sich deshalb mit Selbstmordgedanken. Joseph Goebbels notierte in seinem Tagebuch, die gesamte NSDAP-Führung sei der Verzweiflung nahe: »Die Zukunft ist dunkel trübe, alle Aussichten entschwunden.«[7] Gemeint waren die Aussichten auf eine legale Machtergreifung. Hitler schrieb seinen Erfolg ab.

Jetzt aber kam es zu einer der tragischsten Wendungen der deutschen Geschichte: Teile der Eliten drehten die Uhr eigenmächtig zurück – und leisteten damit wesentlichen Vorschub für die Diktatur, wie das später auch der Nürnberger Gerichtshof bestätigte.

Lobbyismus, Korruption, Staatserpressung

Ein einflussreicher Vertreter der damaligen Finanzelite und der Großindustrie, der Bankier Kurt von Schröder, fädelte in seiner Kölner Villa ein geheimes Treffen mit Hitler und dem Ex-Kanzler Franz von

Papen ein. Dieses Treffen gilt Historikern bis heute als »Geburtsstunde des Dritten Reichs«.

Denn jetzt drängte ein Teil der Großindustrie und der Großgrundbesitzer vehement beim Reichspräsidenten von Hindenburg auf Hitlers Ernennung zum Reichskanzler.[8] Hitler selbst besaß Erpressungsmaterial – in Zusammenhang mit der Schenkung der Eliten an Hindenburg – und übte damit Druck aus. Und tatsächlich erwies sich der Reichspräsident als erpressbar.[9] Die kleine Machtclique zwang von Schleicher, den »Sozialisten in Generaluniform«[10], zum Rücktritt und schaltete gleichzeitig den Souverän, das Volk, aus. Sie installierte Hitler ohne Wahlsieg an der Macht. Fünf Wochen später jubelte Goebbels: »Es ist wie ein Traum. (…) Der Führer arbeitet bereits in der Reichskanzlei.«[11]

Dieser entmachtete wenig später den Reichstag, der bald darauf in Flammen aufging. Er hatte allerdings nicht vergessen, dass von Schleicher einer seiner gefährlichsten Gegner war. In der »Nacht der langen Messer« im Juni 1934, in der der neu gekürte Diktator mit politischen Gegnern abrechnete, schickte er ein SS-Kommando zum Haus des roten Generals, der sein Land nicht verlassen wollte, und ließ ihn illegal erschießen. Der gefügige Reichstag verabschiedete ein Gesetz zur »Staatsnotwehr«, das diese Mordtaten legalisierte.

Eliten verraten die Demokratie

Der Weimar-Experte, der Historiker Fritz Fischer, resümiert: »… dass nicht die Wahlergebnisse, die im November 1932 für die NS-Politik rückläufig waren, Hitler an die Macht brachten, sondern die Politik der Machteliten, (…) auch bedeutende Gruppen der Industrie (…) waren am Prozess der Machtübertragung beteiligt.«[12] Der Gelehrte Dietrich Schwanitz wird noch deutlicher: Nicht die bayerischen Bierzeltfaschisten und nicht die großen NSDAP-Wählergruppen in Norddeutschland verhalfen Hitler an die Macht, sondern eine sogenannte Kamarilla aus Großindustrie, Hochfinanz und Spitzenpolitik.[13] Diese Eliten wollten ihr Vermögen und ihren Status retten und opferten dafür Demokratie und Souveränität des Volkes.

Kehren wir in die heutige Zeit zurück und stellen die entscheidende Frage: Ist es heute nicht mehr vorstellbar, dass eine kleine Minderheit eine Demokratie ins Kippen bringt? Zwei aktuelle Ereignisse widerlegen das: zum einen der von Präsident Trump initiierte Sturm auf das Kapitol Anfang 2021 und zum anderen die Putschdrohung französischer Generäle im Frühjahr 2021.[14]

Dass die Bevölkerung weltweit ihren Eliten immer weniger traut, hat sich allerdings schon lange vor der Corona-Pandemie abgezeichnet. Der Harvard-Professor Yascha Mounk beobachtet mit Sorge weltweit den »Aufstieg der illiberalen Demokratie«: In dieser »gewinnen Eliten immer mehr Kontrolle über das politische System und schotten es Zug und Zug von der Öffentlichkeit ab«.[15]

So untergräbt heute wie damals der Lobbyismus die Stabilität der Staaten. Er verschafft einzelnen privilegierten Kreisen Vorteile und schädigt die Allgemeinheit. In Europa steigt er bedrohlich an: »In den 1970er-Jahren gab es in Brüssel noch keine 1 000 registrierten Lobbyisten. Heute versuchen Tag für Tag mehr als 30 000 Lobbyisten, die Politik der EU zu beeinflussen.«[16] Und in Berlin sind allein 6 000 von ihnen unterwegs.[17]

Neue apokalyptische Reiter: Die Kasten

Zusätzlich stehen heute neue apokalyptische Reiter am Horizont bereit: eine mögliche neue Weltwirtschaftskrise, globale Fluchtbewegungen wegen Impfstoffmangel, Hyperinflation, drohende Staatsbankrotte, Klimakrisen und Massenarbeitslosigkeit, aber auch autoritäre und radikale Politiker, die auf ihre Chance lauern.

Und warum gelten die heutigen Eliten als Kasten? Die afro-amerikanische Pulitzer-Preisträgerin Isabel Wilkerson liefert dafür die Begründung. Sie hat den Begriff treffend in ihrem aktuellen Buch *The Caste* definiert. Darin arbeitet sie sechs Säulen heraus, auf denen das Kastenwesen bis heute aufbaut – ob es sich nun durch rassistische, soziale oder moralische Kriterien bestimmt. Denn die sogenannten neuen Kasten grenzen und kapseln sich mit Hilfe sowohl eines ethnischen wie eines sozialen Rassismus ab.

Wilkerson arbeitet folgende Herrschaftsprinzipien der Kasten heraus: Erbfolge; Endogamie oder strenge Auswahl der Zulassung zur Kaste; Förderung harter Hierarchien in der Gesellschaft; »Reinheit« der eigenen Mitglieder; angeborene Überlegenheit gegenüber der angeborenen Unterlegenheit der übrigen Mitglieder; Entmenschlichung und Stigmatisierung »niederer Kasten«; Gewalt und Terror zur Abgrenzung nach unten.[18] Der Kenner der sogenannten Superklasse, der ehemalige amerikanische Politiker David Rothkopf, hat die obersten Geld- und Politikkasten des 21. Jahrhunderts schon 2008 grob skizziert: »Menschen, deren Entscheidungen Tag für Tag riesige Vermögenswerte auf Märkten verschieben, rund um den Globus Arbeitsplätze schaffen, verlagern oder abbauen und über das Schicksal von Regierungsprogrammen, manchmal sogar ganzer Regierungen befinden.«[19] Die Zehnerjahre mit weltweitem Wachstum und die Corona- Krise haben Macht und Einfluss dieser winzigen Minderheit der Weltbevölkerung weiter ausgedehnt. Und sie haben sie auch in Deutschland stärker denn je ermächtigt.

Folgende Fragen stehen deshalb zur Debatte: Konzentrieren die Geldeliten möglicherweise Vermögen und Macht in einer nie dagewesenen Weise – und vergrößern damit den Abstand zu den restlichen 90 bis 99 Prozent der Bevölkerung? Schotten sie sich in exklusiver Weise ab und schützen sich, wie das den Eliten in der bisherigen Geschichte der Menschheit bisher nie möglich war – nicht einmal in den Zeiten von Feudalismus und Absolutismus? Und gefährden diese Eliten damit die Demokratie, die soziale Gerechtigkeit, aber auch das ökologische Gleichgewicht insgesamt? Die Antworten auf die Thesen werden zeigen, was neu ist an den Geld- und Politikeliten und was sich wiederholt.

Wo liegt die moralische Schuld?

Bedauerlicherweise schiebt die deutsche Politikkaste die moralische Schuld an der Pandemie immer wieder der Bevölkerung zu, lähmt diese aber gleichzeitig mit Zwangsmaßnahmen und dem Entzug von Rechten. Spitzenvertreter der Politik geben Durchhalteparolen aus und beschwören in ihren Reden die Demokratie. Dabei senden sie aber immer wieder die Botschaft aus, dass die Hauptgefahr für die Demokratie bei der Normalbevölkerung liege.

Die Geschichte der ersten deutschen Demokratie belegt, wie gesagt, das Gegenteil. Darum ist zu prüfen, ob nicht erneut die größere

Gefahr im Zusammenspiel der heutigen Geld- und Politikkasten besteht: also zwischen Spitzen von Politik und Staat auf der einen Seite und Spitzenvertretern von Wirtschaft und Finanzwelt sowie den obersten Schichten der Gesellschaft, vor allem auch der tonangebenden akademischen Elite auf der anderen Seite.

Denn ein Krisenphänomen aus der Zwischenkriegszeit wiederholt sich: Die heutigen Kasten werden durch diese Kooperation teilweise erneut für Korruption anfällig, ja sie bereichern sich aktuell an der Corona-Krise und sogar am Krisenmanagement: Das belegen in Deutschland die »CumEx-Skandale«, die »Panama-Papers«, die »Wirecard«- sowie die Korruptions- und Maskenskandale, in die allesamt Wirtschafts- und Politikeliten gemeinsam verstrickt sind.

Staats- und Regierungsversagen

Kehren damit Krisen oder gar Katastrophen der 30er-Jahre zurück? Das fragt sich mancher Zeitgenosse zu Recht.

Eines steht bereits fest. Die deutsche Bevölkerung erkennt im zweiten Krisenjahr 2021 schockiert und fassungslos: Deutschland verliert seinen Nimbus als gut organisierter Staat. Die hohe Politik hat Bürger- und Freiheitsrechte massiv und relativ eigenmächtig ausgehebelt. Sie hat wie damals erneut Parlament und Bevölkerung außen vor gehalten. Sie hat die junge Generation massiv benachteiligt und große Teile der Gesellschaft diskriminiert, aber große Player der Wirtschaft wie zum Beispiel Konzerne großzügig bedient. Die Führenden stellen damit die Demokratie in Frage.

Leitmedien sprechen darum zum ersten Mal von Staats- und Regierungsversagen größten Ausmaßes. Wirtschaftsbosse lästern über unseren »Failed State«.[20] Führende Vertreter des Staates fordern sogar eine Neugründung der Bundesrepublik Deutschland – ein eigentlich unerhörter Vorgang –, stellen sie damit doch das ganze System infrage.[21]

Im Frühjahr 2021 ruft ein Spitzenpolitiker der Republik sogar verzweifelt nach einer »Revolution«. Was meint Ralph Brinkhaus, der Fraktionsvorsitzende der regierenden Unionsparteien, damit? Will er eine Revolution von oben auslösen oder ruft er zu einer Revolte von unten auf? Entpuppt sich der Ruf nach einer Revolution vielleicht –

wie so oft in der Geschichte – als Ruf nach einem starken Mann oder einer starken Frau? Schlittern wir also in ein neues autoritäres Jahrhundert? Um diese Frage zu beantworten, werden wir im Folgenden das »Panorama« der Geld- und Machteliten genau ableuchten: Wie leben und arbeiten sie und welche Visionen und Ziele verfolgen sie tatsächlich? Und wieweit weisen ihre Reden und ihre Taten Widersprüche auf – die uns erneut täuschen?

Exkurs I: Expeditionen ins Reich der Einflussreichen

1. Wie ich in die Bunkervilla der Geld- und Machteliten eindrang

>»Die internationale Arbeitsteilung besteht darin, dass einige Länder
> sich im Gewinnen und andere im Verlieren spezialisieren.«[1]

Eduardo Galeano, Schriftsteller, 1973

Mein erster tieferer Einblick in die geheimen Zirkel der Geld- und
Machteliten liegt längere Zeit zurück. Ich konnte zwar als Kanzleramtsberater in den 80er-Jahren interessante Beobachtungen in den
Kreisen hochrangiger Politiker sammeln. Aber Anfang der 90er-Jahre
gelang es mir zum ersten Mal, in den streng abgeriegelten innersten
Zirkel der Wirtschafts- und Finanzelite Europas vorzustoßen. Mir er-
schien das wie eine Expedition in ein hermetisch abgeriegeltes Biotop,
in dem sich eine seltene Spezies aufhielt.

Dort erlebte ich persönlich, wie oberste Kreise von Reichen und
Einflussreichen sich durch Herrschaftswissen ungeheure Vorteile gegenüber der Normalbevölkerung verschafften und wie sie die Grundlage für die heutige Machtzusammenballung der oberen Kasten ge-
legt haben.

Das exotische Macht-Archipel, mein damaliges »Galapagos«, lag
nicht wie das Darwinsche im Pazifik, sondern an der schwedischen
Ostseeküste. Ich arbeitete als einer der engsten Politik- und Kommu-
nikationsberater für den Chef des damals größten deutschen Konzerns, der Daimler-Benz-AG, Edzard Reuter. Was verband mich mit
diesem als unnahbar geltenden Industrieboss? Es war vielleicht der
Umstand, dass wir uns beide als Außenseiter durchgesetzt hatten.

Reuter und ich verabscheuen beide das von Geburt an mit Vorteilen ausgestattete Establishment und nutzten damals einige Gelegenheiten, diese verkrusteten und geschlossenen Kreise zu attackieren.

Wir starteten die Reise im November 1992 in einer Falcon 10, einem Konzern-Düsenjet. Sie hatte nur acht Sitzplätze, Reuter, ich und zwei Sicherheitsexperten waren die einzigen Passagiere.

Die Maschine nahm Kurs Richtung Stockholm, denn dort residiert eine der reichsten und unnahbarsten Milliardär-Dynastien Europas, der Wallenberg-Clan. Zu seinem Imperium zählten damals die Konzernschwergewichte Volvo, Scania und Asea Brown Boveri und zusätzlich eine der wichtigsten schwedischen Banken, die Enskilda Banken.

Stockholm als politischer Hotspot im Zweiten Weltkrieg

Stockholm war im Zweiten Weltkrieg eine Schnittstelle zwischen zwei politischen Lagern, die Europa spalteten: zwischen dem Lager, das Hitler und das Dritte Reich unterstützte, und demjenigen, das dieses Regime bekämpfte – darunter auch Zeitgenossen, die zum Beispiel aus dem Exil Attentate gegen den deutschen Diktator planten. Einige wichtige dieser Kraftlinien kreuzten sich genau in der Villa der Wallenbergs, an einem Meeresarm Stockholms.

Die Wallenbergs hatten meinen Chef Edzard Reuter eingeladen. Er stammte aus einem Netzwerk von Emigranten, die in den 30er- und 40er-Jahren vor Hitler aus Deutschland geflohen waren, und blieb als führender Sozialdemokrat ein ganzes Leben lang davon politisch geprägt.

Schweden und Stockholm wurden in den 30er- und 40er-Jahren zu einem geheimen Kreuzungspunkt unterschiedlichster Untergrund-Verbindungen und -Organisationen. Das lag hauptsächlich daran, dass das Land nicht von deutschen Truppen besetzt war. Schwedens Hauptstadt wurde zu einer Schaltstelle sowohl für den jüdischen Widerstand der Familie Wallenberg wie auch für den roten von Sozialisten und Kommunisten. Willy Brandt konspirierte und agitierte hier beispielsweise eng mit dem politischen Exilanten Bruno Kreisky, der später österreichischer Bundeskanzler wurde. Auch Bertolt Brecht und die spätere Literaturnobelpreisträgerin Nelly Sachs wohnten und wirkten zu dieser Zeit in der Stadt.[2]

Reuter und ich waren uns in der Einschätzung des geheimen Treffens, zu dem wir uns auf den Weg gemacht hatten, weitgehend einig. Wir beide sahen es als große Ehre an, diese Familien-Dynastie zu treffen – und das besonders vor dem Hintergrund unserer Nationalität. Die Deutschen blieben nach dem Krieg noch lange Zeit von vielen politischen und wirtschaftlichen Kreisen der westlichen Welt ausgeschlossen, in manchen bis heute. So ließ auch der jüdische Wallenberg-Clan nach 1945 verständlicherweise über viele Jahrzehnte nur wenige Deutsche in sein inneres Reich vor. Reuter war einer der wenigen – außer anderen politisch Unbelasteten wie Willy Brandt oder Helmut Schmidt.

Auch mich erinnerte die Einladung bei einer der reichsten jüdischen Familien Europas an meine Bekanntschaft mit einem der Großen der französischen Résistance des Zweiten Weltkriegs. Während meines Studiums und Forschungsaufenthalts in Paris hatte ich den französischen Intellektuellen Raymond Aron Anfang der 80er-Jahre kennengelernt. Er gilt heute als einer der bedeutendsten Denker des 20. Jahrhunderts und wurde zu meinem geistigen Lehrmeister. Damals blickte er in hohem Alter auf die Zeit zurück, als er als junger Pariser Jude ein deutsches Stipendium erhalten hatte. Wir unterhielten uns darüber, wie er Hitlers Machtergreifung und die Bücherverbrennungen erlebt hatte. Als der Krieg ausbrach, floh er nach London zu General de Gaulle und übernahm wichtige Aufgaben in dessen Résistance-Bewegung »France libre«.

Nach dem Krieg brachte er seinem ehemaligen Schulkameraden Jean-Paul Sartre die deutsche Philosophie und den Existenzialismus nahe. Mir vermittelte er den Zugang zu Martin Heidegger und Carl von Clausewitz, die er als geistige Größen verehrte. Er wurde zu einem der wichtigsten Meinungsbildner Europas, der sich für die Versöhnung mit dem besiegten Deutschland einsetzte. Das stand im Mittelpunkt unseres Gedankenaustauschs, als ich ihn kurz vor seinem Tod 1982 noch ein letztes Mal traf.[3]

Die Erinnerung an ihn kehrte in Stockholm zurück, an einem der wichtigsten Kreuzungspunkte der europäischen Widerstandsbewegungen.

Reuters Exil

Reuter hatte seine eigene Geschichte: Er hatte, wie Aron, den Zweiten Weltkrieg in der Emigration verbringen müssen. Seine Eltern flohen mit ihm aus Deutschland – allerdings nach Süden, mit dem Orient-Express nach Ankara. Sie fanden dort für einige Jahre politisches Asyl. Edzards Vater Ernst Reuter unterhielt als führender Sozialist und ehemaliger KZ-Häftling in dieser Zeit auch eine Verbindung zu den Stockholmer Widerstandskreisen.

Ich hatte nie damit gerechnet, dass mir diese Untergrund-Netzwerke einmal den Weg in die Kreise von Eliten ebnen sollten, die den Krieg überstanden hatten und danach großen Einfluss im Nachkriegseuropa ausübten. Es gab neben diesen links-liberalen und konservativen Netzwerken allerdings noch andere, zum Beispiel die erzkonservativen oder sogar faschistischen Netzwerke, die noch Jahrzehnte nach dem Krieg aktiv blieben – schließlich endete in Spanien die Diktatur General Francos oder diejenige Salazars in Portugal erst in den 70er-Jahren.

Die alten Seilschaften der Sympathisanten des Dritten Reichs blieben auch in der deutschen Wirtschaft intakt. Eines ihrer Rückzugsgebiete bildete die Automobilindustrie. So war es kein Wunder, dass sie noch jahrzehntelang den jungen ehrgeizigen Top-Manager Edzard Reuter am Aufstieg nach ganz oben hinderten.

Aber Ende der 80er-Jahre setzte sich der »rote Finanzvorstand« Reuter endlich gegen sie durch und errang die Spitze im Daimler-Benz-Konzern.

Reuter und das vereinte Deutschland

Der Chef der Wallenberg-Dynastie, Peter Wallenberg, war im Übrigen nach strenger Familientradition männlich. Reuter schilderte ihn mir als souveränen und politisch interessierten Lenker des Imperiums – er wollte mit ihm deshalb neue mögliche Geschäftsallianzen austarieren.

Aber es ging auch um Allgemeinpolitisches. Denn Reuter war zu dieser Zeit als einer der Spitzenvertreter des gerade wiedervereinten Deutschlands unterwegs. Das war nicht unwichtig, denn damals kamen in ganz Europa alte Ängste gegen Deutschland als die plötzlich größere Macht in der Mitte auf. Der Name Reuter aber stand wie der Name Brandt für ein besseres Deutschland, eines, das sich gegen Hitler aufgelehnt hatte. Darum konnte der Daimler-Boss umso leichter die Interessen des jetzt wiedervereinigten Landes formulieren und selbstbewusst vertreten.

Briefing durch den Premier

Wir landeten gegen Mittag in Stockholm. Obwohl das nicht meine erste exklusive Reise mit der Top-Elite war, hatte ich mich immer noch nicht an die Privilegien dieser Schichten gewöhnt – zum Beispiel daran, dass für Wirtschaftsmagnaten und erst recht für Milliardäre Staatsgrenzen damals schon keine wirklichen Hindernisse mehr bildeten. Oft starteten wir mit einem der Konzern-Jets von Privatstartbahnen und landeten jenseits der deutschen Grenzen und abseits der normalen Flughafen- und Zollterminals. In diesem Fall begrüßte uns der schwedische Geheimdienst direkt auf dem Rollfeld, aber nur um uns zu begleiten und nicht um uns zu kontrollieren. Das Team griff uns mit gepanzerten Limousinen auf und eskortierte uns hinter abgedunkelten Scheiben bis ins Stadtzentrum.

Ich war etwas aufgekratzt, ob alles wie geplant klappen würde. Der Luxus und die Sonderbehandlung waren zwar angenehm, aber ich war ähnlich gespannt wie mein Chef, was uns erwartete. Besonders irritiert war ich, als die Wagenkolonne nicht in Richtung der exklusiven Villenquartiere abbog, sondern direkt ins Zentrum raste. Reuter eröffnete mir, dass wir spontan den Plan ändern würden. Er murmelte etwas von einem Spezial-Briefing …

»Was für ein Briefing?«, hakte ich nervös nach, denn ich hatte in wochenlanger Arbeit die Briefings für die Verhandlungen und seine Auftritte vorbereitet.

»Erst mal lassen wir uns vom Ministerpräsidenten briefen … Carl Bildt hat persönlich Zeit … Er will uns instruieren, wer hier was … Sie wissen schon, die Stimmung … für oder gegen Deutschland … außerdem will er mit Schweden in die EU …«

Als alter Fuchs holte Reuter sich immer gerne Informationen aus erster Hand. Tatsächlich saßen wir kurz darauf zu dritt bei einem Kaffee im Rosenbad, dem schwedischen Regierungssitz. Bildt deutete als konservativer Politiker sogar seine Vorbehalte gegenüber den Wallenbergs an. Die Macht der Milliardärsfamilien nahm damals neue Dimensionen an.

Reuter hatte stark unter den deutschen Milliardärsdynastien gelitten, die trotz oder auch wegen zweier Weltkriege ihre Vermögen vermehrt hatten. Er vertrat umso nachdrücklicher den Vorrang der Politik und der Demokratie vor den Interessen der Wirtschaft. Auch deswegen baten ihn Helmut Schmidt und andere mehrmals, Bundesfinanzminister unter einem SPD-Kanzler zu werden. Bekanntlich verlor die SPD mehrere Wahlen gegen den amtierenden Kanzler Kohl, sodass es nie dazu kam.

Reuter verteidigte gegenüber Bildt die Wiedervereinigung Berlins und der gesamten Nation, weil das auch der Lebenstraum seiner Familie gewesen war. Der schwedische Ministerpräsident und er sahen aber übereinstimmend neue Gefahren für Deutschland und Europa heraufziehen. Denn die führenden Kreise der USA und Großbritanniens huldigten plötzlich einem ungezügelten Kapitalismus und wollten die europäischen Konzerne dem neoliberalen Shareholder-Value-Prinzip der Chicago-Schule unterwerfen. Reuter suchte Verbündete dagegen, aber der neoliberale Carl Bildt erwies sich als dafür ungeeignet. Schweden leidet so noch heute an den Folgen der amerikanisierten Politik der Ära Bildt.

In der Bunkervilla

In der Dämmerung passierten Reuter und ich schließlich mit der Wagenkolonne die Einfahrt zu dem streng bewachten Anwesen der Wallenbergs. Reuter schilderte mir hier, an dem Ort, von dem aus die Familie viele Juden Europas vor der Vernichtung rettete, alte Erinnerungen – auch solche an seinen Vater. Dieser gehörte tatsächlich nach dem Ersten Weltkrieg zur roten Avantgarde Europas. Schon Lenin hatte ihn als »brillanten, aber unabhängigen Kopf«[4] bezeichnet und ihn sogar als Sowjetkommissar für den Wiederaufbau Russlands engagiert. Die Nationalsozialisten schickten Ernst Reuter, nachdem er in Deutschland Oberbürgermeister von Magdeburg geworden war, in den 30er-Jahren immer wieder ins KZ – bis er sich mit Frau und Sohn ins Ausland absetzte. Nach dem Krieg wurde er dann zum Bürgermeister von Berlin gewählt – und zum Helden gegen die russische Blockade. Er rettete die Stadt vor dem Einmarsch und der Besetzung.

In den darauffolgenden Jahren gab er seine alten Verbindungen zu den Kreisen der Emigration und des Widerstands nie auf. Dazu zählten unter anderem der schwedische Nobelpreisträger Gunnar Myrdal, der deutsche Generalstaatsanwalt und Eichmann-Jäger Fritz Bauer und nicht zuletzt Marion Gräfin Dönhoff, die damalige Herausgeberin der *Zeit*. Einer, der auch zu diesen Zirkeln zählte, aber seine Rettungsaktionen für hunderte verfolgte Juden in Ungarn noch vor Kriegsende mit dem Leben bezahlte, war Raoul Wallenberg gewesen. All diese alten Verbindungen erklärten, warum sich das schwere Eisentor für uns an diesem Novemberabend öffnete.

Peter Wallenberg begrüßte Edzard Reuter als alten Freund. Wir stellten gleich fest, dass die Familie traditionell gepolt war: Nur die Söhne des Hauses waren anwesend und auch sonst handelte es sich um eine reine Männerrunde.

Machtzirkel privater Art

Peter Wallenberg stellte uns den anderen Gästen vor und wir konnten unser Erstaunen kaum verbergen: Peter Wallenberg präsentierte uns fast das komplette Kabinett der schwedischen Regierung und darüber hinaus die Konzernbosse der Weltkonzerne Volvo, Scania und Asea Brown Boveri – die, wie wir bald merkten, zu spuren hatten, wenn er nur mit dem Finger schnippte.

Nach ein paar Gläsern Ruinart-Champagner und härteren Drinks bat Wallenberg meinen Chef, auf einem roten Sofa neben ihm Platz zu nehmen, vor dem zwei Stuhlreihen für die übrigen Gäste aufgebaut waren. Beide Bosse erläuterten uns von dort aus im Zwiegespräch ihre Sicht der Dinge. Die hochrangige Politik- und Managementmannschaft hörte wie kleine Schuljungen zu und durfte anschließend artige Fragen stellen – mein mürrischer Stuhlnachbar stellte sich mir übrigens als kein anderer als der schwedische Verteidigungsminister vor.

Ich verstand jetzt einige der Andeutungen des Ministerpräsidenten Bildt besser: Die Elite dieses Landes versammelte sich nicht etwa um ihn als vom Volk gewähltes Staatsoberhaupt, sondern wie selbstverständlich um einen Privatmann, der zwar honorig, aber nie gewählt worden war und über den die Öffentlichkeit fast nichts wusste. In diesem Rauchersalon vereinten sich Macht und Einfluss des schwedischen Reichstags und der Finanzelite. Es fehlte nur noch der Herausgeber der wichtigsten schwedischen Tageszeitung – die sich ebenfalls im Besitz der Familie befand –, dann wäre auch die Medienelite bei diesem informellen Stelldichein, bei dem schwerwiegende Entscheidungen angebahnt wurden, vertreten gewesen. Und wie durch Zufall begrüßte uns ebendieser Herausgeber im Auftrag Wallenbergs am nächsten Abend zu einem Galadinner …

Hier sammelte sich die geballte Geld-, Politik- und publizistische Macht in den Händen einer Einzelperson – und das in einem der angeblich demokratischsten Staaten Europas. Wurde das Land also von einem Familienclan gesteuert?

Elitenkritik

Reuter und ich verfassten nach unserer Rückkehr nach Deutschland nicht ohne Grund eine grundsätzliche Elitenkritik.[5] Unser Motiv dabei: Unser eigenes Land, das gerade ein autoritäres Regime abgeschüttelt hatte, durfte auf keinen Fall in eine solche Herrschaft der Wenigen auf Kosten der Vielen hineingeraten. Das hätte fatale Folgen. Dann würde das Misstrauen sowohl der ostdeutschen Neubürger als auch der westdeutschen Altbürger gegen die neue Berliner Republik wachsen – ein Misstrauen gegen eine Republik, auf die Reuter so stolz war. Denn er, sein Vater und Willy Brandt hatten viele Opfer in ihrem Leben dafür gebracht und immer auf die Einheit der Nation in Freiheit hin gefiebert.

Mich hatten die in Stockholm versammelten einflussreichen Gestalten durchaus beeindruckt. Es handelte sich meiner Meinung nach einerseits um stark geläuterte liberale Eliten. Manche hatten ihre Werte unter großen Risiken in Krieg und Widerstand erkämpft. Aus dieser Erfahrung heraus wollten sie ein besseres Europa aufbauen. Aber andererseits hatten Krieg und Verfolgung sie offensichtlich mit einer Art Paranoia infiziert. Viele von ihnen schienen sich lieber jenseits des Lichts der Öffentlichkeit zu bewegen und sich im Zweifel jeder Kontrolle, auch der demokratischen, zu entziehen. Offensichtlich wurden sie außerdem durch eine tiefsitzende Skepsis gegenüber der breiten Bevölkerung geprägt. Ihr Überleben suggerierte manch einflussreichem Mitglied dieser Kreise, die höhere politische Weisheit zu besitzen. Hierin lag einer ihrer Hauptfehler.

Ein weiterer bestand darin, dass sie der neuen neoliberalen Ideologie der Führungsmacht USA eine Chance gaben. Sie bereiteten damit – teilweise ohne es zu wollen – einer skrupellosen Ära des Hyperkapitalismus den Boden.

2. Von »Hyänen«, »Elefanten« und »Gorillas« – was ich unter gemischten Raubtiergruppen erlebte

> »Die Hyäne geht auch an Elefantenfleisch,
> und deren Haut ist verdammt hart.«[6]
> *Top-Manager-Aussage über den Daimler-CEO Jürgen Schrempp*

Nach Auffassung vieler zählen in Deutschland Persönlichkeiten wie diejenige von Ferdinand Piëch oder die eines Clemens Tönnies zu den Vertretern eines neuen hemmungslosen Kapitalismus des 21. Jahrhunderts. Die globale Klasse der USA brachte den ersten »globalen Betrüger« hervor: Bernard Madoff. Umso mehr moralische Abscheu provozierte der Vertreter der globalen Superklasse, Jeffrey Epstein. Sein Fall deckte die enge Vernetzung einer skrupellosen Businesskaste mit der Politikkaste auf: Schließlich war Epstein ein Freund von Prominenten wie Prinz Andrew, Bill Clinton und Bill Gates.[7] Bis herauskam, dass er Kinder und Jugendliche mit seinem in den Elitekreisen bekannten »Lolita Express« auf seine »Insel der Orgien«, die Privatinsel Little Saint James in der Karibik, gebracht und dort sexuell missbraucht hatte.[8]

Ich selbst sollte einige der ersten Exemplare dieser neuen kapitalistischen Ära hautnah und persönlich kennenlernen. Ich erfuhr, dass die neuen Geldkasten gerne Insider-Bezeichnungen aus dem Dschungel-Milieu verwandte: Bestimmte Top-Manager wurden entweder als »Hyäne«, »Elefant« oder auch als »Gorilla« bezeichnet.

Ich selbst arbeitete nach diesem Sprachgebrauch der Business-Insider für den »Elefanten«. So bezeichneten Managerkreise offensichtlich meinen Chef Edzard Reuter, der den Daimler-Konzern mit harter

Hand führte. Mit der »Hyäne« wiederum war Jürgen Schrempp gemeint. Ihm soll dieser Name angeblich in Südafrika verpasst worden sein, wo er als höchster Repräsentant des Daimler-Konzerns residierte: »Er weiß, wann er sich ein Maul voll Fraß holen kann und wann er sein Maul halten soll,« sagte ein Südafrikaner über Schrempp, der ihn persönlich erlebt hat. Schrempp verliebte sich in das Land des Apartheid-Regimes. Und er wurde zum passionierten Großwildjäger. Symptomatisch wurde sein Wahlspruch: »Die Hyäne geht auch an Elefantenfleisch, und deren Haut ist verdammt hart.«[9]

»Elefant« »und »Hyäne«

Im Daimler-Konzern wurde das etwas später anders verstanden. Der Spruch kam zwar aus der Dschungelsprache, wurde aber jetzt zur indirekten Drohung, dass die »Hyäne« Schrempp den »Elefanten« Reuter zu Fall bringen wollte.

Zwei Jahre nach der Reise von Reuter und mir zu den Wallenbergs war es so weit. Es kam zum Showdown, zu dem schon länger erwarteten finalen Machtkampf zwischen dem roten CEO, Reuter, und Schrempp, den er über Jahre als seinen »Ziehsohn« aufgebaut hatte und der sein Nachfolger werden sollte. Doch der ehemalige Rüstungsmanager Schrempp gehörte angeblich zu der neuen Raubtiergeneration und verwandelte sich offensichtlich rasch von einem Freund und Partner in einen äußerst gefährlichen Angreifer.

Ein Augenzeuge und Top-Manager sieht »1994 den Moment gekommen, da die Hyäne an das harte Fleisch des Elefanten geht. Nachdem der Dickhäuter das Raubtier stark gemacht habe und nunmehr selbst verletzt sei, falle die Hyäne über den Elefanten her und – reiße ihn.«[10] Nicht wenige sprechen, so der Schrempp-Biograph Grässlin, »hinter vorgehaltener Hand von einer ›Demontage‹«.[11] Bei den Kämpfen solcher Alphatiere bleibt meist nur verbrannte Erde zurück.

Einsame Elefantenbullen

Ich erlebte persönlich, dass die »Hyäne« ganze Arbeit leistete. Sie konnte das aber nur, weil der »Elefant« plötzlich alleine auf der Lichtung stand. Ein anderer »Elefantenbulle«, der ihm den Rücken freigehalten hatte, war nicht mehr da. Das war der Deutsche Bank-Chef Alfred Herrhausen gewesen, der mitten im größten historischen Umbruch, der Wiedervereinigung, im Jahr 1989 Opfer eines terroristischen Attentats wurde. Sein Fahrzeug raste in eine Sprengfalle mit TNT-Sprengstoff – aber bis heute sind die Täter nicht ermittelt und es ist nicht klar, ob die RAF diesen Anschlag verübt hat oder aber andere Machtzirkel.

Eines stand jedoch fest: Herrhausen wie Reuter waren krasse Außenseiter in den Elitekreisen. Beide dachten und handelten nicht nur in Unternehmenszusammenhängen. Sie hatten immer das größere Ganze, die Nation und die internationale Welt vor Augen. Herrhausen setzte sich zum Beispiel für einen Schuldenerlass der Dritten Welt ein und machte sich damit Feinde. Reuter kämpfte für die Wiedervereinigung und eine strategische Industriepolitik – was bei den oft einseitig gebildeten und wenig weltläufigen deutschen Eliten nicht gut ankam. Zusätzlich kritisierten beide diese sogenannten Eliten immer wieder hart und brachten sie durch eigenwillige Entscheidungen gegen sich auf.

Terrorgefahr durch Eliten?

Ich erinnere mich gut, was geschah, wenn ich mit Reuter zusammen in der gepanzerten Mercedes-Limousine saß: Er und seine Bodyguards zeigten in bestimmten Situationen immer wieder Anzeichen von Verunsicherung oder sogar Panik, die ich mir zuerst nicht erklären konnte. Erst nach und nach führte ich das auf den tödlichen Anschlag auf Herrhausen zurück. Da wusste ich dann auch, dass Reuter immer noch Feinde in feinen Kreisen hatte und allgemein als äußerst gefährdet galt. Später tauchte immer wieder die Frage auf, ob Prominente wie Olof Palme oder Alfred Herrhausen eventuell sterben mussten, weil sie den Interessen der politischen und wirtschaftlichen Eliten in die Quere kamen – aber die Antwort darauf liegt bis heute im Dunkeln.

Reuter jedoch sollte auf andere Weise zu Fall kommen als Herrhausen. Dessen Tod hatte den »Elefanten« Reuter entscheidend geschwächt. Er war jetzt ein Einzelgänger und konnte leichter angegriffen werden. Da schlug die Stunde der »Hyäne«.

Der Rüstungsgegner und Friedensaktivist Jürgen Grässlin hat die sogenannten Raubtiereigenschaften von Jürgen Schrempp beschrieben. Er schildert, wie er diesen einmal in früheren Zeiten als Rüstungsmanager auf einer Hauptversammlung vor aller Öffentlichkeit zur Rede stellte und für»Massenmorde in der Dritten Welt mitverantwortlich« machte. Daraufhin stieg Schrempp vom Podium zu ihm herunter, klopfte ihm auf die Schulter und sagte:»Das war ein unterhaltsamer Tag.«

Der »Gorilla« an der Wallstreet

Ähnlich abgebrüht wirken augenscheinlich nur Vertreter eines radikalen Kapitalismus. Was das bedeutet, soll später genauer erläutert werden. Hier soll ein anderer kurz vorgestellt werden. Es handelt sich um Richard Fuld, einen Top-Manager und späteren Boss von Lehman Brothers. Er war in New York unterwegs, wo es Reuter und mich ab und zu geschäftlich hin verschlug. Fuld wurde in kleinen New Yorker Business-Insiderkreisen mit dem Spitznamen »der Gorilla« bezeichnet – wohl wegen seiner besonders rüden Managementmethoden.

Denn Fuld verkörperte in den USA, wofür Schrempp offensichtlich in Europa stand: den neuen Typus des radikalen oder sozialdarwinistisch geprägten Unternehmensanführers. Und Fulds Antwort auf die etwas fiese Anspielung eines Menschenaffen war typisch: Er stellte sich einen ausgewachsenen, ausgestopften Gorilla in sein Büro in der Nähe der Wallstreet, um seinen schlechten Ruf noch zu unterstreichen. Denn er war stolz auf dieses Schimpfwort und versuchte ihm weiterhin alle Ehre zu machen.

Die Büros von Lehman Brothers lagen im World Trade Center, das an 9/11 angegriffen und zerstört wurde. Trotzdem kam er nach dieser großen menschlichen Tragödie nicht etwa auf die Idee, eines seiner Jahresgehälter von angeblich 100 Millionen US-Dollar an die Familien der Opfer zu spenden.

Wenn Blut im Wasser ist

Nach dieser Katastrophe zögerte Fuld nicht, Lehman Brothers in die nächste hineinzutreiben: Er zockte bei dem Milliardenspiel auf Kosten ahnungsloser Anleger, Sparer und Hausbesitzer mit und vergab auf jeden US-Dollar Eigenkapital seiner Bank 35 US-Dollar an Krediten. Als diese gewaltige, faule Blase platzte, riss das die gesamte Welt in den größten Crash seit dem Zweiten Weltkrieg und dem Schwarzen Freitag von 1929. Jetzt nahmen ein paar andere »Raubtiere«, mit denen er nicht gerechnet hatte, seine Spur auf. Sie rächten sich an ihm. Sie schlugen ihn mit seinen eigenen Waffen. Die neue Generation der Kapitalisten des 21. Jahrhunderts wandten mitleidlosen Sozialdarwinismus an: Falls einer aus der Gruppe, mit dem noch alte Rechnungen offen waren, angebissen war, lockte sein Blut andere »Haifische« an. Das bedeutete unter anderem, dass weder die amerikanische Regierung noch andere Großbanken Lehman mit Notkrediten zur Seite sprangen. Der »Gorilla« riss daraufhin die Großbank und alle seine Mitarbeiter mit sich in die Tiefe. Er zerstörte die Bank mit dem legendären Ruf, die die Söhne eines bayerischen Viehhändlers etwa 160 Jahre zuvor mühsam aufgebaut hatten.

Freifahrtschein statt freiem Fall

Der toxische Fallout dieser Implosion und des Finanzcrashs verbreitete sich weltweit und ließ ganze Gesellschaften ein paar Stockwerke nach unten fallen. Für den »Gorilla« aber galt das Gegenteil: Im Gegensatz zu den Opfern prallte er nicht hart auf, sondern setzte sich ab und genoss die rund eine Milliarde Dollar, um die er bis dahin die Bank erleichtert hatte.

Das ist die entscheidende Gemeinsamkeit zwischen dem US-amerikanischen »Gorilla« und der deutschen »Hyäne«. Sie liebten und lebten die »schöpferische Zerstörung« des neuen Hyperkapitalismus. Schrempp selbst aber war gleichzeitig der am besten bezahlte Manager der deutschen Wirtschaft.[12]

Es zeichnete sich ab, dass eine Ära zu Ende ging: diejenige, in der der erste Sozialdemokrat auf dem Posten eines Industriebosses, der soziale Gerechtigkeit und nationales Interesse großschrieb, die Hand über alle Mitarbeiter hielt. In seinem Sinn hatte ich meine Kontakte zu den kleinen Angestellten und Arbeitern der Konzern-Fabriken längst intensiviert.

Dolores – ein sexy Mädchenname?

Meine und die Ängste der Arbeiter bewahrheiteten sich auf schockierende Art und Weise. Schrempp setzte als neuer Daimler-Boss die Managementprogramme des angelsächsischen Kapitalismus konsequent um. Diese Programme hatte er bereits in seiner Vergangenheit mit Erfolg entwickelt: zum Beispiel ein Konzept schöpferischer Zerstörung von »überflüssigem« Personal. Diesem Programm verpasste er die Bezeichnung »Dolores«, also Schmerzen – eigentlich steckte aber die Abkürzung für »Dollar Low Rescue« dahinter. Schrempps engste Vertraute versuchten anscheinend die toxische Wirkung dieses Sparprogramms herunterzuspielen und verbreiteten die Botschaft, »Dolores« sei doch ein sexy Frauenname, also etwas Attraktives. Ich war mir mit den Daimler-Arbeitern einig, dass diese Sinnverdrehung nichts anderes als chauvinistischer Zynismus war. Denn die sexy »Dolores« kostete, wie sich bald herausstellte, 10 bis 20 000 der Mitarbeiter allein in Deutschland den Job. Das erinnerte uns an die neue Geheimwaffe der Amerikaner, die sogenannte Neutronenbombe: Sie ließ Gebäude und Städte stehen und vernichtete »nur« die Menschen. So ähnlich ließ auch »Dolores« ganze Fabriken leerbluten. Diesen Begriff einer »Management-Neutronenbombe« setzten wir der Propaganda aus den Chefetagen entgegen. Schon damals also entwickelte sich eine frühe Form von Populismus von oben und eine von unten, die dagegenhielt. Aber das rettete uns nicht. Ich verließ das von Menschen ausgedünnte Reich der »Hyäne« ebenso wie Zehntausende andere.

Alles in allem schwor ich mir aber, eines Tages zusammen mit den schwächsten Mitgliedern in der »Nahrungskette des neuen Kapitalismus«, den Arbeitern und kleinen Angestellten, einige aus den oberen Etagen und ihre Managementstrategien zur Rechenschaft zu ziehen für die Schäden, die sie zwecks Eigenprofilierung anrichteten. Viele Jahre später gründete ich tatsächlich die erste deutsche Leih- und Bandarbeitergewerkschaft *Social Peace*.

»Schöpferische Zerstörung«

Schrempp zerschlug in der Folgezeit möglichst alles, was Reuter und Herrhausen sowohl im nationalen wie im Konzerninteresse versucht hatten, um Hunderttausenden Jobs zu retten. So verscherbelte Schrempp auch den von Reuter aufgefangenen Weltkonzern AEG. Das mochte entsprechend der Denke reiner Zahlen- und Renditeknechte kurzfristig lohnend sein, aber fügte dem Standort Deutschland langfristig schweren Schaden zu.

Aus heutiger Sicht stelle ich fest, dass auf die Generation der Reuters und Wallenbergs die Generation der Piëchs, Ackermanns und Winterkorns und die der Schrempps und Fulds, aber auch der eindeutig kriminellen Exemplare der Madoffs und der Epsteins folgte.

Partikularinteressen der Politik

Bei ihren Machtspielen setzen sie die Interessen der Bevölkerung und die demokratischen Institutionen ein wie Spielgeld im Casino, und das je nach Laune und Geschmack. Denn die politische Elite kontrolliert das Spiel längst nicht mehr. Die Geldelite hat diese umgekehrt zur zweiten Garde degradiert. Die neue Generation der Geldeliten diktiert der politischen Klasse, dass sie konsequent Maßnahmen struktureller oder sogar realer Gewalt für Klasseninteressen einsetzt – aber nur für die Interessen einer bestimmten Klasse. Das sehen wir am Beispiel der systematischen Steuervermeidung oder -hinterziehung. Die Regierungen wettern dagegen an, stopfen aber die Schlupflöcher nicht und legen die Steuerparadiese nicht trocken.

Und noch etwas hat sich geändert: Heute pilgern die Minister nicht mehr zu den Villen der Milliardäre wie damals zu den Wallenbergs. Im 21. Jahrhundert hofiert eine Bundeskanzlerin Angela Merkel den Deutsch-Banker Ackermann auf Staatskosten im Kanzleramt.[13]

Mein vorläufiges Fazit: Eine kleine privilegierte Population ist im Begriff, sich nach unten abzuschotten und autonom zu werden von jedem Staat und jeder größeren Gemeinschaft und ihren Verpflichtungen.

II. Grausame statt goldene 20er-Jahre?

1. Von »Ratten«-, »Krebs«- und »Eimermenschen«

> »Geht einmal euren Phrasen nach bis zu dem Punkt,
> wo sie verkörpert werden. Blickt um euch, das alles habt ihr
> gesprochen; es ist eine mimische Übersetzung eurer Worte,
> ihr bautet eure Systeme aus Menschenköpfen.«[1]
>
> *Georg Büchner, Dantons Tod, 1835*

Die neuen Generationen der westlichen Eliten haben dafür gesorgt, die Gesetze von entgrenztem Kapital und verschärfter Konkurrenz fast in der gesamten Welt durchzusetzen – indem sie diese auch auf Asien, Afrika und Südamerika ausgeweitet haben.

Sie wollen offiziell nichts mit dem sogenannten Raubtierkapitalismus zu tun haben. Dennoch vertreten sie im Wesentlichen auch heute, in den neuen 20er-Jahren, ein »Survival of the Fittest«, einen Konkurrenzkampf mit möglichst wenig Solidarität – auch in Deutschland. Am deutlichsten wird das wieder an besonderen Exemplaren dieser Spezies.

Darwin'sche Gesetze im Schweinestall

So wendet der deutsche »Schweinebaron« und Fleisch-Milliardär Clemens Tönnies augenscheinlich Darwin'sche Gesetze gegenüber Tier wie Mensch an und bereichert sich trotz deren Elends, so gut es irgendwie geht. Der Gewerkschafter Matthias Brümmer verweist auf die Brutalität der Methoden, die zum Teil mit der Androhung und dem Einsatz von Gewalt arbeiten: »Das ist für mich das klare Zeichen, dass wir es hier mit mafiösen Strukturen zu tun haben.«[2]

Und ein anderer prominenter Hardcore-Milliardär, der kürzlich verstorbene Ferdinand Piëch, praktizierte offensichtlich Darwinismus pur – nicht nur als Chef des größten Autokonzerns der Welt, sondern auch in seinem Privatleben. Er zeugte 12 Kinder mit verschiedenen Frauen und teilte seinen eigenen Familienclan in harmlose »Hausschweine« und überlebensfähige »Wildschweine« ein: »Die Porsches, die mit dem guten Namen, würden gefüttert, wogegen er, ein Wildschwein, sich die Nahrung selbst holte.«[3] Einer seiner Leitsprüche lautete martialisch: »Entweder werde ich erschossen oder ich gewinne.«[4] Deshalb beobachtete sein Biograph Georg Meck, dass es »selbst Verwandte schaudert«.[5] Er kommt zu der weiteren Schlussfolgerung: »Er (Piëch) verpflichte manche Männer nur, um sie später entlassen zu können.«[6] Wie aber sehen die Folgen eines darwinistisch geprägten Denkens und Handelns auf der Ebene der gesamten Menschheit aus?

Selektion des modernen Homo sapiens

Zunächst einmal verändern die Gesetze des Kapitalismus, die sich fast überall auf der Welt durchsetzen, die globale Population des Homo sapiens. Sie verändern damit auch den Planeten insgesamt – allerdings nicht zum Besseren. Der Kapitalismus beherrscht einige Kontinente schon seit fast 150 Jahren. Das ist evolutionär gesehen keine allzu lange Zeitspanne. Doch der Turbokapitalismus ist eine extrem dynamische und explosive Entwicklung, die das gesamte Ökosystem Erde mitsamt der Menschheit beeinflusst. Die Geschichte des Homo sapiens verläuft im 21. Jahrhundert außerdem beschleunigt – ganz anders als im Eiszeitalter oder im Mittelalter.

Fragen wir also danach, wie sich die neuen Selektionsprinzipien des Hyperkapitalismus auf menschliche Populationen auswirken. In seinem Hauptwerk *Vom Ursprung der Arten* gibt Darwin die grundsätzliche Antwort, wie sich »Begünstigte« besser durchsetzen als andere. Und er beobachtet bei allen Lebewesen besondere »Varianten«, die sie begünstigen: Bestimmte Lebewesen passen sich mit ihnen besser an als andere.[7] Sie erzielen dadurch eindeutig höhere Überlebenschancen. Lebewesen oder Gruppen dagegen, die nicht über diese Varianten verfügen, passen sich weniger gut an. Sie werden daher von den anderen geschwächt und abgedrängt – und sterben sogar aus.

Begünstigte und benachteiligte Spezies

Eine neue flexiblere Art des Menschen hatte vor etwa 70 000 Jahren neue Varianten ausgebildet: schlankere Gliedmaßen und vor allem bessere kommunikative Fähigkeiten mittels Sprache. Darum hieß dieser Homo später sapiens, der »Weise«.

Wie aber entwickelt er sich heute weiter – oder etwa zurück? Wir beobachten, dass der Konkurrenzdruck weltweit massiv zunimmt – und damit auch der Selektionsdruck durch Übervölkerung, aber auch durch Krankheiten, Seuchen und andere Faktoren.

Das heißt aber auch, dass Millionen, wenn nicht Milliarden Exemplare des heutigen Sapiens unter verschiedenen Gesichtspunkten schlecht aufgestellt und benachteiligt sind: Weil sie arm sind, unter sozial ungünstigen Bedingungen leben und sich aus dieser Lage nicht befreien können. Die aktuell gültigen Auswahlkriterien des Weltmarktes und des global fluktuierenden Kapitals disqualifizieren sie und sortieren sie gnadenlos aus. Zusätzlich verfügen sie über zu wenig oder keinen medizinischen Schutz gegen moderne Seuchen wie Ebola oder Covid-19. Hunderte Millionen von ihnen werden deshalb erkranken und ein Teil davon wird nicht überleben.[8]

»Survival of the Weakest«

Das evolutionäre Urteil fällt demnach für weit über die Hälfte der Weltbevölkerung schlecht aus: Von acht Milliarden Homo sapiens leben circa 3,4 Milliarden unterhalb der Armutsgrenze. Und ihre Position verschlechtert sich Jahr für Jahr.[9] Dazu kommt: Die Mehrheit von ihnen sind Kinder und Jugendliche. Das soziale Abrutschen schwächt sie für den Existenzkampf. Ihre Lebenszeit verkürzt sich immer rascher. Das zeigen die hohen Sterblichkeitsraten in armen Weltregionen, genauso jedoch in den verarmten Zonen der wohlhabenden Welt. Armut, Hunger und mangelnde Bildung heizen den Teufelskreis verringerter Lebenschancen und damit weiterer Auslese an.[10]

2. Sozialdarwinismus schrumpft Körper

»Wenn (…) bis jetzt noch unbekannte Hindernisse die
leichtsinnigen, lasterhaften und sonst wie minderwertigen Glieder
der menschlichen Gesellschaft nicht zurückhalten, sich schneller als
die bessern Klassen zu vermehren, so wird das Volk zurückgehen,
wie die Weltgeschichte oft genug gezeigt hat.«[11]

Charles Darwin, 1859

Die Wissenschaft weist bereits zwei negative Varianten benachteiligter Sapiens-Populationen nach – übrigens auch in Europa. Wissenschaftler bezeichnen die eine Maßeinheit dafür als »Stunting«: Das ist die Messgröße unterdurchschnittlicher Körpergröße im Verhältnis zum Lebensalter. Der zweite Faktor, das sogenannte Wasting, spiegelt das Verhältnis von unterdurchschnittlichem Gewicht zur Körpergröße wider.[12]

»Ratten und Krebsmenschen«

Der kleinwüchsige Sapiens wie auch der unterernährte Sapiens treten bereits seit den 90er-Jahren in größeren Armen-Populationen auf. Im Nordosten Brasiliens identifizierten Ärzte den sogenannten Homo gabilu, den »Rattenmenschen«. Sie sammeln in der Umgebung der Metropole Recife seit Generationen Glas, Blech und Knochen aus Müll. Sie bilden inzwischen eine Population von circa einer Million Menschen. Die Einheimischen nennen sie »gabilu« oder »Ratten«, weil sie diese Abfälle verwerten.

Eine andere sogenannte Spezies ist der »Homo caranguejo« oder »Krebsmensch«: Zu ihm zählen beispielsweise die Scharen von Elendsgestalten, die den Mangrovenmorast in denselben Regionen Südamerikas durchsuchen.[13] Bei beiden handelt es sich zwar um keine genetisch definierten Arten des Sapiens, doch sie zeigen bereits über zwei bis drei Generationen körperliche Varianten als Folge der immer härteren Auslese – was sich auch genetisch niederschlagen kann.[14]

Infektionsrisiko für »Untermenschen«

Inzwischen hat die Weltgesundheitsorganisation (WHO) eine ganze Wirkungskette erforscht, die klarmacht, wie die materielle Schlechterstellung menschliche Populationen ausselektiert. Laut WHO ist eine materiell schlechte Lage immer verbunden »mit einer niedrigeren Lebenserwartung, mit hoher Säuglingssterblichkeit, einer schlechten reproduktiven Gesundheit, einer höheren Rate von Infektionskrankheiten und (...) Substanzenmissbrauch, (...) nicht-übertragbaren Krankheiten, (von) Depression und Selbstmord sowie einer verstärkten Gefährdung durch umweltbedingte Risiken (...)«.[15]

»Ratten«- und »Krebsmenschen« sind extreme Beispiele, aber sie veranschaulichen, wie brutal sich die Spreizung zwischen unterschiedlichen Lebensbedingungen auswirkt. Und die Schere zwischen ihnen und den »Normalmenschen« schließt sich nicht, sondern klafft immer weiter auseinander. So fällt die Menschheit bereits wieder zurück in alte Verhältnisse.

»Eimermenschen« in Deutschland

Der Welt-Ungleichheits-Report von 2017 kommt sogar für die damals führende Wirtschaftsnation Deutschland zu dem schockierenden Ergebnis: »Die Kluft zwischen Arm und Reich ist so groß wie vor 100 Jahren.«[16] Und in Deutschland suchen zwar keine Kinder, aber einige Tausend alte Menschen seit Jahren wieder im Müll nach Essen und etwa 1,5 Millionen Kinder wachsen in Armut auf.

Das Pauschalurteil der WHO klingt fatal: Die benachteiligte Mehrheits-Population der Menschheit kann immer weniger oder kaum noch selbstbestimmt über ihr Leben entscheiden.[17]

Manch einer hält den Vergleich mit Deutschland für übertrieben. Derjenige sollte sich aber zuerst das Schicksal von prekären Leiharbeitern in unserem Land ansehen und die Verhältnisse, unter denen sie leben und arbeiten. Diese Menschen werden kaum wahrgenommen. Sie verschwinden nach der langen und schweren Schichtarbeit rasch wieder in ihren Barackenunterkünften. Und sie haben oft keine Kraft mehr, diese zu verlassen. Auch hierzulande gibt es also sogenannte »Untermenschen«: Sie schuften offensichtlich auch in den

Massenschlachthöfen des Milliardärs Tönnies. Sie töten den ganzen Tag Schweine und fühlen sich, wenn sie nach Hause kommen, oft selbst wie solche.

Die Bessergestellten in der Arbeit und der Umgebung nennen diese Leiharbeiter abfällig »Eimermenschen«. Das bezeichnet keine körperlichen Merkmale, ist aber nicht weniger diskriminierend: Diese Leiharbeiter werden nur dann sichtbar, wenn »sie morgens zum Schlachthof gehen und einen Plastikeimer mit sich führen, in dem sich ihre Arbeitskleidung sowie die Zerlegemesser befinden«.[18]

Exkurs II: Entlarvung der Elitenmoral: Wie ich vom Kanzleramtsberater zur Gelbweste wurde

1. Gewerkschafts- und Gelbwesten-Showdown

> »Wir lassen uns nicht in die Irre führen. Die bedrohlichste Gewalt ist die ökonomische und soziale Gewalt. Es ist die Gewalt dieser Regierung, die die Interessen einiger weniger zum Nachteil aller vertritt. Es ist die Gewalt, die diejenigen körperlich und seelisch zeichnet, die sich kaputt arbeiten, um zu überleben.«[1]
>
> *Solidaritätserklärung französischer Kulturschaffender*
> *für die »Gelbwesten«, 2019*

Ich ziehe mir an diesem bitterkalten Dezembertag des Jahres 2018 in München-Schwabing eine Gelbweste über und schultere ein Protestbanner – und das als ehemaliger Manager und Kanzleramtsberater.

Passanten starren unsere Gruppe aus Band- und Leiharbeitern, aus Jugendlichen, Rentnern und Künstlern entweder ungläubig oder mitleidig lächelnd an. Sie ziehen lieber in die Stadt zum Shoppen. Viele Deutsche sind befremdet von der Gewalteskalation zwischen protestierenden »Gelbwesten« und Polizei im französischen Nachbarland. Einen kurzen Augenblick frage ich mich, ob ich vollkommen verrückt geworden bin. In Paris versuchte ein Straßenmob gerade, mit Gewalt den Élysée-Palast zu stürmen. Und Massen von sozialen Verlierern der französischen Gesellschaft wollen die Hautevolee der Schönen und Reichen aufmischen. Warum kann ich das gutheißen? Genau darum: weil ich die Geld- und Machteliten über Jahrzehnte genau kennengelernt und aus nächster Nähe erlebt habe. Weil ich beobachtet habe, wie diese Kaste begonnen hat, den Rest der Bevölkerung entweder weitgehend zu ignorieren oder ihn sogar als Gegner zu betrachten und zu behandeln. Ich sage ganz klar: Ich habe den Verrat der Eliten am eigenen Leib erfahren.

Deutsche und Franzosen stehen auf

Um mich herum hat sich eine bunte Truppe von Protestierenden mit deutscher, französischer, türkischer und russischer Abstammung zusammengefunden. Wir bilden ein Bündnis der deutschen Sammlungsbewegung *Aufstehen*, der Band- und Leiharbeitergewerkschaft *Social Peace* und der französischen Sammlungsbewegung *Unbeugsames Frankreich* (*La France Insoumise*).[2] Wir halten die Trikolore und die deutsche Flagge sowie zahlreiche Protestbanner hoch.

Wie aber komme ich dazu, als Manager und Ex-Kanzleramtsberater Protestfiguren wie Sahra Wagenknecht und Jean-Luc Mélenchon nachzueifern? Ja, ich gehe sogar noch einen Schritt weiter und sage: Wir wollen möglichst viele Deutsche dazu bringen, unseren Eliten die gelbe und bald die rote Karte zu zeigen.

Unsere Chancen, bei den Münchnern auf größere Resonanz zu stoßen, sind allerdings gering. Die deutschen Medien haben in der Mehrzahl einseitig und negativ über die größte Protestwelle gegen das Pariser Establishment seit Jahrzehnten berichtet. Sie verschweigen lieber die Motive derjenigen, die diese Bewegung tragen: Dass es sich tatsächlich um eine Bewegung von ganz unten handelt – eine Bewegung von Bürgern jenseits der großen Metropolen, eine Bewegung der Mittel- und Unterschichten, die sich politisch vergessen fühlen und darum trotz Winterkälte nicht davon abbringen lassen, sich über Monate an tausenden Kreisverkehren zu versammeln und das Land zu blockieren. Ihre grenzenlose Enttäuschung und Verbitterung über die unfähigen Pariser Eliten treiben sie an: Diese haben sie über Jahre mit falschen Versprechungen hingehalten, einer Elite, die sich selbst gerne bedient und keine Verantwortung übernimmt, eine Elite aus liberalen Kosmopoliten und einer sogenannten »gauche caviar«, linken Bonvivants und Besserwissern, die selbst gut leben und andere moralisch belehren.

Das »petit peuple« wacht auf

Mir ist der wahre Grund klargeworden, warum die Gelbwesten so hartnäckig protestieren, nachdem ich sie sie selbst kennengelernt habe: Er liegt in einem grandiosen Gemeinschaftserlebnis. Dieses besteht darin, dass sich viele Bürger alleingelassen gefühlt haben mit ihren Sorgen und Problemen. Jetzt aber entdeckt das »petit peuple« sich selbst: All diese Menschen aus dem Volk, aus den sogenannten »classes populaires«, machen die Erfahrung, nicht mehr allein zu sein. Sie finden sich plötzlich in einem *Wir* wieder. Jahre und jahrzehntelang hatten die Führungsschichten aus Politik und Wirtschaft, die »classes dirigeantes«, sie übersehen, ja sie sogar unverblümt verachtet: Das neue Prekariat der Dienstleistungsgesellschaft, in das viele aus der Mittelschicht abgestiegen sind, all die Teilzeitbeschäftigten, die Minijobber, die kleinen Angestellten und Erwerbstätigen, die Händler, Soloselbständigen, die immer härter um ihre Existenz kämpfen. Jetzt plötzlich haben sich die kleinen Leute wiedergefunden. Und sie haben mir berichtet, was dabei mit ihnen geschehen ist: Sie haben ihre soziale Scham und ihr Schuldgefühl verloren. Ihnen wurde als Schuld eingeredet, sie seien allein verantwortlich für ihr Versagen. Sie hätten zu wenig gearbeitet und sich disqualifiziert, um an der von oben gepriesenen Globalisierung teilzunehmen. Sie seien ungeeignet und zu erfolglos, um Teil der neuen Gesellschaft zu werden. Dafür haben sich die Unteren geschämt.

Biotop der Bessergestellten

Die hippe, obere Gesellschaft definiert sich im Gegensatz dazu als Avantgarde und als Zukunft: materiell gut abgesichert, moralisch überlegen und politisch korrekt. Mit diesem Sendungsbewusstsein und dieser Überlegenheit besetzt sie die Schaltzentralen von Wirtschaft und Politik und die Metropolen. Sie stempelt gleichzeitig den Rest der Gesellschaft als materiell und moralisch unterlegen ab und verdrängt ihn möglichst aus ihrem neuen Herrschaftsgebiet, den ökosozialen Luxus-Biotopen der Großstädte.

Doch jetzt plötzlich schütteln diese kleinen Leute den Makel ab, den ihnen diese neue urbane Kaste aufdrückt. Sie verlassen ihre

Mietskasernen in den Metropolen, ihre »rückständigen Regionen« auf dem Land und treten ins Licht. Der Frankreich-Experte Sebastian Chwala erklärt den großen Zustrom zu der neuen Bewegung: »Die Zusammenkünfte der ›Gelbwesten‹, die im Gegensatz zu den formalisierten Strukturen der Parteien und Gewerkschaften auf ein familiäres, lockeres Miteinander setzten, haben viele Menschen (besonders Frauen) aus der sozialen Vereinzelung geholt und eine neue Form der Identität geschaffen.«[3] Sie gehen auf die Straße und finden ihre Sprache wieder. Das löst einen ungeheuren Aha-Effekt bei ihnen aus: Ihr Protest macht plötzlich aus vorher Unsichtbaren, Ohnmächtigen und Sprachlosen Sichtbare und eine laute und mächtige Masse auf den Straßen und auf den Plätzen Frankreichs. Darum lassen sie sich von dort nicht mehr so einfach vertreiben.

Zeit der Zahnlosen

Sie können es kaum glauben, dass sie endlich gesehen werden. Der obere Teil Frankreichs muss ihnen endlich zuhören, weil sie eine Macht von unten bilden. Ihnen fließt Macht zu, den vorher Macht- und »Zahnlosen«, wie hochrangige Politiker sie abfällig bezeichneten[4]

Die Deutschen dagegen erfahren nicht viel über diese Aha-Erlebnisse und den positiven Befreiungsakt der kleinen Leute der Nachbarnation. Die deutschen Medien behalten ziemlich Stillschweigen darüber. Sie berichten eher aus der Perspektive des Präsidenten und der privilegierten Pariser Schichten – und werten die Gelbwestenbewegung ähnlich einseitig ab, wie sie später die Proteste der Corona-Krise diffamieren sollten.

Darum geht unsere Protestgruppe jetzt an die Öffentlichkeit. Gerade weil unsere Politiker und Medien sich irrational in grenzenlose Sympathie und Solidarität für den vermeintlich großen Europäer Emmanuel Macron hineinsteigern. Und weil es mancher linken Organisation nicht passt, dass die »Gelbwesten« bis dahin politisch passive weiße Arbeiterschichten mobilisiert haben.[5]

Es ist richtig, dass sich bei den Gelbwesten nach Hunderten friedlichen Protestaktionen auch Gewalt Bahn bricht. Diese Gewalt kommt jedoch nicht von ungefähr. Sie ist von oben provoziert und eskaliert unter anderem deshalb, weil Präsident Macron seine Polizeikräfte mit äußerster und verbotener Brutalität gegen friedliche Demonstranten einsetzt. Staatliche Gewalt und Gegengewalt schaukeln sich so gegenseitig hoch. Inzwischen schreckt Macron nicht einmal davor zurück, paramilitärische Kräfte einzusetzen. Sie zielen und schießen verbotenerweise mit sogenannten »sub-letalen Waffen«, wie zum Beispiel Granaten, die sogar TNT-Sprengstoff enthalten, auf Köpfe und Genitalbereiche der Demonstranten. Die sogenannten Kriegsversehrten berichten: »eine Tote, 248 Menschen mit Kopfverletzungen, 23 Menschen, die ein Auge verloren haben, fünf mit abgerissenen Händen«[6] – ganz abgesehen von sonstigen Verletzungen wie amputierten Hoden oder dem Verlust des Geruchssinns.[7]

Das bringt das Fass zum Überlaufen: Am 1. Dezember 2018 bricht ein Gelbwesten-Sturm von 3 000 Leuten gegen den Élysée-Palast los. Sicherheitskräfte bezeugen später, dass sie diesem Angriff nur knapp gewachsen sind: Die rasende Menge dringt bis auf hundert Meter zum Palast vor, in dem Macron wohl überstürzt seine Flucht in einen Bunker vorbereitet.[8]

Das französische politische Establishment wendet sich in umso größerer Abscheu von den Gelbwesten ab. Dabei hätte gerade dieses Establishment frühzeitig einer Spaltung des Landes und eine Vergiftung der Gesellschaft durch neuen Klassenhass entgegenwirken sollen. Stattdessen wandelt es sich in materieller Hinsicht schon unter den Präsidenten Chirac, Hollande und Sarkozy zu einer Oligarchie und frönt mental einem »militanten Narzissmus«, wie der französische Politologe Emmanuel Todd treffend feststellt.[9] Die einfache Bevölkerung aber hat begriffen, dass die sich ansonsten tolerant gebende »Gauche caviar«, die kosmopolitische Kaviar-Linke der Metropolen, eine stillschweigende Übereinkunft mit der neoliberalen Politikkaste gegen das »petit peuple« eingegangen ist.

Aufstände »auskärchern«

Kein Wunder, dass es schon lange im Land zwischen Pyrenäen und Rhein gärt. So kam es 2005 unter Präsident Jacques Chirac zu flächendeckenden Revolten in den französischen Großstädten. Ein arroganter Innenminister Nicolas Sarkozy ließ sie damals nieder-knüppeln- und -schießen, demütigt und provoziert sie gleichzeitig auf abstoßende Art und Weise: Er brüllt in die laufenden Kameras, er werde diesen Abschaum »auskärchern«.[10]

Nach der Niederschlagung besteht seine Hauptmaßnahme zur Ver-söhnung der Gesellschaft darin, die staatlichen Psychopharmaka-Do-sen für die sozialen Problemzonen zu erhöhen – das ist alles. Er stellt das Volk ruhig – und besänftigt damit die Ängste seiner Wahlklientel, der »classes dirigeantes«. Das hält ein paar Jahre. Aber als er 2017 selbst Präsident wird, fällt der Wissenschaftler Todd folgendes ver-nichtendes Urteil über ihn: »Nachdem er seinen Wahlsieg mit seinen Milliardärsfreunden im (Restaurant) Fouquet's gefeiert hat, über-reichte er den Hochprivilegierten Steuergeschenke, um anschließend die wenig Privilegierten zu attackieren.«[11]

»Präsident Bling Bling«

Sarkozy vergiftet damit tatsächlich vom ersten Tag seiner Präsi-dentschaft an das Klima zwischen den Klassen. Sein Geturtel mit der Geldkaste des Landes bringt ihm einen Spitznamen ein. Das Volk nennt ihn von nun an »Präsident Bling Bling« – als Anspielung auf seine Vorliebe für Luxusgüter. Und das Volk weiß, dass in sei-nem Lieblingsrestaurant Fouquet eine kleine Flasche Wasser über fünf Euro kostet – und damit alle Normalsterblichen aussperrt. Das Volk vergisst diese Lokalität nicht. Aus genau diesem Grund knöpfen sich die Gelbwesten Jahre später dieses Restaurant als Symbol der »verfaulten Pariser Elite« vor, plündern und zertrüm-mern es.[12]

Doch nach Sarkozy wird es nicht besser. Auf ihn folgt der linke Prä-sident François Hollande. Dieser enttäuscht erneut die Hoffnungen der Unter- und Mittelschichten, weil er wie seine Vorgänger erneut keine Reformpolitik umsetzt wie versprochen – und nicht zuletzt, weil er als Sozialist das verächtliche Wort von den »Sans-dents«, den zahnlosen, ärmeren Mitbürgern in die Welt setzt.

Revolutionär gegen »Riens«

Das ermöglicht den Überraschungssieg einer neuen Lichtgestalt des Bürgertums, des ehemaligen Rothschild-Bankers und Freundes der Pariser Schönen und Reichen, Emmanuel Macron. Er verspricht tatsächlich nichts weniger als eine Revolution für Frankreich. Er versteht Revolution allerdings etwas anders als das Volk, nämlich als eine neoliberale Revolution. Das provoziert seitdem große Teile der französischen Bevölkerung. Sie hält inzwischen immer weniger von diesen »verfaulten und verräterischen« Eliten im »Königreich des arroganten Herrschers Macron«.[13] Dieser demonstriert noch deutlicher als seine Vorgänger, wie er wirklich denkt, indem er Arbeitslose in Fernseh-Talkshows schurigelt und sie als »Riens«, als reine Nichtsnutze, abkanzelt.

Wir sind an diesem Tag bei unserem Marsch durch Schwabing überzeugt, dass die Eliten in unserem Land inzwischen ähnlich abheben wie diejenigen des Nachbarlandes Frankreich. Ich bin besonders motiviert, weil ich jahrzehntelang selbst erfahren habe, wie diese obere Kaste tickt und dass sie sich bedauerlicherweise nicht zum Besseren, sondern zum Schlechteren entwickelt: Sie wird in meinen Augen dem Anspruch einer echten Elite, die ihr Land und seine Bevölkerung vor allem beschützt und dafür Opfer bringt, schon lange nicht mehr gerecht. Ich bin sogar überzeugt davon: Wenn meine Mitbürger wüssten, wie diese Geld- und Machteliten denken und handeln, wäre Münchens Innenstadt an diesem Tag schwarz vor Menschen und gelb vor Westen.

2. Sprengsätze im Revolutionsquartier Schwabing

> »In der Stadt nahm unser Trupp nach und nach ab.
> Man sagte sich auf Wiedersehen. Auf morgen. Auf bald.
> Viele gingen in die Brauhäuser. Einige verließen uns. Vor einer
> Hundeschlächterei. Um dort ihr Abendbrot zu kaufen.«[14]
>
> *Guillaume Apollinaire, französischer Schriftsteller*
> *in Schwabing 1901, starb 1918 an der Spanischen Grippe*

Was ich in diesem Dezember 2018 nicht wissen kann: Das darauffolgende Jahr wird nicht nur zum Jahr mehrerer tausend Gelbwesten-demonstranten in Deutschland und gewaltiger anderer Demonstrationen, sondern sogar zum Jahr der größten Massenproteste seit dem Zweiten Weltkrieg gegen das Establishment – und das weltweit.

Die Befreiung des Gustl Mollath

An diesem Tag aber laufen wir mit einem kleinen Trupp und noch ziemlich verloren durch Schwabing. Wir kommen allerdings an ganz besonderen Orten vorbei – für mich persönlich sind sie Ermutigungen und zugleich Warnzeichen aus zwei Jahrhunderten. Schließlich gilt: »Schwabing ist kein Ort, sondern ein Zustand.« Das postulierte die Frauenrechtlerin Gräfin Fanny zu Reventlow schon vor circa hundert Jahren. So brütete dieser magische Ort schon mehrmals in der Geschichte Aufstände und Revolten aus. Eine heutige Schwabinger Revoluzzerin, Beate Jenkner, organisiert mit mir zusammen den Protestmarsch. Sie ist weit über Bayern hinaus bekannt geworden bei der Befreiung von Gustl Mollath aus der Psychiatrie und den Fängen der bayerischen Justiz.

Der Fall Mollath hatte folgende Vorgeschichte: Mollaths Frau hatte wohl im Auftrag einer Großbank reichen Steuerflüchtlingen geholfen, Vermögen illegal in die Schweiz zu transportieren. Als ihr Mann Gustl dagegen protestierte, hegte sie irgendwann den Plan, ihn »auszuschalten«: Sie zeigte ihn schließlich wegen angeblicher schwerer Körperverletzung an. Ein Richter, der sich offensichtlich als besonders harter Hund begriff, verurteilte Mollath und dieser verschwand über zehn Jahre lang in Haftanstalten und Psychiatrien – bis beherzte

Bürger wie Beate Jenkner und ein paar wenige andere den Justiz-
skandal öffentlich anprangerten. Das Bundesverfassungsgericht hob
schließlich die Zwangsunterbringung Mollaths auf – und die bayerische Justizministerin Beate Merk musste zurücktreten. Sie erwies
sich später sogar selbst in zahlreiche Affären verstrickt.[15] Die bayerische Justiz stand blamiert da, aber Beate Jenkner und die »Unterstüt-
zergruppe Gustl Mollath« hatten gewonnen.

Lenin als Nachbar der Millionäre

Unsere Protestgruppe passiert jetzt einige Orte in Schwabing, wo Re-
bellionen einmal alte Eliten gestürzt und durch neue abgelöst haben –
mit teilweise epochalen Folgen. Hier planten politische Radikale sowohl den Umsturz, aber auch neue despotische Herrschaft, gleichzeitig
Attentate gegen Diktatoren wie auch Bürger- und Weltkriege. Ebenso
haben Marktradikale von hier aus kapitalistische Expansion rund um
den Globus betrieben – und teilweise realisiert. Wie zum Beispiel der
Krupp-Erbe Arndt von Bohlen-Halbach, der hier sein Geld verprasste
und als er gefragt wurde, ob er einmal zu arbeiten gedenke, die berühmte Antwort gab: »Das hat mir gerade noch gefehlt.«

Diese Dichte aus Künstlerwelten, Arbeiterszene, Millionärsmilieus
und Kasernen hat immer wieder ein explosives Gemisch erzeugt, zum
Teil befreiend, zum Teil jedoch tödlich verheerend.

Unsere Gruppe macht kurz vor der Kaiserstraße 46 halt: Dort steigt
im Jahr 1900 ein gewisser Herr Mayer ab. Das war kein Normalbürger, sondern niemand anderes als der Berufsrevolutionär Wladimir
Iljitsch Uljanow, genannt Lenin. Er taucht hier unter falschem Namen
mit seiner Frau Nadeschda Krupskaja unter, während die zaristische
Geheimpolizei bereits in der Umgebung nach ihm sucht. Lenin beginnt hier seine erste große Programmschrift *Was tun?* und andere
Traktate, die nach Russland geschmuggelt werden.[16]

Deutscher Geheimdienst stürzt Zaren

Einige Jahre später schlägt der deutsche Geheimdienst mit einem Ge-
gencoup zurück – mit weltgeschichtlichen Folgen. Er schmuggelt den
als brandgefährlich geltenden Berufsrevolutionär in einem verplomb-

ten Eisenbahnwaggon über die Grenze nach St. Petersburg. Die Eliten des deutschen Kaiserreichs unter Wilhelm II. führen dabei eine geheime Staatsaktion größter Tragweite durch: Lenin soll mit seinen bolschewistischen Revolutionären die Herrschaft von Zar Nikolaus II. erschüttern und stürzen sowie einen Waffenstillstand mit Deutschland ermöglichen. Pikanterweise sind Wilhelm und Nikolaus Cousins. Trotzdem zieht Wilhelm seinen Umsturzplan gnadenlos durch. Lenin gelingt es tatsächlich, mit seiner blutigen Oktoberrevolution den Zar zu stürzen, ihn zu ermorden und den Weltkrieg von Seiten Russlands zu beenden. Es ist eine Ironie der Geschichte, dass der deutsche Kaiser und seine adelige Herrschaftsklasse mit ihrer Geheimdienstaktion eine der radikalsten und blutigsten Revolutionen des 20. Jahrhunderts auslösen.

Die rote Republik

Bei den revolutionären Schwabingern ist Lenin nach seiner Abreise keineswegs vergessen: Der Sozialist Kurt Eisner putscht im November 1918 in München mit desertierenden Soldaten und ihren Waffen aus Schwabinger Kasernen. Er vertreibt Regierung und König, erklärt Bayern zur »Bolschewistischen Sowjetrepublik« und schickt diplomatische Grüße an Lenin nach Russland.

Jetzt durchqueren wir andere, schlechtere Straßenzüge: Dort spielen sich die goldenen und die grausamen 20er-Jahre ab: angefangen von rauschenden Festen der libertären Gesellschaft bis zu dem Unterschlupf und Waffenlager eines Kapitän Hermann Ehrhardt, der von hier aus seine Mordzüge durch das Deutsche Reich unternimmt, und bis zu der Werkstatt eines Georg Elser, der hier die Bombe für das Attentat auf Adolf Hitler im Bürgerbräukeller baut. In diesem Viertel und der angrenzenden Maxvorstadt entstehen so viele der politischen und geistigen Sprengsätze, die die erste Republik zerrissen haben. Darunter sind auch Adressen von Adolf Hitler selbst, der hier in seiner Münchner Anfangszeit wohnt, bis ihn Münchner Millionärsfamilien unterstützten und für eine erfolgreiche Karriere aufbaut.

Das alles erscheint uns auf unserem Marsch durch Schwabing wie eine Erinnerung an eine gespenstische Epoche, die vielleicht irgendwann in ähnlicher Form wiederkommen könnte.

Als wir den Platz vor der Oper mitten in München erreichen, ist der zwar nicht schwarz vor Menschen, wie der Place de la Concorde in Paris zur selben Zeit. Aber es strömen immerhin mehr aufgebrachte Arbeiter, kleine Selbständige, Jugendliche und Rentner zusammen, als wir erwartet hatten.[17]

Kurz darauf wird sich Sahra Wagenknecht aus Solidarität vor dem Kanzleramt in Berlin postieren – in Gelbweste.[18] Sie ruft, ebenso wie wir, zu weiteren »Gelbwesten«-Protesten in Deutschland auf.

3. Machtkampf gegen das »Modell Seattle«

> »Chicago zerfällt in zwei Städte: Ein Drittel ist (…) ›global Chicago‹,
> eine Art San Franzisco des Mittleren Westens, während die restlichen
> zwei Drittel eher an Detroit erinnern: das meiste davon entvölkerte
> Ruinen oder eine Niemandswelt der Kriminalität«[19]
>
> *Joel Kotkin, Experte für urbane Trends über neue »Gated Cities«*
> *in Zeiten des Neo-Feudalismus, 2020*

Wir halten es für durchaus möglich, dass apokalyptische Reiter im 21. Jahrhundert wiederkehren, auch wenn sich Geschichte im Großen nicht wiederholt. Zum Déjà-vu Deutschlands gehört die Angst der kleinen Leute, dass ihre Eliten nochmals Verrat üben könnten. Darum protestieren wir wie die parteiunabhängige französische »Gelbwesten«-Bewegung für soziale Gerechtigkeit.

Der große Bevölkerungsaustausch

Eines der Motive ist, dass die Betuchten und Gebildeten immer dreister die Städte für sich okkupieren. Sie verdrängen langsam, aber sicher die Normalbevölkerung in München ebenso wie in vielen anderen Metropolen – vor allem mit dem Mittel der Miet- und Lebenskostenexplosionen: Circa sieben- bis achttausend Bürger müssen jeden Monat aus der Stadt München wegziehen, weil sie die Kosten nicht mehr aufbringen können.[20] Das ergibt hunderttausend ausgetauschte Münchner in einem Jahr und eine Million in zehn Jahren.

Nicht weit von unserer Münchner Gelbwestendemonstration entfernt haben sich immer neue Millionäre angesiedelt. Zu ihnen gehören auch Leute, die mutmaßlich schwere Schuld an der Allgemeinheit auf sich geladen haben, etwa einer der Hauptbeschuldigten im Dieselskandal, der Top-Manager Martin Winterkorn. In seinem instinktiven Fluchtreflex hatte er just in dem Augenblick, als sein Wirken aufflog, dem Milliardär Wolfgang Porsche eine 15-Millionen-Villa in München abgekauft. Diese übertrug er aber zeitgleich in eine Immobilien-Gesellschaft und schützte sie so vor möglichen Regressansprüchen der Allgemeinheit.[21] Leute wie Winterkorn bilden nur die Speerspitze eines ganzen Stroms an Reichen und Privilegierten, die die Städte fluten.

»Modell Seattle« in München

Das bedeutet in unseren Augen nichts anderes als die Verwirklichung des »Modells Seattle«: Reiche Microsoft-Manager haben in dieser US-amerikanischen Stadt längst die Normalbevölkerung erfolgreich verdrängt. Und so wie Seattle verwandelt sich auch Schwabing vom ehemaligen Künstler- und Revoluzzerviertel inzwischen in ein Vier- bis Fünf-Sterne-Hotel für Privilegierte: Das Dienstleistungsproletariat reist morgens an, säubert die Bahnhöfe und Straßen, bedient in den Restaurants, erzieht die Kinder der kosmopolitischen urbanen Eliten, pflegt ihre Alten, hält die Kliniken für sie am Laufen und muss abends wieder verschwinden – in schlechtere Zonen. Inzwischen arbeiten fast 400 000 solcher Pendler allein in der Region München.[22]

Unsere Sammlungsbewegung *Aufstehen* und unsere Bandarbeitergewerkschaft *Social Peace* beobachten diese vertiefte Spaltung zwischen Arm und Reich genau. Darum diskutieren wir immer wieder die Ergebnisse des Schuldneratlasses der Stadt München. Er belegt, wie sich die Prekarisierung von unten bis hoch in die Mittelschicht frisst.[23] Der französische Gesellschaftsanalytiker Christophe Guilluy hatte mit unbestechlichem Weitblick schon in den Nullerjahren die Spaltung der französischen Gesellschaft seziert. Allerdings hatte kaum jemand seinen Prognosen Glauben geschenkt. Zehn Jahre später explodierte die gewaltige Protestwelle der »Gelbwesten« wie aus dem Nichts. Inzwischen ist Guilluy einer der wenigen Intellektuellen, der im Nachhinein Recht bekommen hat und der die Anliegen dieser Protestbewegung versteht und verteidigt.[24]

4. Die neuen Überlebensbedingungen

> »Wenn man sieht, dass (…) es früher auch fliegende Reptilien gab.
> (…) (W)er hätte sich vorstellen mögen, dass sie (…) ihre sich
> herausbildenden Flugorgane (…) allein zur Flucht vor anderen
> Fischen benutzten, die sie fressen wollten?«[25]
>
> *Charles Darwin, Erfinder der Evolutionstheorie, 1859*

Wenden wir uns jetzt der speziellen Spezies zu, der relativ kleinen Klasse, die gerne von Gemeinschaft redet, aber nach Ego- und Darwin-Gesetzen handelt. Sie etabliert sich als neue Kaste der Reichen und Einflussreichen. Wie sich herausstellt, absolviert sie den großen Stresstest für die Menschheit, die Weltkrise von Covid-19, mit bravourösem Ergebnis: Sie übersteht die Krise nicht nur besser als der Rest der Population, sondern verschafft sich in der Krise neue Vorteile und einen neuen Lebens- und Überlebensvorsprung. Das Ergebnis: Sie erweist sich als begünstigt.

Autonomie der Abgehobenen

Der obere Teil der Menschheit ist schon seit den 90er-Jahren im Darwinschen Sinne begünstigt. Die Geld- und Politikeliten haben überdurchschnittlich von Globalisierung und Kapitalfreiheit profitiert. Sie konnten sich so vom Rest absetzen und haben eine neue globale Kaste gebildet.

Dadurch wollen sie sich etwas Einzigartiges sichern: Autonomie. Sie machen sich weitgehend unabhängig vom Rest der Menschheit. Sie schöpfen als privilegierte Spezies ihre Ressourcen und Optionen effizient aus und vermehren diese sogar gigantisch und sichern sich perfekt ab. Sie entziehen sich damit geschickt den Restrisiken des Homo sapiens und teilweise sogar denjenigen des Ökosystems Erde.

Dynamische Globalisierung, entfesselte Finanzwirtschaft und die immer komplexere Wissensgesellschaft sind die Hauptkriterien, die zum Vorteil und Vorsprung dieser exklusiven Klasse beitragen.

Echte und falsche Eliten

Der Homo sapiens hat seit seiner Entstehung immer ausgewählte Führungskader an die Spitze seiner Gemeinschaften gestellt, um seine Überlebenschancen abzusichern. Ohne Führungskader erweisen sich menschliche Gemeinschaften als schlecht organisiert und wenig geschützt. Oftmals in der Geschichte haben Anführer und Herrschaftsdynastien diese Führungsposition und ihre Macht missbraucht. Sie haben die ihnen unterstellten Gemeinschaften oder Völker unterdrückt und ausgenutzt. Gleichzeitig haben sie diese aber – auch im Eigeninteresse – vor Risiken bewahrt und beschützt. Bevölkerung und Eliten waren mit wenigen Ausnahmen an dasselbe Schicksal gebunden. Sie waren an dieselben Standorte gebunden. Sie waren gerade in Krieg und Krisen existenziell aufeinander angewiesen – sicherlich einmal mehr und einmal weniger.

Kaste ohne Volk

Nach 150 000 Jahren Menschheitsgeschichte ist das heute zum ersten Mal nicht mehr eindeutig der Fall. Dafür gibt es mehrere Ursachen: an erster Stelle aufgrund der globalen Revolution des Hyperkapitalismus, an zweiter Stelle aufgrund der zweiten kognitiven Revolution. Beide Revolutionen sind Paradigmenwechsel. Beide ermöglichen es den Eliten des 21. Jahrhunderts, sich immer stärker von der eigenen Bevölkerung abzukoppeln. Sie versetzen sie in die Lage, den Interessenzusammenhang mit ihren Landsleuten zu lockern oder gar ganz aufzukündigen, und sie tun das bereits verstärkt, wie wir sehen werden. Die derzeitigen Elitenpopulationen können dank dieser Abkopplung die Risiken mehr und mehr der schwächeren Gesamtpopulation zuschieben – soziale und ökonomische wie auch solche der Zukunft des Planeten.

Vor der Epochenzäsur von 1989 gab es einen Wettbewerb der Systeme. Es gab eine Alternative zum westlichen Modell. Seine liberalen Eliten mussten den globalen Kalte-Kriegs-Wettbewerb gegen die Eliten der kommunistischen Welt gewinnen. Deshalb machten sie weitgehende Kompromisse gegenüber der eigenen Bevölkerung. Sie ermöglichten ihnen sozialen Aufstieg und damit Teilhabe an Privilegien aller Art. Die Eliten der westlichen Welt propagierten deshalb zum einen eine Art regulierte oder soziale Marktwirtschaft und zum anderen die liberale Massendemokratie.

Herrschaft ohne Alternative

Seit dem Epochenwechsel haben sie das immer weniger nötig: Die kommunistischen Eliten der Sowjetunion und ihrer Satellitenstaaten sind besiegt. Das kommunistische China fällt als Alternativmodell aus, weil es einen noch härteren Kapitalismus praktiziert. So herrscht das System kapitalistischer Globalisierung ziemlich ohne Alternative – bis auf wenige weiße Flecken wie Nordkorea, der Iran und einige arabische und afrikanische Staaten.

Die neuen Eliten stützen sich also auf ein System ohne Alternative: auf eine Herrschaft qua Marktradikalismus mit einem universalen Anspruch. Die zweite kognitive Revolution, die moderne Informationsgesellschaft und der exponentielle Zuwachs an Daten und Wissen in den Händen weniger ermöglichen Herrschaftsprivilegien neuer Art.

Homo sapiens sapiens

Neue Kommunikations- und Informationsmöglichkeiten verstärken das. Professor Yuval Noah Harari von der Hebrew Universität Jerusalem hat die allererste kognitive Revolution anschaulich beschrieben. Auch in den Frühzeiten des Menschen und der Konkurrenz zwischen verschiedenen seiner Arten wurden Kommunikation und Information schon einmal zu einem entscheidenden Überlebensvorteil: Der Homo sapiens setzte sich durch seine Sprachfähigkeit gegen den Neandertaler durch und dieser starb aus.

Dabei nutzte der Homo sapiens laut Harari seine Kommunikationsfähigkeit interessanterweise weniger, um Beute zu machen, sondern für den effizienteren Umgang mit seinesgleichen, konkret: für das Organisieren und Führen immer größerer Gemeinschaften: »In einer Gruppe von 50 Menschen ergeben sich 1250 Zweierbeziehungen und eine schier unüberschaubare Zahl von Dreiecks-, Vierecks- und anderen Über-Eck-Beziehungen – und der Homo sapiens beherrschte solche komplexen Formen der Zusammenarbeit.« [26]

Das gilt auch heute, auf der Basis exponentieller technologischer Sprünge, als klarer Wettbewerbsvorteil. So kann sich auch die globale Klasse der Reichen und Einflussreichen innerhalb ihrer Netzwerke überlegen austauschen und Gewinne vielfältiger Art verbuchen: Sie kann Profit- und Machtvorteile über die Köpfe der Normalpopulationen hinweg und auf deren Kosten generieren – ob durch Kommunikation zwischen abgeschotteten »Warrooms« der Finanzzentren oder durch direkte Kooperation zwischen Finanz-, Wirtschafts-, Kultur- und politischen Eliten. Ein gutes Beispiel sind die Insiderabsprachen von Investoren und Spekulanten. Sie kommunizieren auf Kosten Dritter in den nur ihnen als Eingeweihten verständlichen Codes aus Kürzeln und Anspielungen. Durch ihre »Geheimsprache« schließen sie alle Nichteingeweihten von ihren exklusiven Gewinnchancen aus.

Was aber sind – symbolisch gesprochen – die »Petrischalen«, in denen sich diese neue Superklasse, wie sie ein Kenner bezeichnet, entwickelt und mit Hilfe derer sie ihre »evolutionären Vorteile« ausbaut?[27] Es sind in erster Linie die Zentren der Wissens-, Wirtschafts- und Finanzeliten und die politischen Schaltzentralen, also die für die Normalbürger unbezahlbaren Elite-Universitäten, die hermetisch abgeriegelten Börsen, ebenso die undurchdringlichen Geflechte der Großbanken und Weltkonzerne, aktuell besonders die digitalen des Silicon Valley wie auch die politisch undurchsichtigen der Pharma-, Auto- und Waffenindustrie.

5. Der »Homo neoliberalensis«

> »Denn die nächsten Kriege werden wahrscheinlich
> mit den Waffen der Finanzwelt geführt werden.«[28]
>
> *Amerikanischer Ex-Militär, 2014*

Die globale Elite wendet indirekt Darwins Grundregel an, sich als spezielle Spezies möglichst optimal vor Risiken zu schützen. Greifen wir deshalb den Untertitel auf, den Charles Darwin seinem Hauptwerk im Jahr 1859 gegeben hat: *Die Erhaltung begünstigter Rassen im Existenzkampf.*[29] Die »Rasse der Finanzeliten« ist einerseits besonders begünstigt und verfügt andererseits über besondere Varianten, um sich abzusichern und neue Gebietsgewinne zu machen: etwa mit Hilfe von professionellen Prognosen und immer weiter optimierten Kommunikations- und Frühwarnsystemen.

Künftige Kriege der Finanzwelt

Hier bricht aktuell ein neuer brutaler Wettbewerb aus: Spekulanten setzen im Hochfrequenzhandel nicht mehr auf Glasfaserkabel, um Börsenkurse zu manipulieren. Sie setzen jetzt auf Mikrowellen, um sich gegenseitig oder normale Anleger zu übervorteilen. Dazu nutzen sie ehemalige Militär-Funkstationen, die sie massenhaft zum Beispiel der NATO oder US-Air-Force abkaufen. Ein Ex-Militär beobachtet, dass jetzt nicht mehr Militärs geheime Botschaften rund um die Welt senden, sondern Spekulanten.[30]

Ein anderer Teil der Geldkasten sind Investoren, Unternehmer und Top-Manager, die sich andere Spezialfähigkeiten angeeignet haben: Sie bauen erfolgreich Geschäftsmodelle und Digitalkonzerne auf der Basis von gezielter und komplexer Datenauswertung auf. Ob Zukunftsprognosen oder Datenanalysen: All diese Instrumente eignen sich als perfekte und überlegene Frühwarn- und Prognosesysteme, mit denen sie Zukunftsrisiken entweder vermeiden oder früher als andere in ihre Konzepte einpreisen.

Zusammengefasst: Die globalen Eliten sichern ihre Interessen durch neueste Technologien ab. Gleichzeitig aber machen sie sich von nationalen Standorten unabhängig. Sie lösen so den Interessenzusammenhang mit der eigenen Bevölkerung auf. Ja, sie verfügen sogar über die Option, diese wiederum als Risikopotenzial in ihre Zukunftsprognosen und Gewinnerwartungen »einzupreisen«.[31] Damit besitzen sie seltene Kombinationen, die es ihnen ermöglichen, ihre Macht, ihre Privilegien und ihren Einfluss weiter zu stärken.

Die Spezies »seltener Kombinationen«

Schon Charles Darwin beschreibt in seinem großen Klassiker der Evolutionstheorie solche »seltenen Kombinationen« als erfolgreich für das Überleben: Er erwähnt zum Beispiel fliegende Säugetiere oder fliegende Reptilien, die zugleich geschickt Beute machen und optimal flüchten können.[32]

Professor Harari weist darauf hin, dass die ersten Homo sapiens aus der Zeit von vor 150 000 Jahren aus Ostafrika keine anatomischen Unterschiede zu uns Menschen des 3. Jahrtausends aufweisen. Heutige stark konkurrenzfähige Exemplare zeigen ihre Überlegenheit mittels anderer, nämlich künstlicher Varianten: etwa durch Geldvermögen, Machteinfluss, Technologien oder den exklusiven Lebensstil und die erfolgreiche Propagierung überlegener eigener Werte. Einige verfügen sogar auch über Gewaltmittel wie Sicherheitskräfte, Söldnertruppen und sogar private geheimdienstartige Organisationen, über die bisher nur Staaten verfügt haben; ergänzt durch digitale Strukturen und künstliche Intelligenz, ungeheure Finanzreservoirs, gigantische Daten- und Informationspotenziale als auch seltene Rohstoffe. So bekommt Darwin mit seinem Urteil über diese spezialisierte Spezies indirekt recht: Sie kann »in der natürlichen Grundordnung (…) ein(en) Platz (…) besser besetzen«.[33]

Ich kennzeichne diese Gruppe somit als künstlich begünstigte Spezies und schlage als Bezeichnung – ironisch gemeint – den Namen »Homo neoliberalensis« vor. Er definiert sich durch hohe materielle wie moralische Standards, die unter anderem dazu dienen, andere auszuschließen und daran zu hindern, zu ernsthaften Konkurrenten zu werden und den »eigenen Interessen in die Quere zu kommen«.[34]

Privilegierte gegen primitive Populationen?

Im Konfliktfall, also in Krise und Krieg, zeigen Lebewesen besonders gut ihre Überlebenseigenschaften. Darum wird es im Folgenden nicht nur darum gehen, ihre Äußerungen zu dokumentieren, sondern auch ihr Verhalten in der aktuellen Weltkrise der Pandemie zu untersuchen. Es wird auch wichtig sein, zu untersuchen, ob die Mehrheitspopulation diese Sonderstellung so hinnimmt. Oder ob sie sich dagegen wehrt und sich daraus eine Konfliktlinie oder gar ein Weltkonflikt zwischen einer normalen und einer privilegierten Population entwickelt.

Denn nicht nur die Temperatur des Weltklimas auf dem Planeten steigt stetig an, auch das soziale Fieber innerhalb der Population Homo sapiens.

6. Eine globale Kaste koppelt sich ab

>»In etwa zehn Jahren, also im Jahr 2030, werden circa
>zwei Drittel des Weltvermögens in den Händen
>einer winzigen Klasse von 0,2 Prozent liegen.«[35]
>
>*Eine Studie des britischen Parlaments, 2018*

Wie sieht die ökonomische und soziale Abkopplung der oberen Klasse
konkret aus? Im Zeitraum zwischen 1978 und 2012, also vor Corona,
entwickeln sich Vermögen und Zukunftschancen zwischen oben und
unten bereits extrem ungleich: Der Wohlstand der oberen globalen
Schicht, die nur 0,2 Prozent der Weltbevölkerung ausmacht, verdrei-
facht sich von 7 auf 22 Prozent.[36]

Die neuen Superreichen …

Der Bloomberg-Index der 500 reichsten Personen der Welt errechnet,
dass diese »ihr Vermögen seit Januar (2020) um 1,2 Billionen US-Dollar vermehrt« haben.[37] Die rund 2 000 Dollar-Milliardäre weltweit
steigern ihr Gesamtvermögen bis Ende Juli 2020 auf den Rekordwert
von rund 10,2 Billionen Dollar (8,7 Billionen Euro). Diese gewaltige
Summe teilt sich die »winzige« Zahl von insgesamt 2 189 Männern
und Frauen weltweit untereinander auf – und sie verfügen damit über
das Doppelte der jährlichen Wirtschaftsleistung Deutschlands, der
größten Volkswirtschaft Europas.[38]

Apropos Deutschland: Hier bestätigt ein anderer Indikator denselben Trend. Im Zeitraum zwischen 2010 und 2017 hat sich die Zahl
deutscher Milliardäre von 102 auf 251 mehr als verdoppelt, während
sich gleichzeitig auch die Anzahl der Obdachlosen verdoppelt hat –
von 248 000 auf 420 000.[39]

… und ihre Machtzentren

Die Tech- und Pharmakonzerne stehen bei der Gewinnexplosion
weltweit an der Spitze. Das Vermögen der Gewinnerklasse entfällt zu
einem Drittel auf die USA, in zweiter und dritter Linie auf China und
Deutschland.[40]

Selbst konservativ-liberale Kommentatoren kommen zu dem Ergebnis, dass diese Gewinnerklasse praktisch unantastbar ist: »Sie sind privatrechtlich verfasste Machtzentren, deren weitreichende unternehmerische und politische Entscheidungen kaum noch staatlich kontrolliert und reguliert werden können.«[41]

Die deutsche Nachhaltigkeitsexpertin Maja Göpel resümiert im Herbst 2020: »Von dem, was das Wirtschaftswachstum seit der Globalisierung an Vermögen geschaffen hat, ist bei vielen Armen etwas, bei sehr wenigen Reichen unfassbar viel und bei der großen Mittelschicht kaum bis gar nichts angekommen.«[42] Sie bestätigt, dass der versprochene Trickle-down-Effekt – die Annahme, dass sich alle Boote heben, wenn die Flut der Vermögen steigt – nicht funktioniert. Aber sie präsentiert gleichzeitig eine verblüffende Lösung für die globalen Probleme: Die Vermögenden dieser Welt bunkern in den Steueroasen unglaubliche 8,2 Billionen Dollar. Das sind zehn Prozent des globalen BIP: Allein damit, so Göpel, könnte die Menschheit den Aufbau weltweiter Gesundheitssysteme, Bildungseinrichtungen, resilienter Landwirtschaft und vieles mehr finanzieren.[43]

Leistungs- oder leistungslose Kaste?

Kommen wir zur nächsten Fragestellung: Handelt es sich bei der neuen globalen Gewinnerklasse um eine Leistungselite oder etwa um eine feudale oder Privilegien-Elite? Schon vor der Corona-Krise haben Wissenschaftler diese Frage aufgeworfen. Einige von ihnen beobachten eine Degenerierung der westlichen Eliten und den klaren Trend, dass diese eine neue Art feudaler Kaste herausbilden.

Der US-amerikanische Spezialist für globale und urbane Trends, Joel Kotkin, kommt zu dem klaren Ergebnis: Eine Tech-Oligarchie erobert den wertvollen digitalen Raum und etabliert eine gespaltene globale Herrschaftsordnung neuer Dimension. Sie schafft neue, harte Klassengegensätze – nicht nur in den USA, sondern weltweit:[44] »Wir (sind) Zeuge der Entwicklung einer Oligarchie in angeblich demokratisch verfassten Staaten, wo sich eine neofeudale Aristokratie dem Zentralstaat aufpfropft.«[45] Bereits im Jahr 1932 hatte Aldous Huxley den Terminus der »oligarchischen Kaste« in seinem weltberühmten Roman *Schöne neue Welt* eingeführt.

Kotkin aber liefert die Definition für das 21. Jahrhundert, dergemäß sich diese neue exklusive Herrschaftsklasse als »eine neue Form der Aristokratie (… erweist und somit als) immun gegen jegliche Auflösung ihrer Macht«.[46]

Diese Herrschaftsklasse ist deshalb nach unten nicht mehr durchlässig. Sie grenzt und schottet sich stattdessen extrem stark ab. Ihr privilegierter Status erlaubt ihr das. Kein Wunder, dass diese Kaste einen Moral- und Herrschaftsanspruch über eine in ihren Augen relativ inkompetente und unfähige Allgemeinbevölkerung erhebt.

Die eigene Alternativlosigkeit

So breiten sich Hybris, Selbstüberschätzung und Paranoia in den obersten Kreisen weiter aus. Der Harvard-Philosoph Michael Sandel warnt, »dass die Vermögenden und Erfolgreichen ihre Einkommen tendenziell als Ergebnis eigener Leistung ansehen und deshalb auf diejenigen, die weniger haben, herabblicken«. Sie vergessen in seinen Augen »allzu leicht, was sie der Gesellschaft schulden, der sie angehören und die die Voraussetzungen für ihren Aufstieg geschaffen hat«. Aus diesem Grund verlören sie seiner Meinung nach den Bezug zum Gemeinwohl.[47]

Wir beobachten also einen mentalen Wandel in dieser Klasse der Globalisierungsgewinner. Der Soziologe Andreas Reckwitz arbeitet zielgenau heraus, dass sich dieser obere Teil der Gesellschaft immer stärker über sogenannte Singularitäten definiert, womit er alle Arten von Besonderheiten meint. Mit ihnen stellt diese Klasse einen exklusiven und ausgefallenen Lebensstil zur Schau.[48] Zu diesen Besonderheiten zählen räumliche Singularitäten, also besondere Orte, an denen sich die Angehörigen dieser Kaste treffen oder leben. Das sind die hippen Wohnviertel der begehrten Metropolen, aus denen sie mittels Wucherpreisen andere fernhalten. Sie bevorzugen auch »zeitliche Besonderheiten«, etwa ausgefallene Reisen, auf denen sie besondere Momente genießen können, die die breite Masse so nicht erlebt. Und diese obere Kaste und ihre Anhänger erzielen damit letztlich eine allgemeine Unvergleichbarkeit als Klasse – in Abgrenzung von den lediglich mittelmäßigen Individuen der breiten Masse.

Denn zugleich mit ihrem Aufstieg sorgt diese Kaste für den Abstieg anderer Klassen.[49] Einerseits drängt sie die alte Mittelschicht vor allem moralisch ins Aus. Andererseits schafft sie eine neue Klasse der Geringqualifizierten, die »service class« oder die Dienstleistungsklasse. Reckwitz amerikanischer Kollege Kotkin spricht sogar von einer Klasse der »new serfs«, also der neuen Diener. Die überlegene Klasse macht so die Globalisierungsverlierer zu Absteigern oder zu Abstiegsbedrohten – und straft sie zusätzlich mit Verachtung ab.

Das Tragische daran ist, dass sie damit viele Mitglieder der jüngeren Generation – vom ungelernten Arbeiter bis zum hochqualifizierten Akademiker – abwertet und ausgrenzt. So steigen die Enttäuschung und Ernüchterung bei all denen, die die exklusiven Werte und Besitzansprüche nicht erfüllen können.

Die oberen Kasten lenken aber nicht ein. Sie führen im Gegenteil aller Welt vor Augen, wie exklusiv sie leben und wie wenig beneidenswert die Normalbevölkerung dagegen abschneidet: All jene, »die bloße Rollenträger sind und Routinearbeiten oder ein Routineleben führen müssen: die wenig besondere Dinge als schnöde Industrieware, also von der Stange oder aus dem Discounter konsumieren, die in gesichtslosen Räumen wohnen und dort ihren Urlaub verbringen und die in zeitlichen Routinezwängen befangen sind, die man schnell vergisst«.[50]

Die oberen Kasten kultivieren sich selbst als ultimative Lebensform und damit einen marktkonformen Extremismus, der die Gesellschaft gefährlich spaltet. Aus diesem Grund rechnet Reckwitz Kollege, der Soziologe Oliver Nachtwey, mit einer Zunahme sozialer Konflikte. Diese Konflikte entstehen, gerade weil viele Menschen und vor allem junge Menschen und solche mit Migrationshintergrund sich anstrengen, um sozial aufzusteigen, aber die materiellen und mentalen Schranken nicht überwinden.

7. Der Rassismus der Reichen und Einflussreichen

>»Sie leben in einer eigenen Welt, mit privaten Schulen, privaten
Sicherheitsdiensten, privaten Krankenversicherungen. Ständig mobil
auf Vernissagen und Geschäftsreisen, isoliert in ihren Vorortvillen,
haben sie nur noch einen touristischen Blick auf ihre Umwelt, der
kaum zu Verantwortung oder gar Engagement verpflichtet.«[51]
>
> *Christopher Lash, US-amerikanischer Sozialkritiker, 1995*

Dem apokalyptischen Reiter dieser neuen Superklasse gesellt sich Anfang der 2020er-Jahre ein weiterer dazu, der die Gesellschaft noch stärker spaltet: Die Covid-19-Pandemie verbreitet weltweit Angst, Schrecken, Krankheit und Tod. Viele Menschen rechnen im ersten Moment damit, dass diese Pandemie gleichmacherisch wirkt. Aber welcher Irrtum. Es stellt sich heraus, dass die Seuche den schon bisher Privilegierten Vorteile verschafft und den Rest der Bevölkerung benachteiligt. Die Seuche verstärkt demnach Ungleichheit und Ungerechtigkeit – innerhalb der Gesellschaften wie auch im globalen Vergleich. Insgesamt wird sie zum Vermögensbooster für wenige und zum Existenzvernichter für viele. Damit wirkt sie wie eine Feuerwand aus Benzin zwischen neu privilegierten und akut benachteiligten Menschengruppen.

Sie treibt die Machtkonzentration in der Welt auf die Spitze und wirkt gesellschaftlich und politisch toxisch. Materiell monopolisiert sie Marktmacht und Gewinne – während die große Masse der Weltbevölkerung in existenzielle Notlagen abrutscht. Und politisch konzentriert sie die Macht in den Händen weniger – und entmündigt Parlamente und Wähler.

Vertrauensverlust der Demokratie

In Deutschland wie in zahlreichen anderen Ländern kommt es allerdings schon vor den Kaviar- und Maskenskandalen führender Politiker zu einem massiven Vertrauenseinbruch. Dieser nimmt jedoch im zweiten Jahr der Seuche, 2021, dramatische Züge an. So deckt das Meinungsforschungsinstitut Opinionway in einer großangelegten Studie Anfang 2021 folgende Ergebnisse auf: 42 Prozent der Deutschen »halten die politisch Verantwortlichen ihres Landes für korrupt«. Dieses Ergebnis wird auch dadurch nicht besser, dass bereits 65 Prozent der Franzosen diese Meinung vertreten.[52]

Der Demokratieforscher Yasha Mounk erklärt, dass die jüngere Generation in besonderer Weise den Glauben an die Demokratie und den Staat verliert: Von den sogenannten Millenials, den seit 1980 Geborenen, hält es in den USA »nicht einmal jeder Dritte für unerlässlich, in einer Demokratie zu leben«. Viele meinen sogar, die Demokratie sei eine schlechte oder sehr schlechte Regierungsform[53] und weltweit erleidet die Demokratie einen solch schweren Imageverlust, dass das einige fatal an das Ende vieler Demokratien in der Zwischenkriegszeit erinnert.

So ist es auch nicht weiter verwunderlich, dass sich viele zehntausend Deutsche – teilweise auch in Erinnerung an zwei Diktaturen – gegen eine zu autoritäre Beschränkung der Freiheits- und Bürgerrechte wehren. Es hat nichts mit Verschwörungstheorien zu tun, wenn sich Panik und Paranoia bei Normalbürgern ausbreiten. Denn tatsächlich hat die deutsche Regierung leider wenig aus der deutschen Geschichte gelernt beziehungsweise wie sie mit politischer Macht in einer schweren Krise umgehen sollte. Stattdessen zieht sie mit Hilfe von Ausnahmegesetzen auch in der zweiten deutschen Demokratie unverhältnismäßig viel Macht und Kompetenzen an sich und schränkt gleichzeitig demokratische und parlamentarische Rechte ein. Viele Bürger fürchten zu Recht, dass das Politik-Establishment bewusst oder unbewusst den Boden für eine mögliche autoritäre Machtausübung der Zukunft bereitet.

Widerstand gegen den Verrat von oben

So weist der US-amerikanische Bürgerrechtler Bill Fletcher darauf hin, dass der Sturm auf das Kapitol von Seiten der Zivilgesellschaft hätte verhindert werden können – vorausgesetzt, »Gewerkschaften und Bürgerrechtsgruppen (hätten) zum Gegenprotest in Washington mobilisiert (...), (dann) wäre das Ziel gewesen, in der Überzahl zu sein. Wir haben oft gesehen, dass wir dann die Faschisten vertreiben können.«[54] In der Tat waren die Pläne Trumps seit dem Frühjahr 2020 bekannt.

Fletcher zeigt am Fallbeispiel des Ku-Klux-Klan, wie das funktioniert: »In den 90er-Jahren lebte ich in Boston. Als der Ku-Klux-Klan eine Demonstration ankündigte, zu der rund 100 Teilnehmer kamen, haben wir eine Gegendemonstration mit 1 000 Teilnehmern organisiert. Wir haben sie aus der Stadt vertrieben.« Was dagegen lief am Tag des Putschversuchs in Washington ab? »Am Mittwoch hatten die Faschisten eine Erlaubnis zu marschieren. Und die Stadtregierung von Washington hatte die Stadtbewohner aufgefordert, zu Hause zu bleiben.«[55]

Der deutsche Verfassungsrechtler Christoph Möllers geht aus ähnlichen Gründen so weit zu postulieren: Im Zweifel seien die deutschen Querdenker-Proteste besser als überhaupt keine Proteste.[56]

Virusausbreitung und Börsenrallye

Die Finanzeliten schlagen zusätzliche Profite aus der Krise, so wie sie das im Ersten Weltkrieg und danach und ebenso in der schwersten Finanzkrise der Nachkriegszeit, 2008, getan haben. So zeigen sich beispielsweise die New Yorker Spekulanten nicht nur unbeeindruckt vom Trumpschen Putschversuch und der Demokratiekrise, sondern sogar von der Pandemie insgesamt. Während die weltweiten Todeszahlen nach oben springen, startet diese Geldkaste an den Börsen neue Kursfeuerwerke. In New York lassen sie nach Trumps Coup insbesondere die Aktien der amerikanischen Waffenindustrie durch die Decke schießen – ein unheilvolles Omen für eine demokratische und friedliche Zukunft.[57]

An dieser Stelle bietet sich noch einmal ein direkter Vergleich mit der Zwischenkriegszeit an. Die damaligen oberen Klassen hatten überdurchschnittlich von Krieg und Krisen profitiert. Sie bereicherten sich teilweise erheblich am Ersten Weltkrieg. Danach erlebten sie goldene 20er-Jahre, die Mehrheit der Deutschen jedoch grausame. Und Teile der Elite verwandelten sich zu einer korrupten Clique. Sie vertraten nicht mehr die Interessen der Bevölkerung, sondern ihre eigenen. Was war ihr Motiv? Ihre Hauptangst galt ihren Interessen und ihrem Besitz.

Toxische Medienimperien

An ihrer Spitze standen die Krupps, die Thyssens und die Hugenbergs. Das Volk betrachtete sie misstrauisch als »Kriegsgewinnler«. Einer von ihnen war der Rüstungsmanager Alfred Hugenberg. Er kaufte sich ab dem Jahr 1914 ein Medienimperium zusammen. In seinen Zeitungen und Sendern verbreitete er Hass und Rachsucht, die die Gesellschaft vergifteten, und machte damit zugleich ein Vermögen.

Alfred Hugenberg ist ein gutes Beispiel, auf welche Weise diese Geldkaste noch zum Sturz der ersten deutschen Demokratie beitrug, außer durch direkte Verschwörungen: nämlich durch massive Beeinflussung der öffentlichen Meinung und Zersetzung des gesellschaftlichen Klimas.

Hugenberg hatte eine Doppelrolle als Medienzar und als Parteipolitiker. Er gründete als Medienunternehmer nach dem Ersten Weltkrieg die Deutschnationale Volkspartei. Als deren Vorsitzender stützte er einige Jahre die demokratische Weimarer Koalition aus SPD, Liberalen und katholischer Zentrumspartei. In dieser Zeit half er die junge Republik zu stabilisieren. Aber eigentlich war er ein »Scheindemokrat«.

Sein Ziel erreichte er zwar nicht sofort: Schon Ende der 20er-Jahre wollte er sich der NSDAP annähern. Doch diese bekämpfte ihn und seine Partei einige Jahre hart als »reaktionär«. Entscheidend aber wurde, dass sein Medienimperium indirekt den Nationalsozialisten den Weg ebnete: Es trug zu den bürgerkriegsartigen Zuständen bei, die Hitler bei seinem Machtaufstieg nützlich wurden. So leistete die Hugenberg Presse Vorschub für die Diktatur.

Die toxischen Big Tech

Heute ist das etwas komplizierter: Weder die Politik- noch die Geldkaste sind national definiert. Zum Beispiel hat die europäische Politikkaste einen großen Einfluss auf Deutschland. Die Geldkaste hat sich zu einer globalen Kaste entwickelt. Beide profitieren massiv von der Krise, wie damals. Die politischen Krisengewinner ermächtigen sich in der Krise – wie fast überall auf der Welt. Die Geldkaste steigert ihre Gewinne enorm.

Neu aber an ihr ist, dass sie nicht mehr aus den Krupps und Thyssens besteht – sondern aus deutschen Weltkonzernen und -banken gemeinsam mit anderen großen Playern. Zu den Hauptkrisengewinnern zählt heute kein Hugenberg-Medien-Imperium mehr, sondern Tech Konzerne wie Amazon, Facebook und Big Pharma Konzerne wie Pfizer und Moderna, die in der Krise ebenso große Milliardengewinne verbuchen und an Einfluss gewinnen. Die Plattformkonzerne des Silicon Valley scheffeln Milliarden, weil sie – ähnlich wie Hugenberg – Frustrationen und sogar Hass und Rachsucht im globalen Netz verbreiten und die Gesellschaften damit weltweit zersetzen.

Zensur der Zuckerbergs

Hinzu kommt eine starke Zensurfunktion der Tech Konzerne, die eigentlich nur dem Staat vorbehalten ist. Denn so schlimm die Aktion des scheidenden US-amerikanischen Präsidenten war, so schlimm und scheinheilig sind die Versuche der Silicon-Valley-Konzerne und ihrer Tech-Oligarchen, ihr Verhalten weißzuwaschen. Apple, Google und Facebook sperren politische Foren rechter und linker Kritiker, die ihnen offenbar nicht genehm erscheinen und Amazon schaltet einfach die dazu genutzten Server ab.[58] Die Tech-Elite will damit Kritik und Protest der Zivilgesellschaft unterbinden, was nicht zulässig ist. Noch schlimmer ist, dass die Politikkaste nichts Besseres zu tun hat, als die Tech Konzerne gewähren zu lassen und den freien Meinungsaustausch freier Bürger ihrerseits zu behindern und zu unterdrücken.

Corona-RAF und andere schlimme Finger

Der Sturm auf das Kapitol war ein Warnzeichen, das die deutsche Politikkaste in keiner Weise verstanden hat. Der bayerische Ministerpräsident Markus Söder hat am Tag danach jedoch nichts Besseres zu tun, als die Bevölkerung undemokratischen Verhaltens zu verdächtigen. Er warnt tatsächlich vor einer angeblichen Corona-RAF und verunglimpft damit friedliche Protestdemonstrationen. Damit nicht genug, faselt er von einer allgemeinen »Extremisierung der Bevölkerung«.[59] Das aber fördert nicht die Zivilgesellschaft, sondern erstickt sie im Gegenteil: Söder baut eine Barrikade zwischen seiner Kaste und der Normalbevölkerung auf – und das, um offensichtlich seinem Populismus von oben einen neuen Schub zu verleihen.

8. Das Volk in der pandemischen Vorhölle

>»Wir sollen fortschrittlich, liberal, kosmopolitisch, demokratisch und
>tolerant sein; als Gegenbild droht der neue Barbar unserer Zeit;
>der Nichtmutierte, Zurückgebliebene oder auch Ewiggestrige.
>Doch was ist das für eine Welt, in der die Demokratie
>beweihräuchert, das Volk jedoch verpönt wird?«[60]
>
> *Guillaume Paoli, Gründer der Berliner*
> *Initiative »Glückliche Arbeitslose«, 2007*

Die Corona-Krise splittet nicht nur die Chancen zwischen Gesunden und Nicht-Gesunden, sondern reißt auch die Schere zwischen Arm und Reich vollends auseinander. Das Phänomen ist grotesk: Die Superklasse der Milliardäre schöpft Riesengewinne am Aktienmarkt ab, obwohl gleichzeitig die Wirtschaft am Boden liegt. »Das zeigt, wie abgekoppelt der Aktienmarkt von der realen Wirtschaft ist und von dem, was die meisten Menschen erleben«, erläutert Chuck Collins vom Institute for Policy Studies: »Ich würde behaupten, das hat soziale Konsequenzen, es untergräbt die Solidarität, die wir brauchen, um die Pandemie zu überstehen.«[61]

Das oligarchische Dutzend

Die kleinen oberen Gesellschaftssegmente leben sogar seit langem auf Kosten der großen unteren. Während bis 1975 die Einkommen von Reichen, Mittelklasse und Armen in etwa prozentual ähnlich stark angestiegen waren, setzen sich die Reichen seit 1975 strikt von der Lohnentwicklung der anderen ab.[62] Inzwischen liegen Studien für die USA vor, die belegen, dass insgesamt über Jahrzehnte etwa 50 Milliarden Dollar vom ärmeren Teil der US-Bevölkerung nach oben umverteilt wurden. Diese in der breiten Bevölkerung fehlenden Milliarden sind dafür verantwortlich, dass die Mehrheit der Amerikaner im Jahr des Ausbruchs der Covid-19-Pandemie mit einer geschwächten Gesundheit der Seuche ausgesetzt ist.[63]

Im Sommer 2020 melden Nachrichtensender, dass sich die Lage weiter zuspitzt: »Die erhöhte wöchentliche Arbeitslosenunterstützung in Höhe von 600 Dollar pro Woche lief Ende Juli aus, zu einem Zeitpunkt, als fast 30 Millionen Amerikaner in einer Umfrage des ›Census Bureau‹ sagten, dass sie in der vergangenen Woche nicht genug zu essen hatten.«[64] Instituts-Direktor Collins dazu: »Dies ist ein beunruhigender Meilenstein in der Geschichte des konzertierten Reichtums und der Macht in den USA. Das ist einfach zu viel wirtschaftliche und politische Macht in den Händen von zwölf Menschen. Aus der Sicht einer demokratischen Selbstverwaltungsgesellschaft kann man dies ein ›oligarchisches Dutzend‹ nennen.«[65]

Aushängeschilder dieser oligarchischen Kaste sind unter anderem Jeff Bezos, Elon Musk, Bill Gates und Mark Zuckerberg. Konzerninhaber Jeff Bezos hat von Februar bis September 2020 55,2 Milliarden Dollar hinzugewonnen. Noch mehr streicht die Gründerfamilie von Walmart ein. Tesla-Chef Elon Musk konnte in sechs Monaten sogar um etwa 70 Milliarden Dollar aufstocken und inzwischen Bezos toppen.[66]

Die Kaste der »Onepercenter« – wie das oberste Prozent der US-amerikanischen Gesellschaft genannt wird – profitiert somit von der Krise. Sie machen sogar höhere Gewinne, weil die Stimmung im Land immer aggressiver wird. Zum Beispiel verdient Walmart in der angeheizten Stimmung vor der US-Wahl an stark steigenden Waffenverkäufen in seinen Warenhäusern.

Der Demokrat Bernie Sanders fasst es in einem Tweet zusammen: »4,7 Milliarden Dollar pro Tag; 32 Milliarden Dollar pro Woche; 141 Milliarden Dollar pro Monat; 845 Milliarden Dollar über 6 Monate: So viel haben 643 Milliardäre in Amerika während der Pandemie verdient, während 30 Millionen Amerikaner nicht genug zu essen haben.« Und bis Herbst 2020 fielen insgesamt rund 55 Millionen Amerikaner in die Arbeitslosigkeit.[67]

Der auf Risikoszenarien spezialisierte Wissenschaftler Peter Turchin urteilt lakonisch, dass die US-Gesellschaft in einer »pandemischen Vorhölle« lebe: Nicht-weiße US-Amerikaner wie auch sozial schwache weiße Landsleute werden überproportional hart getroffen.

Die Kasten schalten den sozialen Sprengsatz scharf

In Deutschland ist das Phänomen der Kastenbildung relativ neu. Die deutsche Nachkriegsgesellschaft war in ihrer ersten Phase durch den verlorenen Krieg sozial einigermaßen ausgeglichen strukturiert. Jetzt aber kehrt das Phänomen der scharfen sozialen Spaltung zurück. Die sozial-ökonomische Hierarchie ähnelt derjenigen, die die Demokratien in der Zwischenkriegszeit von innen zersetzt und teilweise zerstört hat.

Vergiftung von innen

Deutschland erreicht gemäß dem Gini-Koeffizienten für soziale Ungleichheit im Jahr 2020 mit 0,83 fast den US-amerikanischen Reichtums-Armuts-Faktor. Die Corona-Krise enteignet 50 Prozent der ärmeren Haushalte.[68] Die Deutschen sind demnach in keiner Weise immun gegen ein sogenanntes zweites »Virus«, das sich dieses Mal nicht aus China, sondern aus den USA ausbreitet: das »Virus« der politischen Vergiftung der Demokratie von innen.[69]

Natürlich befindet sich die zweite deutsche Republik heute in einer vollkommen anderen Lage als die erste im Jahr 1920: Sie leidet nicht wie die Weimarer Demokratie unter Kriegsfolgen, Reparationslasten und der Ächtung durch Siegermächte. Aber die soziale Frage entwickelt sich mit ähnlicher Wucht wie damals. Deutschland wird sogar zum Paradebeispiel für steigende Ungleichheit in Europa: »Die Deutschen sind tatsächlich deutlich ärmer als viele andere EU-Bürger. Dann nämlich, wenn man sich die ungleiche Verteilung der Vermögen (…) ansieht.«[70]

Auch in Deutschland hat sich das politische Klima schon vor Corona verhärtet und sorgt für wachsende Spannungen zwischen oben und unten. Das ist nicht verwunderlich, weil die soziale Polarisierung seit Langem ansteigt, wenn auch überdeckt vom Jahrzehnt des Wachstums seit der Finanzkrise von 2008. Aber es sind nur bestimmte Teile der Gesellschaft, die seitdem überdurchschnittlich profitieren.

Privatiers in der Pandemie

Allein die größte Erbschaftswelle der deutschen Geschichte beglückt Teile der Mittel- und Oberschicht: Zwischen 2016 und 2020 vererbte ein limitierter Prozentsatz der deutschen Bevölkerung rund ein Drittel des deutschen Privatvermögens, das sich insgesamt auf sieben Billionen Euro beläuft – und diese Volumina steigen ständig weiter an. So festigt sich die Kluft zwischen Besitzlosen und einer neuen Klasse von Superprivilegierten auch durch Erbschaften. Umgekehrt tragen diese Erben nur ein Prozent zum Steueraufkommen der Gesamtbevölkerung bei.[71]

Durch Corona spitzt sich diese Lage deutlich zu. Bereits im Juli hatte der Leiharbeiter-Skandal in der Fleischindustrie einen Schock ausgelöst: »Die Corona-Krise wird für soziale Unruhen sorgen«, prognostizierte der Geschäftsführer der Landesarmutskonferenz Niedersachsen, Klaus-Dieter Gleitze: »Wir werden das Corona-Virus eher medizinisch beherrschen als sozial.« Das zeige sich an den Seuchen-Hotspots der Fleischfabrik des Milliardärs Tönnies in Gütersloh, aber auch an den sozialen Hotspots der Wohnblöcke in Salzgitter, Göttingen und Magdeburg oder auch derjenigen der Flüchtlingsunterkunft in Ehra-Lessien.[72]

Drohendes Durchregieren

In der zweiten Jahreshälfte 2020 breiten sich in Teilen der Normalbevölkerung Misstrauen und Unruhe, teilweise sogar offener Protest aus.[73] Ein Forscherteam stellt dazu fest: Die Mehrheit protestiert friedlich. Sie wehrt sich zwar gegen überzogene Einschränkungen von Grundrechten, erweist sich aber als nicht ideologisch infiziert – im Gegensatz dazu, wie Politiker das darstellen.[74]

Doch der zweite von oben verordnete Lockdown weckt in immer größeren Teilen der Gesellschaft Widerspruch gegen die Regierenden, vor allem gegen die Praxis der Selbstermächtigung und des »Durchregierens«.[75] Ein vehementer Verfechter der westlichen Demokratie auf deutschem Boden, der Historiker Prof. Heinrich Winkler, kritisiert bereits Mitte 2020, dass »die Beschränkungen der Grund- und Freiheitsrechte die rigorosesten und umfassendsten seit 1945 waren«.[76]

Arme leben kürzer

Eine der Ursachen ist die schlechte Lage der unteren Hälfte der Bevölkerung, der Wenig- oder Nicht-Vermögenden. Sie wurden bereits vor der Corona-Krise strukturell immer ärmer: Das Bundesamt für Statistik weist eine steigende Armutsgefährdung für alle westlichen Bundesländer und Berlin zwischen 2009 und 2019 aus.[77] Bereits im Jahr 2019 waren über 13,3 Millionen Menschen »von Armut betroffen oder bedroht: Mit 15,9 Prozent erreichte die Armuts(gefährdungs)quote einen Rekordstand im vereinten Deutschland«.[78] Die höchsten Armutsrisiken wiesen Erwerbslose (57,9 Prozent), Alleinerziehende (42,7 Prozent) und Nichtdeutsche (35,2 Prozent) auf. Kinder, Jugendliche und Heranwachsende waren ebenfalls stark betroffen, während das Armutsrisiko der Rentner seit geraumer Zeit deutlich zunimmt. Ihre Lebenszeit ist um fünf Jahre kürzer als die von Gutsituierten.[79]

Frauen leben schlechter

Im Herbst 2020 liegen Studien über die Corona-Arm-Reich-Falle vor: Die Wenig-Verdiener, die in Fabriken oder als Minijobber arbeiten, erleiden bereits im Frühjahr 2020 im Schnitt 50 Prozent Einbußen an Lohn und Gehalt – und damit doppelt so hohe Verluste wie Mehrverdiener. Besonders hart trifft es Frauen, Alleinerziehende und Kurzarbeiter: »Sie müssen ihre Arbeitszeit reduzieren, um ihre Kinder zu betreuen«, warnen die Forscher des Wirtschafts- und Sozialwissenschaftlichen Instituts, WSI, in Düsseldorf.

Außerdem: »Menschen mit Einkommensverlusten beurteilen die politische und soziale Situation im Land deutlich kritischer.«[80] Kein Wunder, dass deshalb das Deutsche Institut für Wirtschaftsforschung, DIW, aktuell die wirtschaftliche und soziale Spaltung ähnlich negativ bewertet wie diejenige der USA: »Die oberen zehn Prozent der deutschen Bevölkerung verfügen nicht wie bisher angenommen über 59 Prozent des gesamten Nettovermögens, sondern über unglaubliche 67 Prozent.«[81] 45 Superreiche besitzen demnach so viel wie die ärmere Bevölkerungshälfte.[82] »Und die ärmsten 50 Prozent der Bevölkerung besitzen demnach nur rund 1 Prozent des privaten Nettovermögens.«[83]

Während sich unten die Armut und Verbitterung verschärfen, konzentriert sich am anderen Ende der Reichtum: Allein 45 superreiche Familien verfügen über so viel wie die ärmere Hälfte der deutschen Bevölkerung, also 40 Millionen Menschen. Das oberste Zehntel hält 67 Prozent des Nettogesamtvermögens in Händen. Die deutschen »Onepercenter« verfügen allein über 35 Prozent, das reichste Promille der Bevölkerung »begnügt« sich mit »nur« 20 Prozent des Nettogesamtvermögens.

Die Pandemie produziert permanente Wachstumsschübe und Gewinnexplosionen – aber nur auf exklusiven Renditefeldern: »Covid-19 (beschleunigt) überdurchschnittlich das Vermögenswachstum in den innovationsgetriebenen Bereichen (…) und sorgt damit für eine Verschiebung des Vermögens«,[84] resümiert der Chefanlagestratege der UBS Global Wealth Management, Maximilian Kunkel.

Die Corona-Krise katapultiert somit wie ein dynamischer Fahrstuhl die oberen Schichten in noch höhere und abgelegenere Stockwerke – weit über die normalen Lebensverhältnisse hinaus. In diesen oberen Etagen wird Corona nicht zum Superspreader von Krankheit und Tod wie für die arbeitende oder zwangsisolierte Bevölkerung am Boden, sondern zum segensreichen Vermögensvermehrer.

Resümee: Die politischen Eliten geraten langsam, aber sicher zwischen die Fronten. Die Kritik von unten wächst. Denn die Finanz- und Wirtschaftskreise heben sich materiell nach oben ab. Sie bilden eine eigene oligarchische Kaste der Reichen und Einflussreichen.

Unter diesem Druck geht die politische Führung aber nicht auf die kritischen Teile der Bevölkerung konstruktiv zu, sondern grenzt sie aus. Und das mit Mitteln, die die Bevölkerung noch stärker gegen die Geld- und Politikkasten aufbringt. Beispielsweise behilft sich die deutsche Regierung mit Ausnahmegesetzen am Rande der Verfassung – also mit Mitteln, zu denen sonst gerne autoritäre Regime greifen. Eigentlich aber wollen die demokratischen Eliten nicht mit diesen verglichen werden – zumal die autoritären Regierungen in der Pandemiebekämpfung deutlich besser abschneiden.

III. Pest, Panik und Plutokratie: Warum die oberen Kasten das Volk aufgeben

1. Der Neoliberalismus mutiert zum Nihilismus

> »Denken wir den Gedanken in seiner furchtbarsten Form:
> das Dasein, so wie es ist, ohne Sinn und Ziel (…).
> Das ist die extreme Form des Nihilismus: das Nichts ewig!«[1]
>
> *Friedrich Nietzsche, deutscher Philosoph, 1886*

Seit den 90er-Jahren hat der Kapitalismus die Weltherrschaft übernommen. Er folgt dabei einer bestimmten Ideologie, dem Neoliberalismus. Darum soll dieser näher erläutert werden. Schließlich beherrscht er direkt und indirekt seit Jahrzehnten das Denken und Handeln der Menschen in großen Teilen der Welt.

Woher stammt diese Ideologie und was bewirkt sie – vor allem welche Ziele verfolgt sie tatsächlich.

Diese sind nicht immer leicht erkennbar. Umso wichtiger ist es, sie aufzudecken.

Der Neoliberalismus weist die Kennzeichen einer typischen Ideologie auf. Das erkennt man daran, dass er möglichst keine Alternative zulässt. Ja, er bestreitet sogar, dass es eine solche gibt. Darum verdrängt er in den Köpfen der Menschen nach Möglichkeit die Erinnerung an andere Werte und Konzepte.

Er bestreitet sogar, dass es eine Gesellschaft beziehungsweise Gemeinschaft gibt oder ein Gemeinwohl. Er setzt auf den Einzelnen und sein Ego-Interesse. Die Maximen des Neoliberalismus lauten beispielsweise: »The-Winner-take-it-all«, »Nur das materiell Besondere ist das Wertvolle im Leben« oder »Die liberale Gesellschaft ist frei, friedlich und alternativlos«. Seine Geld- und Politikelite und besonders seine geistig-moralische Elite sorgen dafür, dass diese Maximen nicht infrage gestellt werden.

Krise des Kapitalismus

Diesen führenden Kreisen ist es seit 30 Jahren gelungen, das Denken und Handeln der Menschen recht erfolgreich zu beeinflussen. Sie haben damit unser aller Kurzzeitgedächtnis gestärkt, aber das geschichtliche Wissen und das Denken in großen Lebenszyklen ausgedünnt. Sie konzentrieren alles auf das Kurzfristziel, dem Einzelnen ein möglichst gutes Leben und Überleben zu sichern. Dabei aber bleiben die Interessen der Gemeinschaft auf der Strecke – wie auch der Natur.

Wir erkennen heute die drastischen Folgen. Kapitalismus und Neoliberalismus lösen keines der entscheidenden Probleme: weder die soziale oder ökologische Frage noch Seuchen wie Covid-19. Sie verschlimmern sie im Gegenteil.

Wir können aber Kapitalismus und Neoliberalismus nur durch bessere Konzepte ablösen, wenn wir ihre Wurzeln und Motive kennen – und ihre geheimen Ziele. Diese lesen wir nicht an den Worten der Neoliberalen ab, sondern an ihren Taten – und an denjenigen, die diese Ideologie erfunden haben. Krisenzeiten schaffen Klarheit. Das Wort Krise geht nicht ohne Grund auf einen altgriechischen Begriff zurück und heißt ursprünglich »Entscheidung«. Und es stimmt: Jede Krise zwingt zu Entscheidungen. Das ist das Gute an ihr. Sie zwingt uns, nicht so weiterzumachen wie bisher. Sie zwingt uns, aufzuhören, uns etwas vorzumachen oder uns belügen zu lassen. Die Corona-Krise zwingt die Menschheit, ihr Leben und Arbeiten neu einzuordnen und neuen Konzepten zum Durchbruch zu verhelfen.

Die Krise elektrisiert und politisiert

Die Corona-Krise zwingt die Mehrheit der Bevölkerung ebenso, ihre eigenen Interessen zu entdecken. Viele lernen in der Krise wieder Solidarität und Nachbarschaftshilfe schätzen. Sie erkennen, dass Konsum und kapitalistisches Wachstum in keine gute Zukunft führen. Sie spüren wieder ihre eigentlichen Bedürfnisse und lernen sie von künstlichen zu unterscheiden. Sie entdecken plötzlich den Widerspruch ihrer eigenen Interessen zu denen ihrer Führungsschichten. Wir alle werden dadurch politisch aufgeweckt und aufgeklärt: Wir erkennen, dass es nicht nur einen bunten Brei der Konsumenten gibt. Wir erfahren, welche Gemeinschaften uns helfen, die Krise gut zu überstehen, wie zum Beispiel die Familien- und Freundeskreise.

Die Corona-Krise deckt im Besonderen auf, warum der eigene Staat und seine Eliten versagen. Sie bringt auch ans Tageslicht, warum die globale Kaste und ihre Ideologie zwar eine bessere Zukunft versprechen, aber tatsächlich neue Risiken schaffen. Immer mehr Menschen entscheiden sich deshalb, nicht mehr abhängig zu sein von einer Ideologie der Spaltung und der Zerstörung der Lebenswelten. Von einer Ideologie, die gegen die Gleichheit und die soziale Gerechtigkeit verstößt. Eine Ideologie, die das Geld zum Impfstoff macht, der über Leben und Tod entscheiden soll.

Das zerstörerische Element des Neoliberalismus

Die amerikanische Politologin Wendy Brown seziert die Ideologie des Neoliberalismus und gibt tiefe Einblicke.[2] Sie entlarvt konsequent dessen Kernideologie und deren Ziele. Sie weist nach, dass er sich politisch immer wieder gerne mit einer autoritären Form des Liberalismus verbindet. Das ist genau die Kombination, die in der Corona-Krise auch die westlichen Demokratien in Versuchung führt.

Das erklärt auch, warum die liberalen Geldkasten der westlichen Demokratien kein Problem haben, mit autoritären Regimen und Diktaturen in aller Welt einvernehmlich zusammenzuarbeiten. Brown weist nach: Sie alle bilden eine gemeinsame Zone des Neoliberalismus, weil sie die Werte der Freiheit des Kapitals und des globalen Markts über die Freiheitsrechte und die Menschenrechte stellen.

Die Pandemie enthüllt auch, dass den westlichen Politik- und Geldkasten im Zweifel wenig an einer starken Demokratie und an sozialer Gerechtigkeit gelegen ist.

Brown weist schon vor der Weltkrise nach, wie diese Kasten die Gesellschaften und Staaten entdemokratisieren: Sie disziplinieren und reduzieren die demokratische Ordnung mit Hilfe der Marktgesetze und schwächen sie durch die Macht der Technokraten.[3]

Zersetzung der Seelen

Brown zeigt außerdem überzeugend auf, dass der Neoliberalismus eine nihilistische Weltsicht verbreitet: also nichts Anderes als eine apokalyptische Vision der Welt. Denn er zieht es vor, lieber »die Welt zu zerstören, anstatt zuzulassen, dass die eigene Vorherrschaft aufgegeben wird«.[4] Oder anders ausgedrückt: »Innerhalb des Neoliberalismus ist es unerlässlich und nicht etwa anstößig oder skandalös, dass wir unsere Seelen verkaufen.«[5]

Der deutsche Philosoph Friedrich Nietzsche wies bereits darauf hin, dass der Nihilismus der Welt ihren inneren Wert entzieht. Das Dritte Reich stützte sich auf Nietzsches Philosophie vom Übermenschen. Das endete in der Katastrophe von Weltkrieg und einer zerstörten Welt. Die Nachkriegs-Eliten wollten es besser machen. Die erste Generation der Liberalen war noch gezwungen – geprägt von der Katastrophe – eine ungezügelte Marktherrschaft zu verhindern.

Wertezerfall und seine Folgen

Aber seit dem Ende des Kalten Kriegs sind die Liberalen und ihre Überzeugungen mutiert wie ein Virus. Sie höhlen seitdem wichtige Werte aus. Sie zerstören den Glauben der Bürger an Wahrheit und Gerechtigkeit. Ihre eigentlichen Ziele sind dagegen freies, ungezügeltes Kapital und ein freier, ungezügelter Markt. Sie erklären alle anderen Werte als »austauschbar, trivial, oberflächlich und leicht zu missbrauchen«.[6] Die Folge: Eine unheimliche Spirale setzt sich in Gang – der Nihilismus durchdringt Kultur, öffentliches Leben und die Wahrnehmung der Menschen. Dieser Wertezerfall hat schlimme Folgen. Am Ende stumpft die Öffentlichkeit ab, das gegenseitige Vertrauen der Bürger schwindet und Hass und Gewalt brechen durch: »Es ist die Rache, die im letzten Gefecht um die Herrschaft zur politischen Waffe auserkoren wird«, bestätigt auch Brown.[7]

Der Vergleich zwischen dem Fehlverhalten von US-Präsident Bill Clinton und demjenigen von Donald Trumps macht das anschaulich. Was bei dem einen eine moralische Welle der Empörung weltweit auslöste, verpufft bei dem zweiten in einer zynischen Oberschicht und einer abgestumpften Öffentlichkeit. Clinton kostete sein Blowjob mit einer Praktikantin im Oval Office fast das Amt. Präsident Trump riskierte dagegen nicht einmal den Versuch einer Amtsenthebung durch viel schwerwiegendere Vergehen wie »Zwischen-die Beine-fassen«, »schwerstaggressive Verbalattacken«, »Auf-Prostituierte-Pinkeln«, »Affären mit Pornostars und Playboy-Hasen«.[8]

Vulgarisierte Elite

Zynismus und Abgebrühtheit untergraben Verlässlichkeit und Wahrheit: »Keiner muss sich mehr an Moral halten, sondern sich nur mit ihr brüsten und lediglich zusammen mit anderen auftreten, die sich ebenfalls damit brüsten.«[9] Die Ausbreitung des neoliberalen Nihilismus ebnet einer vulgären Elite den Weg. Nur so erklärt sich der Aufstieg von Narzissten, Soziopathen und sogar mutmaßlichen Mördern nach ganz oben. Persönlichkeiten wie Trump, Bolsonaro oder Modi bevorzugen offenbar die Rachsucht als Lebensphilosophie.[10]

Die Normalbürger können darauf nur reagieren. Umso heftiger wehren sich Teile von ihnen dagegen, dass ihre Werte und Glaubensvorstellungen beschmutzt und lächerlich gemacht werden. Teilweise schlagen sie sogar mit Rachsucht und Hass zurück. Teilweise aber kämpfen sie umso heftiger für moralische und politische Werte wie Gleichheit, Demokratie und eine neue Verzichtshaltung.[11]

Brown zieht den richtigen Schluss: »Wir können nicht in die Zeit zurück, in der die Werte zerstört wurden. Wir können nur neue Werte schaffen, aber solche, die soziale Unterschiede und Gleichheit miteinander verbinden, Freiheit und Emanzipation und Aufstieg nach oben. Nur so kann die Zerstörung überwunden werden, die der Kapitalismus bewirkt hat.«[12]

2. Die Wiener Weltmachtvisionäre Adolf Hitler und Friedrich von Hayek

> »Der junge Hitler eignet sich in Wien eine ganze Reihe dieser
> sektiererischen Thesen an. Viel später erst, in einem anderen Staat
> und unter gänzlich anderen Bedingungen, kommt diese (…)
> ›Weltanschauung‹ politisch zum Tragen. In dieser anderen
> Umgebung wirken Hitlers Aussagen weit origineller,
> als sie es in Wien hätten tun können.«[13]
>
> *Brigitte Hamann über die »Lehrjahre eines Diktators«, 1986*

Eine Gruppe kapitalismuskritischer Historiker und Anthropologen hat die Geschichte des Neoliberalismus neu erforscht. Sie kommt zu überraschenden Ergebnissen. Einer von ihnen, der Historiker Quinn Slobodian, klärt in seinem Hauptwerk *Die Globalisten* kritisch über diese Ideologie und ihre Wurzeln auf. Er schildert die Entstehung der Genfer Schule der Neoliberalen und deren Konzept des »Globalismus«. Dessen Wurzeln liegen im Wien des Ersten Weltkriegs und der Zwischenkriegszeit verschüttet.[14]

Die deutsche Debatte hat den CDU-Politiker Hans-Georg Maaßen und seine Verwendung des Begriffs »Globalisten« teilweise geächtet, mit der Begründung, dieses Wort sei von antisemitischen Kreisen verwendet worden und damit als antisemitisch zu werten.[15] Dieser Vorwurf verfehlt sein Ziel, weil er eine aufklärerische Debatte verhindert und Globalisierungskritiker pauschal diffamiert. Im Gegenteil ist dem Autor Jens Bisky zuzustimmen, der Slobodians Werk über den Globalismus aus dem Suhrkamp Verlag ausdrücklich empfiehlt: »Ein kluges Buch, das auch Neoliberalismus-Kritiker interessieren dürfte.«[16] Nicht ohne Grund hat die amerikanische Historical Association dieses Buch mit einem Preis gewürdigt.[17] Denn Slobodian deckt unter anderem kritisch die Ängste »militanter Globalisten« gegenüber der Demokratie auf: Für sie spiele diese eine »besonders beunruhigende, ja bedrohliche Rolle. Die Forderungen der vielen, der Arbeiter in Europa, später auch der Menschen in den gerade entkolonialisierten Ländern, drohten den Gang der Geschäfte zu stören.«[18] Außerdem weist Slobodian ebenso wie das vorliegende Buch auf die Symbiose hin, die zwischen Neoliberalismus und Kapitalismus einerseits und dem angelsächsischen Protestantismus und dem puritanischen Geist andererseits besteht. Max Weber hat seine berühmte These von der Entstehung des Kapitalismus aus dem Geist der protestantischen Arbeits- und Erfolgsethik ganz bewusst gegen seinen antisemitischen Kollegen Werner Sombart aufgestellt: Der westliche Kapitalismus hat puritanische Wurzeln, mit dem Judentum hat er nichts zu tun. Der amerikanische Historiker David Nirenberg hat das in seinem fulminanten Werk *Anti-Judaismus* überzeugend nachgezeichnet. Die geistige Herkunft Thatchers aus einem presbyterisch-calivinistischen Predigerhaushalt, sie selbst war auch Laienpredigerin, zeigt hier eine deutliche Kontinuität. Auch Reagans Mutter war eine protestantische Laienpredigerin. Den aktuellen Zusammenhang zwischen Puritanismus und Kapitalismus behandelt der Publizist Max A. Höfer mit seinem kritischen Essay über den Kapitalismus.

Extremismus provoziert Extremismus

Kehren wir nach dieser Klarstellung zurück zu den Wurzeln des Neoliberalismus. Der Erste Weltkrieg hatte viele Millionen Tote und zahlreiche besiegte und gedemütigte Staaten hinterlassen, so auch die zerstückelte Donaumonarchie.

Aus diesem Klima wachsen zahlreiche aggressive Ideologien empor. Zu ihnen gehören Faschismus und Nationalsozialismus genauso wie der Stalinismus. Sie alle haben eine autoritäre Herrschaft des Staates zum Ziel. Und es ist der Ökonom Friedrich von Hayek, der auf diesen Extremismus mit einem eigenen Extremismus antwortet: der möglichst absoluten Herrschaft des Marktes.

Eine gewisse Prägung der beiden Ideologie-Schöpfer Adolf Hitler und Friedrich Hayek durch das Vorkriegs-Wien ist nicht von der Hand zu weisen. Hitler wird vom dort grassierenden Rassenhass stark beeinflusst und setzt auf das Primat vom Herrenmenschen.

Traum vom Kolonialreich

Friedrich Hayek wiederum wird von einem anderen Einfluss geprägt. Er wächst als Sohn eines führenden Ökonomen der kaiserlichen und königlichen Monarchie, der K. u. K.-Monarchie, auf. Im

Krieg überlebt er den Fronteinsatz, aber entwickelt eine große Abscheu vor dem Kampf der Nationen gegeneinander. In den folgenden Jahren entwarf er mit Gleichgesinnten und Schülern die »Genfer Schule« des Neoliberalismus. Dieser fußt auf dem Prinzip: »Die ›Einheit der Welt‹ müsse Vorrang vor dem ›bösartigen Wahn der Doktrin von der absoluten nationalen Souveränität‹ haben«.[19] Außerdem begeistert er sich im nach hinein für einige Prinzipien der untergegangenen Donaumonarchie – nämlich für ihr Herrschaftssystem eines Binnenmarkts.

Gemäß Slobodian entwickelt Hayek in den folgenden Jahren ein Konzept und die Vision eines »kapitalistischen Internationalismus« mit dem Ziel: »Das Kapital musste wieder kosmopolitisch werden.«[20] So stellt sich Hayek einen Weltbinnenmarkt als einer Art großer Donaumonarchie vor. Er revolutioniert damit die bisherigen Staatstheorien, indem er den Primat von Kapital und Markt über die Gesetze von Staat und Demokratie stellt. Der Markt soll alles regeln und auch den Frieden garantieren.

Die erfolgreichste Ideologie des 20. Jahrhunderts

Dagegen erscheinen Hayek alle staatliche Gewalt und alle Einmischung durch das Volk grundsätzlich von Übel. Aus heutiger Sicht können wir sagen: Sein Konzept greift viele Gesellschafts- und Staatstheorien radikal an. Nicht ohne Grund bekämpfen der Faschismus wie der Kommunismus die liberalen Konzepte bis aufs Blut. Aber letztlich erweist sich Hayeks Vision als überragender Sieger des Jahrhunderts.

Die autoritären Ideologien eines Hitler, Stalin, Mussolini, Franco oder Mao scheiterten allesamt. Friedrich Hayek muss zwar zuerst mitansehen, wie ein Hitler sein Deutsches Reich ausbaut. Aber er erlebt auch, wie dieser nach zwölf Jahren Herrschaft in den Trümmern Berlins Selbstmord begeht. Stalin triumphiert zunächst, aber die Sowjetunion zerfällt ein paar Jahrzehnte nach seinem Tod. Auch der Isolationismus und Protektionismus eines Präsident Roosevelt halten sich nicht lange.

Hayeks Vision dagegen fußt auf der Überzeugung, dass all diese Nationalstaats-Versionen nur eines bewirken, nämlich den Weltmarkt zu stören: »Roosevelts New Deal, Hitlers Neue Ordnung und Stalins

Fünfjahresplan waren in den Augen der Neoliberalen allesamt Beispiele dafür, dass der Staat der Illusion der Kontrolle unterlag und dem Irrglauben.«[21]

Die Thatcher-Reagan-Revolution

Aber letztlich mausert sich Hayeks Version von der Idee eines Außenseiters, der über keine Truppen verfügt, zu einer Weltmachtvision – bis sogar mächtige Eliten daran gehen, sie zu erfüllen. So kann er hochbetagt den Aufstieg seines erträumten »Weltreichs« genießen. Wie aber kommt es dazu? Kurz vor dem Ende des Kalten Kriegs zündet sein Konzept bei wichtigen Machthabern der westlichen Welt: Margaret Thatcher wird zur glühenden Hayek-Anhängerin. Das beweist wieder einmal, wie Neoliberalismus und Kapitalismus dem Geist von Protestantismus und Calvinismus entsprechen und entspringen - und nichts mit jüdischen Denktraditionen zu tun hat, wie schon Max Weber überzeugend darlegte. Entscheidend aber ist, dass sich US-Präsident Ronald Reagan der neoliberalen Revolution verschreibt. Damit macht sich die siegreiche Supermacht die Weltvision des Wieners zu eigen. Sie entwickelt sich zur Speerspitze des Neoliberalismus in aller Welt und setzt ihn global durch.

Der angelsächsische Protestantismus macht Hayek zum geistigen Übervater des Kapitalismus – so wie Nietzsche und Wagner zu den geistigen Übervätern Hitlers geworden sind und Karl Marx zu demjenigen der Sowjetunion und Chinas. Hayeks Ideen brechen sogar in die feindliche, kommunistische Welt ein: Deng Xiaoping konterkariert die Ziele von Maos kommunistischer Revolution durch eine neue chinesische Art von neoliberaler Revolution. Damit erlischt der letzte große Gegenentwurf zum Markt und zum Kapital. Hayek triumphiert als alter Mann.

Einer von Reagans Nachfolgern, Präsident George W. Bush, führt, wie wir noch sehen werden, seine Angriffskriege auch im wehrhaften Geist der Philosophie von Großmeister Hayek. Bush ist es denn auch, der den Greis konsequenterweise mit der höchsten Auszeichnung der Vereinigten Staaten auszeichnet, der »Medal of Freedom«.[22] Friedrich Hayek wird damit zum geistigen Vater des »Imperiums des globalen Kapitalismus«.

3. Die neuen Kasten und ihre »Kolonialreiche«

> »Viele Menschen in den ehemaligen Kolonien macht das Wort
> ›Liberalismus‹ krank. Sie betrachten diesen als
> »schmeichelnde Moralmaske, die eine habgierige
> Gesellschaft der Welt zeigt, die sie gleichzeitig ausraubt.«[23]
>
> *Pankaj Mishra, indischer Intellektuelle, 2020*

Hayek entwickelt sein Markt-Imperium als eine Art von Kolonialreich. Er definiert die Welt als Vielvölkerstaat, in dem aber die Völker – ähnlich wie in der Donaumonarchie oder im Britischen Empire – keine eigenen Rechte besitzen, aber Freihandel betreiben dürfen.

Hayeks Freund, der Wiener Karl Popper, drückt das auf seine Art aus. Er schwärmt von »einer kosmopolitischen wissenschaftlichen Gemeinde«, die für den »menschlichen Fortschritt arbeitet«.[24]

Kolonialer Freihandel als Vorbild

Dafür finden wir historische Vorbilder schon im 19. Jahrhundert. Das liberale Großbritannien setzt zum Beispiel bei der Berliner Kolonial-Konferenz 1884/85 durch, dass die europäischen Kolonialmächte auch in Afrika Freihandel praktizieren sollen. Drastisch formuliert geht es dabei um bestmögliche Ausbeutung ohne staatliche Einschränkung. So schwärmt der deutsche Neoliberale Moritz Bonn noch 1919 von der »offenen Tür für wirtschaftliche Betätigung aller Nationen im freien Wettbewerb« im Kongobecken – und findet dabei Hayeks Zustimmung. Das Vorbild ist die sogenannte »erste Globalisierung des (…) guten Kolonialreichs (…): des britischen Empire zwischen 1870 und 1914«.[25]

Die Neoliberalen machen es sich von da an zur Aufgabe, »den Nationalstaat zu akzeptieren und gleichzeitig unschädlich (zu) machen«. Staatenbünde sollen als Binnenmärkte funktionieren, in denen freier Waren- und Kapitalverkehr herrschen. Denn die K. u. K.-Monarchie war ebenso wie das britische und das französische Empire einerseits Kolonialreich, aber andererseits Binnenmarkt.

Das wird zur Leitidee des heutigen kapitalistischen Weltreichs und seiner Eliten: ein Imperium der Marktkräfte, das Volkssouveränität und Demokratie klar unterordnet. Innerhalb der Staatenbünde sollen nationale Mitglieder nur in kulturellen Fragen die Hoheit besitzen, um eine soziale Umverteilung zu verhindern. Die Staaten sollen entnationalisiert werden.[26]

Diese Konzepte sind auch zur Grundlage für die Europäische Gemeinschaft und die Europäische Union geworden: Auch diese Union soll in erster Linie Binnenmarkt sein. Der ehemalige Direktor des Kölner Max-Planck-Instituts, Wolfgang Streeck, beurteilt Hayeks Konzept »wie einen Konstruktionsplan für die EU von heute (…), da er Internationalisierung, Denationalisierung und unerbittliche Liberalisierung verknüpfte«.[27]

Darum ist die EU in erster Linie eine Wirtschaftsgemeinschaft, aber keine demokratische Vertretung der Völker. Zusätzlich entzieht die Europäische Zentralbank der nationalen Souveränität der Mitgliedsstaaten den Boden.

Schon Michel Foucault sah diesen Machtkampf im Übrigen vor Jahrzehnten voraus. Er durchschaute den Liberalismus als eine neue »Staatskunst (…), um den Einfluss der demokratisch ermächtigten Massen (…) zurückzudrängen, die versuchten, das freie Spiel der Wettbewerbskräfte und die internationale Arbeitsteilung zu stören«.[28]

Trotzdem trifft es zu, dass im 20. Jahrhundert alle »Götter mit Ausnahme des Kapitalismus gescheitert« sind.[29] Aber im 21. Jahrhundert gerät der Globalismus der Genfer Schule, wie er hier skizziert ist, an seine Grenzen. Die militärischen Desaster des Westens in Arabien und spätestens der Finanzcrash von 2008 haben dem Führungsanspruch der Globalisten schwere Rückschläge versetzt. Und die Corona-Pandemie bringt der Globalisierung und den globalen Lieferketten weitere Niederlagen bei.

Das geheime Grundgesetz der Globalisten

Immer noch beherrschen die Neoliberalen große Teile der Welt – auch wenn die Corona-Krise die Grundwidersprüche ihrer Macht aufdeckt: Nicht die internationalen Institutionen, sondern die Nationalstaaten haben die Seuche bekämpft. Die Krise bringt Demokratie und Volkssouveränität in immer größeren Widerspruch zu den großen Wirtschafts- und Finanzinteressen. Dieser Widerspruch spitzt sich zu und die Pandemie erweist sich als Brandbeschleuniger des Konflikts.

Wie aber lautet der verdeckte Herrschaftsanspruch der Globalisten? So wie Nationalsozialismus und Kommunismus die nationalen Grenzen gesprengt haben und die Weltherrschaft anstrebten, so wollten Großindustrie und Großkapital schon nach dem Ersten Weltkrieg die Oberhoheit gewinnen. Schon damals heckten ihre Vordenker Pläne aus, um das Selbstbestimmungsrecht der Völker gegen das »Selbstbestimmungsrecht des Kapitals« auszutauschen.[30]

Doch das Selbstbestimmungsrecht der Völker setzte sich zunächst massiv durch: Es ebnete vielen Kolonialvölkern den Weg in die Unabhängigkeit. Und es half schließlich den Deutschen, ihre Wiedervereinigung durchzusetzen.

Trotzdem steht diesem Völkerrecht das sogenannte Grundgesetz der Globalisten gegenüber – das zusammengefasst folgende Kernpunkte enthält:[31]

- Der Globalismus hat Vorrang vor nationalen und sozialistischen Ideen: »Nur der Kapitalismus ist internationalistisch. Nur der Sozialismus ist nationalistisch.«
- Der Neoliberalismus schützt das Eigentum grundsätzlich vor der staatlichen Macht.
- Er verleiht der Souveränität des Konsumenten Vorrang vor der nationalen Souveränität.
- Er betrachtet die Demokratie als eine »potenzielle Bedrohung für die Marktordnung (…) – weil sie Forderungen nach Umverteilung legitimiert (…) Daher werden Sicherheitsvorkehrungen gegen das zerstörerische Potenzial der Demokratie benötigt.«
- Entscheidungen durch Richter und Wissenschaftler sind wesentlicher als die Gesetzgebung durch das Parlament.

Hayek selbst definierte den Zweck dieser Prinzipien: »Sie sollen den »Odysseus des demokratischen postimperialen Staats durch politische und rechtliche Rahmenbindungen an den Mast der Weltwirtschaft binden«.[32]

4. Das »Menschenrecht auf Kapitalflucht«

»Das Kapital musste wieder kosmopolitisch werden.«[33]

Quinn Slobodian, US-amerikanischer Historiker, 2019

Mit dem erwähnten »Grundgesetz der Globalisten« wollten und wollen die Neoliberalen die störenden nationalen Grenzen möglichst unschädlich für den Markt machen. Oder in ihren eigenen Worten: die unheilvolle Wirkung von Grenzen der Nationalstaaten für das Kapital sterilisieren. Darum dienen die neoliberalen Konzepte nicht in erster Linie dazu, das Volk zu annullieren, sondern vielmehr dazu, es, bildlich gesprochen, zu fesseln und in bestimmte Bereiche abzudrängen. Die Weltwirtschaft ohne Demos ist das Ziel. Es ist eine Welt der Menschen, aber eine Welt ohne Volk.[34]

Das erklärt auch, warum Neoliberale keine Probleme haben, mit undemokratischen, autoritären Regimen zusammenzuarbeiten – falls diese dieselben ökonomischen Überzeugungen teilen. Nach dem Zweiten Weltkrieg erwärmten sich führende Neoliberale deshalb für Diktaturen wie diejenigen von Chile und Südafrika. Hayek selbst sympathisierte mit dem Diktator Augusto Pinochet, den er persönlich besuchte. Insbesondere der deutsche neoliberale Wilhelm Röpke schwärmte für das Apartheid-Regime Südafrikas. Und berühmte Neoliberale wie Milton Friedman, John Davenport und Arthur Shenfield widersprachen einem allgemeinen Wahlrecht für Südafrika. Ein Schüler der London School of Economics, der neoliberale William Hutt, berief sich auf Hayek, als er noch in den 80er-Jahren für ein eingeschränktes Wahlrecht für Schwarze in Südafrika eintrat, »um den schädlichen Auswirkungen der Demokratie zu begegnen«.[35]

Der Historiker Slobodian bewertet die »Globalisten« gesamthaft: »Der Markt ist selbst zu einem Gläubigergott geworden, der in letzter Instanz über das Schicksal von Währungen, Volkswirtschaften, Sozialsystemen, öffentlichen Infrastrukturen oder privaten Ersparnissen verfügt.« Viele Neoliberale engagierten sich deshalb umso mehr für das sogenannte ›Menschenrecht auf Kapitalflucht‹ als für die allgemeinen, also die echten Menschenrechte.[36] Was ist ihr Motiv dabei? Dazu geben sie selbst folgende Antwort: »Die allgegenwärtige Gefahr der Kapitalflucht würde Forderungen nach einer Ausweitung der Sozialpolitik im Keim ersticken.«[37]

Das aber ist nichts anderes als der Versuch, die Nationen erpressbar zu machen.

5. Liberale Kasten führen Krieg

> »Am 16. Oktober 1998 stimmte auch der Bundestag mit großer
> Mehrheit, einschließlich der meisten Sozialdemokraten und Grünen,
> dem möglichen Bundeswehreinsatz im Kosovo zu.«[38]
>
> *Hans Kundnani, britischer Autor, 2019*

Wie wir gesehen haben, steht die Ideologie des Neoliberalismus im Zweifel nicht auf der Seite der Demokratie, sondern auf derjenigen des Kapitals. Wie aber ist ihr Verhältnis zum Frieden? Viele Zeitgenossen sind zutiefst überzeugt, dass liberale Staaten grundsätzlich eine friedliche Außenpolitik betreiben. Auch hier beweist die Realität das Gegenteil.

So wird das Jahrhundert zwischen 1814 und 1914 zwar als liberales bezeichnet, – es ist aber zugleich das Zeitalter der gewaltsamen Eroberung weiter Teile der Erde durch Hochimperialismus und Kolonialismus.[39] So war es der liberale britische Premier William Gladstone, der militärisch in Ägypten interveniert ist. Die liberalen Staatsmänner Lloyd Georges und Woodrow Wilson haben den Eintritt in den Ersten Weltkrieg forciert. Und nachdem der Zweite Weltkrieg auch das Ende der westlichen Kolonialreiche einläutete, begannen liberale französische Regierungen trotzdem den Indochina- und den Algerienkrieg und führten ihn mit aller Grausamkeit, bis sie am nationalen Selbstbestimmungskampf von Vietnamesen und Algeriern scheiterten und der liberale US-Präsident John F. Kennedy den Krieg in Süd-Ostasien fortsetzte.

Diese Blutspur des Neoliberalismus endet nicht etwa im 21. Jahrhundert. Es war eine rot-grüne deutsche Koalitionsregierung unter Gerhard Schröder und Joschka Fischer, die Deutschlands militärische Intervention im Kosovo-Krieg beschloss, während der linke Tony Blair Großbritannien in den Irakkrieg führte.[40]

Drohnen-Krieger Obama

Der Historiker Thomas Freiberger korrigiert mit Recht das gängige Bild des liberalen US-Präsidenten Barack Obama: »Das deutsche Verhältnis zu Barack Obama basiert auf einem großen Missverständnis (…)« Er wurde »fälschlicherweise als Friedenskandidat wahrgenommen«[41] – als »linksliberaler Erlöser‹, der auf den neo-konservativen Hardliner Bush folgte. Aber wie sieht das tatsächliche Ergebnis der Ära Obama aus? »Die praktische Durchführung der Drohnenangriffe unterlief (…) grundlegende Prinzipien der US-Rechtsstaatlichkeit, des Völkerrechts und des Kriegsrechts.«[42] Dazu zählten auch illegale Kriegsakte durch den US-Geheimdienst und zum Beispiel die erweiterte technische Spionage gegen Verbündete und deren Staatsoberhäupter wie die deutsche Staatsspitze.[43]

Und der liberale US-Präsident Biden ist nicht nur auf bestem Wege, eine aggressive Konfrontationspolitik gegen Russland und China fortzusetzen. Er lässt auch das Kriegsrecht Trumps für die Impfstoffproduktion weitergelten.[44] Mit Hilfe des Kriegsrechts verbietet er amerikanischen Firmen den Export wichtiger Grundstoffe für die Impfherstellung.

Neoliberalismus oder Neobarbarei?

Deutschland ist einer der Geschädigten. Denn die Deutschen haben gerade den zweiten erfolgreichen Impfstoff angemeldet: denjenigen der Firma CureVac aus Tübingen. Der Gründer des Unternehmens protestiert scharf gegen den amerikanischen Impfnationalismus:

»Wie soll man dieses Jahr noch die Welt durchimpfen, wenn Lieferketten reißen, weil nationale Interessen verfolgt werden?«[45]

Die deutsche Politikkaste aber verzwergt sich mal wieder politisch – auch dann, wenn der große neoliberale Bruder liberale Prinzipien wie Freihandel dem nationalen Machtinteresse unterordnet. Damit zeigt die Kaste, dass sie anscheinend überhaupt keine Prinzipien mehr vertritt.

Der Wissenschaftler Rainer Mausfeld kritisiert deshalb scharf die Tradition des Liberalismus, die eine Tradition der Heuchelei sei: einerseits für Freiheitsrechte einzutreten, die sich aber andererseits »problemlos mit Rassismus, Sklaverei, Sozialdarwinismus und Kolonialismus in Einklang bringen ließen«.[46] Mausfelds Conclusio im Corona-Jahr 2020: »Der Neoliberalismus hat in der Maske der politischen Mitte den Weg in eine Neobarbarei geebnet, deren düstere Konturen bereits in den globalen und gesellschaftlichen Peripherien aufscheinen.«

IV. Das Zeitalter des Zorns: Der Demos meldet sich machtvoll zurück

1. Das Volk verliert das Vertrauen

> »Das hat natürlich wesentlich damit zu tun, dass sich die Mitte-links-Parteien – Sozialdemokraten, Sozialliberale, Grüne – mit dem Marktsystem arrangiert haben (…). Mit einem Wort: Es ist ein sehr gefährlicher Moment.« [1]
>
> *Colin Crouch, britischer Politologe, 2012*

Die Neoliberalen halten in ihren Reden unbeirrt die Werte von Demokratie und Volkssouveränität hoch, aber ihre Taten beweisen oft das Gegenteil. Das führt zu Beginn des 21. Jahrhunderts zwangsläufig zu einem Vertrauensverlust der Bevölkerung weltweit. Diese wendet sich enttäuscht von den Versprechungen dieser Kaste der Globalisten ab. Teilweise wählt die Bevölkerung die neoliberalen Politikeliten sogar aus dem Amt und ersetzt sie durch radikal neue. Die Wähler drängen die liberalen Machthaber spätestens in den Zehnerjahren weltweit in die Defensive.

Das kulminiert schließlich im Jahr 2019, als weltweit Proteste ausbrechen. Aber schon lange zuvor steigern sich die neoliberalen Kasten in den Kernländern des Neoliberalismus in der angelsächsischen Welt in eine Trotzreaktion und daraus folgend in eine Roll-back-Strategie hinein: Sie verkaufen ihre Vision von der universalen Marktgesellschaft, dem globalen Dorf, immer stärker als eine Heilslehre. Sie missionieren den Erdball noch radikaler als zuvor mit ihrem Weltbeglückungspaket, notfalls auch mit Gewalt. Dieses Paket trägt als Aufkleber »Demokratie und Rechtsstaat«, aber jeder, der es annimmt, entdeckt als Inhalt die »Menschenrechte des Kapitals«. Die Erfahrung machen zum Beispiel auch die Europäer mit dem »undemokratischen Liberalismus« der EU.[2]

Toxische Botschaften

In den Augen der Bevölkerung erweisen sich diese Verpackungen immer eindeutiger als faule Pakete und Papiere. Aber die Akteure an den Schalthebeln preisen sie an wie die Wallstreet-Genies, die der ganzen Welt bis 2008 toxische Papiere in harmloser Verpackung zu Höchstpreisen angedreht hatten. Den Gewinn streichen wenige ein, die die Verluste an die Allgemeinheit abschieben. Doch so wie die amerikanische Immobilienseuche die giftige Finanzblase platzen ließ, so lässt die Virus-Seuche die Mogelpackung des neoliberalen Modells aufreißen.

Zu Beginn des Jahrhunderts zeigen sich Symptome einer Krise der Geld- und Politikkasten: Aggressionskriege, Aufstandsbekämpfung nach innen, Propaganda und Populismus von oben. Das erinnert an den undemokratischen Liberalismus der Vorkriegszeit: Erneut büßen Mehrheiten für die Risiken winziger Minderheiten.

Und das Finanzkapital lässt viele Menschen tagtäglich erleben, dass es sie für seine Gesetze mit in Haftung nimmt, obwohl es sie nicht an seinen Entscheidungen beteiligt. Der Demokratieexperte Yasha Mounk kritisiert schon vor der Pandemie scharf den Trend hin zu einer Regierungsform des undemokratischen Liberalismus, der auch Deutschland betrifft: »Das Parlament, einst das mächtigste politische Organ im Land, hat einen Großteil seiner Macht an die Gerichte, an die Bürokratie, an die Bundesbank und an internationale Abkommen und Organisationen verloren.«[3]

Die Oberen schüren Ohnmacht und Ressentiments

So bauen die Kasten an einer neuen Frontlinie: Propaganda und Fake News von oben provozieren Populismus von unten; Rassismus von oben provoziert Ressentiments und Rachegefühle von unten, strukturelle Gewalt der Konzerne und Regierenden provozieren gewaltsamen Protest der Bevölkerung. Immer größere Teile der Gesellschaft wehren sich dagegen, die Entscheidungen von Politik- und Geldkasten auszubaden – weil sie in keiner Weise deren Machtgefüge kontrollieren oder diese auch nur durchblicken.

Wenn wir die Jahre 1929 und 2019 miteinander vergleichen, dann wiederholt sich für viele Menschen die alltägliche Erfahrung, dass der eigene Lebensunterhalt zu einer unsicheren Angelegenheit wird: Sie erleben das Risiko, »dass alles, was (sie …) zu besitzen glauben, von ihrer Wohnung bis zur Lebensversicherung, im Zweifelsfall bereits das Derivat einer globalen Schuldenwirtschaft ist, über die jedenfalls andere entscheiden«.[4] Diejenigen, die draufzahlen, sind je nachdem die amerikanischen Mieter und Hausbesitzer, die französischen Kleinrentner oder die deutschen Sparer und Steuerzahler. Diese Erfahrungen führen zu starken Ohnmachtsgefühlen – und reizen mittelfristig zum passiven Widerstand, wenn nicht sogar zur offenen Rebellion.

Der Protest der Betrogenen und Enttäuschten ist seit dem Ende der Nullerjahre nicht mehr zu überhören. Allerdings neigen manche rebellierenden Gesellschaftsgruppen zu extremer Revanche am Establishment: Zum Beispiel verhindern diese radikalisierten Wählerschichten in den USA zwar erfolgreich eine volksverachtende Politikerin wie Hillary Clinton, aber sie helfen gleichzeitig dem reichen Blender und Narzissten Donald Trump zum Durchbruch …

2. Die Angriffskriege als Sündenfall der Supereliten

> »Während Bush und Blair Saddam Hussein, der fraglos ein
> übler Diktator war, als Staatsfeind Nr. 1 darstellten, wurden andere
> Despoten mit einer miserablen Menschenrechtsbilanz von
> den beiden entweder ignoriert oder sogar hofiert.«[5]
>
> *Victoria Honeyman, britische Politologin, 2019*

Der Liberalismus hat in seinen Reden den Weltfrieden beschworen und die Freiheits- und Menschenrechte proklamiert. Wie jede Ideologie in der Nachfolge der Aufklärung hat er aber oft genug Gewalt und Kriege eingesetzt, um seine Interessen durchzusetzen, und diese sogar gutgeheißen oder verherrlicht.

Der Tübinger Historiker Dieter Langewiesche zeigt auf, wie liberale Eliten und Regierungen schon im 19. und frühen 20. Jahrhundert den Krieg als notwendiges Mittel der Politik favorisieren – insbesondere, um die angeblich unzivilisierte Welt außerhalb Europas zu kolonisieren.[6]

Bereits in den Nullerjahren des 21. Jahrhunderts knüpft die neoliberale Kaste an diese unselige Tradition an. Sie führt aller Welt vor Augen, dass ihre Ideologie auch heute noch massiv den Weltfrieden gefährdet – nämlich dann, wenn diese Kaste ihr autoritäres und aggressives Gesicht zeigt.

Neoliberale Selbstverteidigung

Die Anschläge auf das »World Trade Center« in New York 2001 bilden den Auslöser. Die anti-westliche Macht des arabischen Islamismus führt die amerikanische Führungsnation als verwundbar vor und zielt absichtlich ins Herz des Kapitalismus. Die Supermacht unter Präsident Bush reagiert darauf kurzsichtig und mit einem nicht legitimierten Gegenangriff. Sie erlebt dadurch letztlich ein politisches Desaster und erfährt eine Schwächung ihres Status als Weltmacht.

Zunächst jedoch startet sie mit großem Sendungsbewusstsein eine einmalige Propagandaschlacht gegen den neuen Feind. Dazu setzt sie sowohl ihre Tech-Konzerne des Silicon Valley wie auch die großen westlichen Geheimdienste ein.

Als eigentliches Ziel aber wollen die USA einen »Selbstverteidigungskrieg« gegen Feindstaaten anzetteln. Dafür gewährt ihnen die UNO jedoch kein Mandat. Darum suchen sie mit ihren Verbündeten nach einem Vorwand für einen Angriffskrieg. Sie behaupten, der Irak unter Saddam Hussein besitze Chemiewaffen in großem Umfang, mit denen er den Westen angreifen würde. Diese Behauptung erweist sich als nicht haltbar. Trotzdem bauen die westlichen Eliten auf dieser Fake News ihre Rechtfertigungsstrategie auf.

Friedensschwüre zerbrechen

Politisch besonders brisant ist, dass sogar linksliberale und linke Regierungen Europas in diesem Propagandafeldzug in das Lager der Kriegstreiber überlaufen. Die sozialistische Regierung von Premier Tony Blair in Großbritannien und die linksliberal-grüne Regierung von Kanzler Gerhard Schröder und Außenminister Joschka Fischer übernehmen jeweils wichtige Rollen in dieser westlichen Strafaktion. Der deutsche Geheimdienst etwa liefert der Bush-Administration den entscheidenden Vorwand für die militärische Intervention – und das mit gefälschten Beweisen über die angeblich bedrohlichen Chemiewaffenarsenale, wie sich später herausstellt. Der dadurch ausgelöste Angriff gegen den Irak ist und bleibt aber ein aus Sicht vieler Völkerrechtler rechtswidriger Akt.

Die rot-grüne Regierungsspitze unter Schröder und Fischer zeichnet außerdem verantwortlich für die ersten Kriegseinsätze Deutschlands seit dem Zweiten Weltkrieg – und das sogar mit Bodentruppen der Bundeswehr etwa in Afghanistan und auf dem Balkan. Keiner dieser Auslandseinsätze ist vom UN-Sicherheitsrat legitimiert. Insofern haben die westlichen Regierungen gemeinsam ihre Bevölkerung manipuliert.[7]

Es sind mutige, aber auch tragische Whistleblower wie Edward Snowden und Julian Assange, die nicht nur diese heuchlerische Kehrtwende liberaler und linker Regierungen aufdecken, sondern weit Schlimmeres: die skrupellose und illegale Überwachung sowohl der eigenen US-amerikanischen Bevölkerung wie auch derjenigen befreundeter Staaten.

Wohlfahrtsversprechen zerplatzen

Diese Enthüllungen und das Scheitern der Kriegführung des Westens im Irak, in Afghanistan, in Syrien und in weiteren Staaten markiert zugleich seine globale Schwäche und stellt die neoliberalen Globalisten und ihre Strategie politisch und moralisch infrage.

Sie lösen damit Verschiebungen in der Weltpolitik zu ihrem eigenen Nachteil aus: China, aber auch Russland steigen zu bedeutenden Spielern auf dem globalen Schachbrett auf. Die globalen Eliten verspielen aber in der eigenen Bevölkerung ein weiteres Stück Glaubwürdigkeit. Immer mehr Menschen weltweit erkennen, dass das neoliberale Projekt seine Versprechen von Frieden und Wohlstand nicht hält. Es verstärkt im Gegenteil die soziale Spaltung und bedroht darüber hinaus den Weltfrieden, die Ökologie und das Weltklima.

Zunächst äußern die Bürger ihre Kritik und ihren Protest dagegen noch eher indirekt und verdeckt. Trotzdem gibt es bereits ganz zu Anfang des Jahrhunderts auch in Deutschland wichtige Hinweise auf eine neue Kluft zwischen Oben und Unten. So kursieren in den Chefetagen Deutschlands schon im Jahr 2001 Studien mit erschreckenden Ergebnissen, die die Elite selbst in Auftrag gegeben haben: Meinungsforschungsinstitute warnen vor einer wachsenden Entfremdung zwischen Eliten und Bevölkerung; außerdem sei die deutsche Bevölkerung mehrheitlich davon überzeugt, dass sich der Interessenzusammenhang zwischen ihr und den Führungsschichten der Republik weitgehend auflöse.[8] Aber auch dieses eindeutige Warnsignal zeigt weder bei Aufsichtsräten noch Spitzenpolitikern Wirkung.

Die tonangebenden deutschen Schichten ignorieren Kritik aus ihren eigenen Kreisen und halten unbeirrt an ihrem Kurs fest. Sie reagieren nicht einmal dann, als wichtige demokratische Abstimmungen über die Zukunft Europas ihre gesamte bisherige Politik infrage stellen.

3. Die europäischen Kasten ignorieren den Demos

>*»Die liberale Elite war es gewohnt, die politische Debatte zu gewinnen.*
>*Nun verliert sie sie, was sie mächtig ärgert.«[9]*
>*Vernon Bogdanor, britischer Verfassungsexperte, 2019*

Die Geld- und Politikkasten ignorieren die aufkommende Kritik aufgrund ihrer Überlegenheit. Sie riskieren damit aber, dass sowohl die Ohnmachtsgefühle wie die Proteste von unten zunehmen. So hält die US-amerikanische Führung an ihrer Politik der militärischen Gewalt sowohl unter Präsident Bush wie unter Präsident Obama und seinem erweiterten Drohnenkrieg fest. Und die europäischen Eliten versuchen die EU nicht etwa im demokratischen Sinn zu reformieren, sondern bauen im Gegenteil das einseitige wirtschaftsliberale Macht- und Marktsystem weiter aus.

Dabei erzielen sie auf den ersten Schlag noch gute Erfolge. Deutschland und Österreich ratifizieren die Verträge zur Europäischen Verfassung 2005 mit klaren Parlamentsmehrheiten. Brüssel verbucht dabei einen zweiten Erfolg: Sogar die bisher oppositionellen und marktkritischen Parteien der Sozialdemokraten, Sozialisten und Grünen schwenken auf die neoliberale Strategie ein. Und sie alle winken die neuen Verträge mit satten Mehrheiten durch die Parlamente.

Eines allerdings haben die europäischen Führungskader als Warnung aus früheren Zeiten unbeachtet gelassen: Bereits im Jahr 1992 hatte bei einem Referendum über die Verträge von Maastricht eine Mehrheit der Dänen mit Nein votiert. Die EU-Spitze hatte das damals glattweg ignoriert.

Im Jahr 2005 kommt es jedoch zu einem erneuten, von der Verfassung vorgeschriebenen Referendum in einem Gründungsland der Europäischen Gemeinschaft, in Frankreich. Dort entscheidet sich eine klare Mehrheit von 54 zu 45 Prozent gegen das »Europa von Maastricht«. Dabei wird die Spaltung in Europabefürworter und -gegner mehr als deutlich: Während linke und grüne Parteien eine Zustimmung befürworten, stimmen vor allem ihre eigenen Wähler und diejenigen der ländlichen Gebiete dagegen. Ein anschließendes Referendum in den Niederlanden geht mit 61,5 Prozent Nein-Stimmen sogar noch deutlicher aus.

Die EU ignoriert sowohl das Veto des niederländischen wie des französischen Souveräns – so wie sie schon das Veto des dänischen ignoriert hatte. Nur Luxemburg und die Niederlande wagen es überhaupt, weitere Referenden durchzuführen. Alle anderen Regierungen sagen die geplanten Referenden ab.

Das Desaster der europäischen Demokratie setzt sich fort: Auf der einen Seite entzieht Brüssel den Staaten mehr und mehr Souveränität. Auf der anderen rebelliert der europäische Demos immer stärker gegen ein undemokratisch geführtes Europa. Der Entzug von Souveränität ist ein Hauptargument für den Widerstand der Franzosen gegen die neuen Verträge.

Schließlich provoziert die Eurokrise weitere Verwerfungen. Die politischen Ränder wachsen – sogar in Deutschland – wo es als fast einzigem europäischen Land bis dahin keine rechtsradikale Partei von Bedeutung gab. Doch das verfehlte Krisenmanagement der Neoliberalen und der Beinahe-Bankrott Griechenlands führen der Bevölkerung erstens vor Augen, dass Bankenrettung anscheinend wichtiger ist als das Schicksal der Bevölkerung, und zweitens, was eine Staatsschuldenkrise anrichtet. Die Wähler bestraften das Establishment für beide Desaster auf unterschiedliche Art und Weise, Sie verhelfen in Deutschland der neuen rechten Partei Alternative für Deutschland (AfD) zum erfolgreichen Durchbruch und in Griechenland zur Regierungsübernahme einer Querfrontregierung.

Auch in anderen Ländern schießen jetzt starke Protestbewegungen und -parteien aus dem Boden und mischen die politische Landschaft auf. In Großbritannien hatte sich bereits 1992 die *UKIP*-Partei gegen Maastricht gegründet. Sie wuchs in den Nullerjahren und sollte in den Zehnerjahren ein Referendum erzwingen, das ihr Land aus Europa vollständig herauskatapultierte.

4. Populismus als Widerstand und Ventil des Volkes

»Autoritäre Mentalitäten entstehen nicht im luftleeren Raum …
(…) sie werden durch den Markt koproduziert.«[10]

Oliver Nachtwey, Soziologe, 2017

Die neoliberale Austeritätspolitik nach dem Gusto der Großbanken und Großinvestoren weckt in den beiden ersten Jahrzehnten des 21. Jahrhunderts weiteren Widerstand. So rufen die unzufriedenen europäischen Bürger nicht nur neue populistische Gegenbewegungen ins Leben. Diese sind in den Zehnerjahren so erstarkt, dass sie das liberale Establishment teilweise stark schwächen oder sogar stürzen. Sie ersetzen es teilweise durch neue fähige Kräfte und Köpfe, teilweise aber auch durch Blender und Radikale.

Viele verpassen den Aufzug

Das Beharren der neoliberalen Klasse auf ihrem Weiter-so provoziert allerdings nicht nur in Europa, sondern inzwischen weltweit Widerstand. Das führt zu einem globalen Großkonflikt zwischen oberer

Klasse und dem Rest der Bevölkerung. Weitsichtige Vordenker wie der deutsche Soziologe Ralf Dahrendorf hatten das schon in den 90er-Jahren vorausgesehen. Er hatte erstens den Aufstieg einer neuen »globalen Klasse« prognostiziert. Zweitens sagte er voraus, dass diese eine neue »soziale Ungleichheit« schaffen würde: »Die im Wolkenkratzer der Möglichkeiten Angekommenen mögen es nicht bis zur Spitze schaffen; die Spitze ist heute weit weg für die Mehrheit, die (…) nicht erwarten kann, in den Club der Dollar-Milliardäre zu gelangen; aber während manche Fahrstühle nur bis zum 10. Stock fahren und andere erst im 50. Stock beginnen, gibt es doch für alle eine Fahrt nach oben. Dann aber sind da diejenigen, die nicht einmal das Erdgeschoss (…) erreichen. Sie bleiben draußen auf der Straße (…). Andere sind weniger sichtbar in den neuen Ghettos, den Favelas der globalisierten Welt.«[11]

Dahrendorf täuschte sich jedoch in dem Punkt, dass große Bevölkerungsschichten überhaupt noch aufsteigen können. Im neuen Jahrtausend bleibt großen Teilen der Mittelschichten der soziale Aufstieg grundsätzlich verwehrt.

Der Politologe Ivan Krastev wirft der globalen Klasse deshalb ihre Tendenz zur Abschottung und Alternativlosigkeit vor: Diese halte stur an der Behauptung fest »die gegenwärtige Politik sei für alle Beteiligten von Vorteil«. Das aber führt zwangsläufig dazu, »dass der Liberalismus in den Augen vieler Menschen zum Synonym für Heuchelei geworden ist«.[12] Die Eliten dagegen »machen es sich zu bequem, im populistischen Protest nur eine allgemeine Verrohung zu sehen, der man mit noch mehr moralischer Bevormundung begegnen muss«.[13]

Vulgarität von unten?

Umso heftiger und hysterischer reagieren sie auf alle Formen von rechter oder linker Kritik. Sie kanzeln diese kategorisch als »populistisch« und damit als »Vulgarität pur« ab.[14] Sie fahren eine Doppelstrategie: Ihre eigene Kritik an der breiten Masse ist legitim, deren Kritik aber nicht. Gleichzeitig verleugnen sie ihren eigenen Populismus der Privilegierten.

Der Publizist Werner Rügemer entlarvt diese Klasse als transnationale kapitalistische Rentiersklasse, die mit einer »hochbezahlten Privatarmee von Managern, Beratern und Kreditgebern arbeitet«.[15] Mit Hilfe dieser Hilfstruppen, zu denen auch Teile der akademischen Eliten zählen, demonstrieren sie gegenüber den mittleren und unteren Gesellschaftsschichten eine überhebliche Macht- und Moralposition. Darum ist es an dieser Stelle wichtig, klarzustellen, dass es nicht nur Populismus von unten oder von rechts oder links gibt, sondern dass dieser auch massiv von oben betrieben wurde und wird. Der ehemalige Präsident des Bundesverfassungsgerichts, Andreas Voßkuhle, bestätigt: Populismus ist eine Strategie, »die mit nahezu jeder inhaltlichen Ausrichtung kombiniert werden kann«.[16]

Die Eliten selbst setzen platten Populismus also als strategisches Mittel und als mächtige Propagandawaffe ein. Und stacheln damit zum Populismus von unten an, den sie dann umso heftiger verurteilen. Ein Beispiel ist die Art und Weise, wie ein Spitzenpolitiker wie Horst Seehofer als bayerischer Ministerpräsident im März 2011, lange vor der Flüchtlingskrise von 2015, dazu aufrief: »Wir werden uns gegen Zuwanderung in deutsche Sozialsysteme wehren – bis zur letzten Patrone.«[17]

Opposition durch Occupy Wall Street

Der Versuch der Geldkasten, die gigantischen Verluste der Finanzkrise von 2008 der Allgemeinheit zu überschreiben, provoziert neue populistische Protestbewegungen von unten. Zum Beispiel entwickelt *Occupy Wall Street* einen kreativen und kritischen Populismus – und erhebt die Figur des katholischen Attentäters Guy Fawkes zum weltweit bekannten Protestsymbol. Zwar wird *Occupy Wall Street* vor allem von gebildeten Kreisen getragen, erreicht aber breitere Bevölkerungsschichten, da diese die größten Lasten zu tragen haben. Die Krise wird sogar zum entscheidenden Auslöser für Teile der Mittel- und Unterschicht, sich politisch radikal neu auszurichten. Sie wechseln in der Folge millionenfach das Lager: Die Bewohner der vernachlässigten ländlichen Peripheren, die Einwohner der absteigenden Wohnviertel, Slums und Banlieues der Metropolen, die Arbeiter, kleinen Angestellten und Beamten laufen bisherigen progressiven Organisationen und Parteien in Scharen davon. Entweder tauchen sie ins Lager der Nichtwähler ab und machen sich damit politisch unsichtbar oder sie wählen jetzt rechte oder rechtsradikale Kräfte. Oder sie unterstützen ganz einfach extreme Außenseiter. Hauptsache, diese schaden dem Establishment.

Damit reagieren die Unter- und Teile der Mittelschichten indirekt auf die als Verrat empfundene Kehrtwende der linken und linksliberalen Avantgarde, die sich dem neoliberalen Lager angeschlossen hat.

Neue soziale Literatur

Zahlreiche Publikationen legen Zeugnis davon ab, wie und warum sich dieser politische Paradigmenwechsel vollzieht. Manche dieser Autoren entstammen selbst den abgedrängten Schichten und berichten authentisch. Zum Beispiel lenkt der Amerikaner James David Vance in seinem Roman *Hillbilly-Elegie* zum ersten Mal den Blick der Weltöffentlichkeit auf die Regionen seiner verarmten weißen Landsleute. Das ist der »Rostgürtel« jener »Hillbillys«, denen die neoliberale Globalisierung ihre Heimat verwüstet hat: »Arbeitsplätze wurden ins Ausland verlegt und zurückblieben Industrieruinen und verzweifelte Menschen.«[18]

In Frankreich explodiert im Reflex auf den Abstieg ganzer Gesellschaftsschichten sogar eine neue sozialkritische Literatur. Saphia Azzeddines Roman *Mein Vater ist Putzfrau* wird bis nach Deutschland bekannt.[19] Aber erst Didier Eribons Autobiographie *Rückkehr nach Reims* löst größere Debatten in Europa aus: Eribon schildert zunächst den »gespaltenen Habitus« von Menschen wie ihm, die sich – ähnlich wie der Amerikaner Vance – aus der Unterschicht in höhere Kreise hochgearbeitet haben.[20] Eribon erklärt dem Bildungsbürgertum unverblümt und überzeugend, wie und warum sein Vater als Arbeiter und seine Mutter als Putzfrau die Seiten wechseln: Sie wenden sich von der kommunistischen Gewerkschaft und Partei enttäuscht ab und dem rechten Lager zu. Er schildert, wie die Linke die breite Masse der kleinen Leute abschreibt, und erklärt den Identitätswandel seiner Familie: »Die Eigenschaft, Franzose zu sein, wurde zu (s) einem zentralen Element und löste als solches das Arbeitersein oder Linkssein ab.«[21]

Der junge Franzose Édouard Louis entwickelt mit seinen Romanen *Das Ende von Eddy* und *Wer hat meinen Vater umgebracht* sogar eine neue Stilrichtung, die »konfrontative Literatur«.[22] Mit ihr rückt er die verschütteten Lebenswelten der prekären Schichten überzeugend ans Licht. In Deutschland setzt Christian Baron das erfolgreich um mit seinem Roman *Ein Mann seiner Klasse* ebenso wie Anna Mayr mit *Die Elenden*.[23]

Aus vielen dieser Bücher spricht nicht nur die soziale Scham dieser Schichten, sondern auch ihr gewaltiger, neu gewonnener Antrieb, das Ressentiment. Diese Romane sind nichts anderes als Berichte aus dem stahlharten Gehäuse des Kapitalismus, das nach Max Weber den Menschen einschließt.

»Wir sind heute wieder soweit, dass, wie schon in früheren Zeiten, die Enttäuschung der Menschen über die Versprechen der liberalen und kapitalistischen Spätmoderne in eine gewaltige Gegenwelle von Protest, aber auch von Hass und Gewalt umschlägt«,[24] sieht sich der Intellektuelle Pankaj Mishra bestätigt. Der Hillbilly-Autor J. D. Vance aber zieht nicht bloß die Konsequenz, ein Buch zu schreiben. Im April 2021 beschließt er, sich von den Stimmen seiner armen, weißen Rostgürtel-Einwohner in den US-Senat wählen zu lassen und ihnen damit nicht nur eine literarische, sondern auch eine politische Stimme zu verleihen.

Damit setzt sich der Trend der Nullerjahre fort, der die Sehnsucht der Menschen nach Volksvertretern zum Ausdruck bringt, die ihnen nahestehen und die ihre Interessen durchsetzen, während sie sich gleichzeitig von den abgehobenen, selbstgerechten Eliten abwenden. Mishra vergleicht nicht ohne Grund den Populismus des 21. Jahrhunderts mit demjenigen der 1920er- und 30er-Jahre. Aber auch damals profitierten populistische Vertreter der oberen Schichten davon. Die Wähler ersetzten zum Beispiel den farblosen Neville Chamberlain durch den charismatischen Winston Churchill, den blassen Herbert Hoover durch den Magier der Massen, Franklin D. Roosevelt, aber sie jubelten auch einem demagogischen Umstürzler Benito Mussolini zu, der erfolgreich gegen das Establishment putschte.

Die Zehnerjahre des 21. Jahrhunderts führen zu einer ebenfalls zweischneidigen Bilanz: Der Volkssouverän tauscht in vielen Ländern weltweit korrupte und demokratieschädliche Kasten aus und ersetzt sie durch neue. Zum Teil gelangen deshalb vernünftige neue Köpfe, zum Teil jedoch unfähige oder destruktive an die Macht.

Die ungarischen Wähler heben im Jahr 2010 zum Beispiel den autoritären Viktor Orbán ins Amt. Und die rumänischen Wähler rechnen mit korrupten Eliten ab, indem sie den integren Klaus Johannis zum neuen Präsidenten wählen. Die indischen Wähler schicken 2014 den liberalen Gandhi-Nehru-Clan in die Wüste, installieren dafür jedoch einen mutmaßlichen Mörder, Narendra Modi. Die Brasilianer jagen 2018 die bestechliche linksliberale Regierung zum Teufel und wählen stattdessen den extremen Rechtspopulisten Jair Bolsonaro und seine Allianz für Brasilien ins Amt.[25] Das Beispiel Argentinien erinnert besonders auffällig an frühere Zeiten: Die Argentinier wählen den wirtschaftsliberalen Präsidenten Mauricio Macri ab und holen die linkspopulistischen Peronisten zurück, deren Idol bereits 1930 versuchte, sich an die Macht zu putschen.

Schon bald folgen auch im Westen neue Köpfe. Die US-amerikanischen Wähler, vor allem die aus den abgehängten Regionen, stoppen im Jahr 2017 die Kandidatin der reichen und politisch korrekten, urbanen Milieus, Hillary Clinton, mit dem politisch unkorrekten Donald Trump. In Großbritannien setzt sich der populistische Boris Johnson gegen die ehemalige Bankerin Theresa May durch und in Italien regiert eine faschistische Partei zusammen mit der Lega Nord eines Matteo Salvini, während die Ukrainer gezielt einen krassen Außenseiter der korrupten politischen Kaste zum Staatspräsidenten erheben, den Schauspieler und Drehbuchautor Wolodymyr Selenskyj. 2017 schlägt die rechtsradikale Marine le Pen sämtliche Kandidaten der großen Volksparteien – sowohl der Sozialisten wie der Republikaner – im ersten Wahlgang und unterliegt erst dem neuen Aufsteiger Emmanuel Macron.

Privilegierte Moral gegen Populismus von unten

Die neuen politischen Führer erfüllen zweierlei: zum einen die Sehnsucht der Bürger nach einer Ablösung der verbrauchten und disqualifizierten Eliten, gepaart mit der Hoffnung auf mehr soziale und politische Gerechtigkeit. In vielen Ländern schieben die Neugewählten tatsächlich der Korruption und Selbstbedienung der Politikkaste einen Riegel vor. In anderen handelt es sich um rein emotionale Racheakte.

Umso heftiger empört sich das Establishment über diese Protestwelle von unten und ächtet diese vielfach als demokratiefeindlich. Der Intellektuelle Bernd Stegemann kontert das mit der Bemerkung, dass sich die Entrüstung der Liberalen über Populismus oftmals selbst als Populismus erweist. Entsprechend demaskieren auch die Populismusforscher Dirk Jörke und Veith Selk den Populismus der Oberschichten als »ein Ressentiment der Starken«.[26]

Der Historiker Vernon Bogdanor bestätigt, dass der Populismus der tonangebenden Schichten »sich vom Populismus der Massen strukturell kaum unterscheidet: hier die eindrücklichen, mit Vernunft ausgestatteten liberalen Kräfte, dort die peinlichen, zum Wutbürgertum neigenden Reaktionäre«. Oben herrscht also die Einbildung vor, privilegiertes Wissen und eine privilegierte Moral zu besitzen, und alle anderen seien demgegenüber zivilisatorisch zurückgeblieben.[27]

Die Oberschichten beweisen damit ein weiteres Mal, dass Liberalsein nicht automatisch Demokratischsein heißt. Und sie bestätigen das, indem sie auch linkspopulistische Protestbewegungen stigmatisieren, angefangen von der griechischen *Syriza* über die französische Sammlungsbewegung *La France Insoumise*, die mit Jean-Luc Mélenchon bei Wahlen fast 20 Prozent der Stimmen erreichte, oder die spanische *Podemos* und die italienische *Cinque Stelle*.

Die neue Massenbewegung Aufstehen

Der Publizist Jakob Augstein keilt deshalb zurück: »Was in Deutschland fehlt, ist ein positiver Populismus von links, der die demokratischen und sozialen Rechte der normalen Leute gegen Eliten und Oligarchien artikuliert – und der diese Aufgabe nicht den Rechten überlässt. (...) Populismus ist eine Strategie des Widerstands.«[28]

Diesen Aufruf setzt Sahra Wagenknecht drei Jahre später in die Tat um. Sie gründet im Herbst 2018 die Sammlungsbewegung *Aufstehen*, der sich innerhalb weniger Wochen 180 000 Bürger anschließen – und die damit die Mitgliederzahl der Parteien der Grünen und der Partei Die Linke zusammengenommen in kurzer Zeitspanne übertrumpft. *Aufstehen* wird wie die französischen »Gelbwesten« zu einem Symbol für das, was die Soziologin Cornelia Koppetsch ein »Bündnis der Betrogenen« nennt: wie sich Ohnmacht und Protest von unten friedlich und doch machtvoll organisieren.[29] Der »Chefideologe« der Sammlungsbewegung, Bernd Stegemann, bewertet diesen fulminanten Start so: »Diese Bewegung ist eine Kampfansage an die herrschende ›Politik der Mitte‹.«[30]

Die Politologin Chantal Mouffe sieht sich durch diese neuen sozialen Bewegungen ermutigt. Allerdings erkennt sie auch scharfsinnig, wie sich der unpolitisch drapierende Mainstream in der politischen Mitte breitmacht. Echte Politik wird dadurch nur rechts und links davon möglich. Mouffe betont, dass es ohne eine neue »Frontlinie« zu keiner Machtstrategie gegen die oligarchische Kaste kommen kann. Ihre knallharte Schlussfolgerung: »Anstatt den populistischen Moment nur als Bedrohung für die Demokratie wahrzunehmen, bedarf es dringend der Einsicht, dass er auch eine Chance für deren Radikalisierung darstellt.«[31]

Der Mainstream hat diese Frontlinie inzwischen erkannt und bekämpft alle politischen Kräfte jenseits davon: »Der Vorwurf des Ressentiments ist heute der bevorzugte Ausdruck für den Rassismus der Eliten gegen alle, die gegen sie revoltieren.«[32]

5. Der Auftakt zur Revolte vor Corona

> »Wenn politische Imperien entstehen, werden die Reichen immer reicher und die Armen ärmer, bis Konflikte die Kooperation ersetzen und sich unabwendbar Auflösung breitmacht.«[33]
>
> *Peter Turchin, amerikanischer Sicherheitsexperte, 2007*

Die globale und kosmopolitische Kaste entwickelt in den 90er Jahren eine Art flüssiges Gesellschaftsmodell.[34] Damit ist eine durch Konsum und Individualismus zersplitterte und aufgelöste Gesellschaft gemeint. In diesem Modell existiert der Staat nur noch als Nachtwächterstaat, der die soziale Ordnung einigermaßen aufrechterhält. Diese Gesellschaft der reinen Individuen schreibt das Gemeinwohl mehr oder weniger ab.

Die globale Klasse steht mit ihrem Modell jedoch in den Zehnerjahren mit dem Rücken zur Wand. Sie hat sich als Kaste enttarnt, die ein neues Spießertum kreiert: dasjenige von kleinkariertem Eigennutz und selbstsüchtiger Bereicherung im puritanischen Geist. Sie hat außerdem ihre Machtansprüche überdehnt. Die Basis rumort stärker und neue Widerstandkräfte entwickeln eine neue soziale und politische Dynamik. Sie rücken plötzlich wieder die Ideen von Gemeinwohl und Souveränität in den Mittelpunkt.[35]

Gegen den Strom der »flüssigen Gesellschaft«

Der Gesellschaftsanalytiker Christophe Guilluy erklärt: »Zwar wurden die Normalbürger in das Bad der flüssigen und individualistischen Gesellschaft geworfen, aber sie haben die Idee, wichtige soziale und kulturelle Werte zu bewahren, nie aufgegeben.«[36]

Er erkennt schon sehr frühzeitig, dass die von den oberen Klassen betriebene Spaltung der Gesellschaft in kleinste Einheiten und Minoritäten zum Scheitern verurteilt ist. Es existiere keine Gesellschaft oder Gemeinschaft, die sich aus Minderheiten zusammensetze. Das sei eine reine politische Wunschvorstellung, die an den Interessen der Mehrheit zerschelle.

Dann, im Sommer 2018, erfüllt sich Guilluys Vorhersage: Die französische Gelbwestenbewegung bricht los. Sie hält gleich zwei Lehren für die Oberen bereit: Erstens, wie rasch ungelöste gesellschaftliche Widersprüche in flächendeckende Proteste Hunderttausender umschlagen. Und zweitens, dass diese, wenn sie mit Gewalt unterdrückt werden, in bürgerkriegsähnliche Konfrontationen ausarten – und das sogar in hochentwickelten Gesellschaften.

Ausbruch der französischen »Gelbwestenbewegung«

Ein Lastwagenfahrer setzt die Initialzündung für diese Bewegung. Ihn und viele andere erbost die ökologisch begründete neue CO_2-Steuer, weil sie die Normalbürger, die auf ihr Auto angewiesen sind, stark belastet. Die Protestmassen schwellen bis auf Hunderttausende an und legen Frankreich über Monate lahm. Sie erstürmen im Dezember 2018 fast den Élysée-Palast und stürzen um ein Haar Präsident Macron und seine Regierung. Der Aufstand wird zum Symbol für den Aufstand der »classes populaires« der unteren und mittleren Gesellschaftsschichten. Sie lassen ihrem Zorn über die urbanen Eliten, die Reichen und Einflussreichen, die ökonomisch und moralisch Überlegenen, freien Lauf. Sie erheben in erster Linie soziale Forderungen.

Präsident Macron verhängt den Ausnahmezustand, weil er sich nicht anders zu helfen weiß und es ihm nicht gelingt, sich gegenüber seinen Landsleuten verständlich zu machen und in einen echten, ehrlich gemeinten Dialog einzutreten. Er veranstaltet künstliche Dialoge, sogenannte Grands Débats, mit handverlesenen Repräsentanten des Volkes. Gleichzeitig aber setzt er massiv Sicherheitskräfte und paramilitärische Einheiten auch gegen friedlich Demonstrierende ein. Das provoziert Gegengewalt – besonders in Paris. Dort kommt es schließlich zum besagten Sturm auf den Élysée-Palast.

Im November 2019 setzen die »Gelbwesten« zu einem zweiten Proteststurm an. Auslöser ist das neoliberale Rentenkonzept Macrons, das dieser sofort aus der Tasche zieht, kaum dass die erste Protestwelle abebbt.

Der Aufstand des sogenannten petit peuple, der kleinen Leute, zeigt: 10 Jahre nach dem größten Crash der Nachkriegszeit von 2008/9 und 30 Jahre nach der Entfesselung der Globalisierung stehen sich liberale Eliten und Bevölkerung immer feindseliger gegenüber.

6. Die bleierne Zeit geht zu Ende: Das Jahr der Massenproteste 2019

> »Aus lokalen und nationalen Bindungen können starke
> Widerstandsbewegungen erwachsen. Sie zu ignorieren, darauf zu
> verzichten, (… sie) für demokratische Ziele zu mobilisieren,
> heißt, dieses Artikulationspotenzial den rechtsgerichteten
> Demagogen zu überlassen.«[37]
>
> *Antonio Gramsci, italienischer Schriftsteller, 1929*

Im Jahr 2019 erreichen Deutschland Nachrichten von Massenprotesten aus Chile, Ecuador, Kolumbien und anderen südamerikanischen Hauptstädten. Der Thinktank der Bundesregierung, der angeblich auch für den Bundesnachrichtendienst arbeitet, die Stiftung Wissenschaft und Politik, gibt zur Lage in Chile folgende Einschätzung ab: »Der sogenannte Elitenkonsens habe nicht mehr getragen. Die Bürger (…) treiben die Amtsinhaber jedweder politischer Couleur vor sich her. Der Widerstand richtet sich gegen Preiserhöhungen, Subventionskürzungen und Wahlfälschung ebenso wie gegen die Korruptheit der politischen Klasse (…) und die Elitenpakete.«[38] Das scheint treffend formuliert.

Es stellt sich die Frage, ob das auch bald für Europa gilt. Nach den Protesten in Südamerika verfallen die dortigen liberalen Eliten jedenfalls in Panik: So lassen sich die Präsidenten von Ecuador und Chile[39], Lenín Moreno und Sebastián Piñera, bald darauf mit den Führern der Streitkräfte ablichten – und verbreiten diese Fotos landesweit.[40] Was bedeutet das?

Moreno und Piñera posieren öffentlich mit Generälen, weil sie sich von ihnen den Erhalt ihrer Macht versprechen. Allerdings könnten diese Militärs, anders als die Wähler, die Demokratie irgendwann ganz abschaffen. Und das erinnert wieder allzu sehr an die erste deutsche Republik, als Sozialdemokraten und christliche Demokraten Schutz und Zuflucht bei Militärs suchten, statt sich selbstbewusst der Bevölkerung zu stellen. Insgesamt aber wird das Jahr 2019 zum Kulminationspunkt einer weltweiten Protestwelle von unten, einer Protestwelle, die wie alle Proteste Licht- und Schattenseiten aufweist. In Chile jedenfalls korrigiert die Bevölkerung die Politik Piñeras und der herrschenden neoliberalen Klasse und fügt ihnen 2021 eine krachende Wahlniederlage zu.[41]

Jedenfalls reißen die Proteste von den USA bis nach Deutschland und von Italien bis Chile und von Indien bis Südafrika nicht ab.[42] Überall auf der Welt fühlt sich die Bevölkerung Ende der 10er-Jahre alleingelassen und von den Profiteuren der Globalisierung übertölpelt, missbraucht oder bekämpft. Manchem Zeitgenossen drängt sich daher im Jahr 2019 bereits das Bild eines neuen, wenn auch noch weitgehend kalten Bürgerkriegs auf sowie die Frage: Wird dieser irgendwann in einen heißen umschlagen?

Kehrt also der Alptraum der 30er-Jahre tatsächlich zurück – mit Börsencrashs, sozialen Unruhen und geheimen Elitenabsprachen? Oder sind sie alle nur »dem Dämon der Analogie« verfallen, vor dem der Historiker Marc Bloch gewarnt hat?[43]

Das Desaster des europäischen Demos

Im Laufe des Jahres 2019 begehen die Führungsetagen in Europa massive Fehler und versündigen sich an ihrem angeblich heiligen Projekt der Demokratie selbst. Sie hoffen, mit der Europawahl von 2019 die Stimmung in der Bevölkerung zurückzudrehen und diese für das gemeinsame Projekt neu zu begeistern. Sie setzen konkret auf einen positiven politischen Durchbruch.

Spitzenpolitiker der liberalen und konservativen Parteien aller EU-Staaten nutzen den Wahlkampf, um verlorenes Terrain zurückzugewinnen. Sie wollen sogar einen neuen politischen Staudamm gegen die zunehmende Kritik von links und rechts an einem »Europa der Eliten« errichten. Umso fataler, dass sie genau diesen Vorwurf neu bestätigen werden.

Deutsche Führung nach französischem Gusto

Zunächst rufen die Politiker der liberalen Mitte und die Medien die 427 Millionen Wähler dazu auf, ein klares Signal für die europäische Demokratie zu setzen: Diese liefern auch prompt die höchste Wahlbeteiligung seit 20 Jahren ab und setzen damit ein eindeutig positives Signal gegen alle radikalen Versuchungen. Kaum jedoch hat der hochgelobte europäische Demos den deutschen Spitzenkandidaten Manfred Weber als Wahlsieger des liberal-konservativen Lagers bestätigt, da grätschen die Eliten selbst dazwischen. Ein geheimes Küchenkabinett zweier Regierungschefs wechselt den bereits legitimierten Kandidaten für die Kommissionspräsidentschaft kurzerhand aus. Der französische Staatspräsident zaubert in Absprache mit der deutschen Kanzlerin urplötzlich eine deutsche Politikerin, nämlich Ursula von der Leyen, aus dem Hut – und damit eine von Skandalen belastete Politikerin, die noch dazu nie zur Wahl gestanden hatte.

Der politische Schirmherr von Manfred Weber, Ministerpräsident Söder, beschwert sich als Parteigenosse des »Gehörnten« zwar darüber, dass »die Demokratie verloren und das Hinterzimmer gewonnen hat«, stellt sich aber im nächsten Satz hinter von der Leyen und begründet das mit dem generellen Interesse Deutschlands.[44]

Liberale Medien missachten zunächst die Empörung von Millionen Wählern, die sich getäuscht sehen. Der Leitartikler der *Süddeutschen Zeitung*, Stefan Kornelius, huldigt in raschem, vorauseilendem Gehorsam der angeblichen »Wunderkandidatin« und verbittet sich streng alle Kritik des Wahlvolks: »… ist dies weder der Moment, um über die Entscheidungsfindung der EU zu spotten, noch um über Hinterzimmerdemokratien oder Mauscheleien einen populistischen Heldengesang anzustimmen.«[45]

Medien rufen zum Aufstand auf

Die Empörung schlägt jedoch europaweit so hoch, dass dieselbe Zeitung rasch eine Kehrtwende vollzieht. Sie fordert einen Tag später das glatte Gegenteil: Das Europäische Parlament solle jetzt sogar eine Art Aufstand anzetteln – wegen der »Ohrfeige für viele junge Menschen (…), die sich im Wahlkampf für eine demokratische EU eingesetzt haben. (…) Ein Wink an Hunderte Millionen Wähler: Ihr könnt abstimmen, wie ihr wollt, die wichtigen Entscheidungen schachern dann wir Staats- und Regierungschefs aus (..). Deshalb muss das Parlament jetzt den Aufstand wagen.«[46] Das Parlament aber wagt keinen Aufstand und schluckt die Bevormundung von oben. Was ist die Folge? Teile der Wähler rächen sich bei nächster Gelegenheit.

V. Flucht vor Volk und Virus: Die Kasten koppeln sich ab

1. Die Rückkehr von Gewalt und politischen Morden in Deutschland

> »Deswegen wäre es fatal, der Rechten die von ihr ›gekaperte‹
> schwarz-rot-goldene Fahne zu überlassen, obwohl es sich
> dabei um das Symbol des demokratischen Deutschland
> in der Tradition von 1848 und 1949 handelt.«[1]
>
> *Albrecht von Lucke, deutscher Verfassungsrechtler, 2019*

Die Wähler im Osten Deutschlands entscheiden sich letztlich, dieser sogenannten liberalen Mitte mehrheitlich die rote Karte zu zeigen. Diese Gelegenheit bieten ihnen die drei Herbstwahlen 2019 in den neuen Bundesländern. Die Wähler schrumpfen bei dieser Gelegenheit die alten Volksparteien der Mitte, CDU und SPD, und zusätzlich die europaeuphorischen Grünen überraschend ein – statt sie, wie von Demoskopen erwartet, zu stärken. Der Denkzettel fällt besonders deutlich aus, weil die Wähler sie allesamt auf die demütigenden Plätze hinter den Protestparteien von links und rechts, die Linke und die AfD, verbannen. In Sachsen wird die AfD stärkste Partei.

Die politischen und meinungsführenden Eliten ziehen daraus ihren üblichen Fehlschluss, allein der Wähler habe versagt. Jedenfalls steht fest, dass das Wahlergebnis in Thüringen tatsächlich Weimarer Verhältnisse widerspiegelt. Die politische Mitte verfügt erstmals über keine Mehrheit mehr – Linke und AfD jedoch im Gegenteil über eine »negative Parlamentsmehrheit« – ähnlich wie die äußerste Linke und die äußerste Rechte bei den Wahlen in Preußen im Jahr 1932.

Statt dieses Mal souverän mit dem Desaster umzugehen, melden sich sofort nach der Wahl Politiker, die die Wahl glattweg rückgängig machen wollen. Kluge Mahner wie der Chefredakteur der *Zeit*, Giovanni di Lorenzo, warnen vor solchen neuen Manipulationen. Di Lorenzo spielt denn auch mit Recht den Ball zurück an die Etablierten und spricht von »einer halben Systemkrise der alten etablierten Volksparteien«.[2] Andere fragen sich jedoch öffentlich, ob nicht der deutschlandkritische Harvard-Historiker Davide Cantoni mit seinen Warnungen vom Beginn des Jahres recht hatte: »… dass da eine kulturelle Tradition (…) als böse Blutlinie von Generation zu Generation springt.«[3]

Das alles belegt, dass sich das politische Meinungsklima immer stärker vergiftet. Als Verursacher dieser Vergiftung werden mehr und mehr große wirtschaftliche Akteure enttarnt. Es sind die »Big Tech« des Silicon Valley, die Amazons, Facebooks und Alphabets, die wesentlichen Anteil an dem toxischen Zustand nicht nur der amerikanischen Gesellschaft tragen. Sie mutieren tatsächlich als Plattformen sozialer und virtueller Medien und anderer Produkte zu »Superspreadern« eines exklusiven und extremen Exhibitionismus, eines Hedonismus und ungebremsten Narzissmus. Sie verbreiten Ressentiments, Rassismus und politische Feindbilder übelster Art. Und das ist sogar Teil ihres Geschäftsmodells. Für die Folgewirkungen, nämlich Hass und Gewalt, wollen die Tech-Konzerne später lieber nicht verantwortlich sein.

In jedem Fall jedoch fluten diese neuen Tauschbörsen radikaler und extremistischer Positionen auch die Berliner Republik – ähnlich wie die Hugenberg Medien die Weimarer Republik – mit radikalem Denken, mit Hass- und Gewaltaufrufen.[4]

So ist es nicht weiter verwunderlich, was dieses toxische Klima sonst noch alles hervorbringt. Auch in Deutschland kehrt spätestens im Jahr 2019 der Alptraum der 30er-Jahre mit politischen Morden und Mordanschlägen an Ausländern und auf Spitzenpolitikern zurück.

Makel politischer Morde

Am 2. Juni 2019 erschießt Stephan Ernst den Regierungspräsidenten Walter Lübcke aus politischen Motiven.[5] Wenige Wochen später schüchtert ein sogenanntes Staatsstreichorchester deutsche Politiker mit Morddrohungen ein. Sogar Kommunalpolitiker benötigen Schutz vor Mitbürgern, die sie bedrohen und angreifen. Unbekannte zertrümmern erstmals seit dem Dritten Reich wieder die Schaufenster von Immobilienmaklern mitten in München. Das erinnert fatal an den »Volkszorn« der Vorkriegszeit. Die bayerische Polizei und Medien halten darüber Stillschweigen – wohl aus Angst, das Beispiel könnte auf breiter Front Schule machen.

Von da an erliegen immer mehr Vertreter des Establishments bedauerlicherweise der Versuchung, die Verantwortung einseitig nach unten wegzuschieben, als wollten sie vor Verfassungsstaat und Demokratie – und nicht zuletzt vor sich selbst – eine Art Firewall hochziehen. Sie gehen noch stärker als bisher gegen die eigene Bevölkerung in die Offensive.

Der führende Vertreter der großen Koalition und des liberal-konservativen Politikmilieus, der bayerische Ministerpräsident Söder, setzt genau zu diesem Zeitpunkt ein neues Narrativ in die Welt. Er warnt kurz nach dem Gedenktag der deutschen Novemberrevolution im Herbst 2019 vor »Weimarer Verhältnissen«[6] – und unterstellt damit, dass die Bevölkerung in ihrem Wahlverhalten ähnlich verantwortungslos handeln würde wie damals. Er souffliert damit offensichtlich, dass die Bevölkerung an den politischen Gewalttaten der letzten Jahre eine Mitschuld trage. Söder warnt unverhohlen, dass von nun an Freiheit, Frieden und Wohlfahrt akut gefährdet seien – das offenbar aber einseitig von unten – und suggeriert damit, dass er und seine Autorität umso mehr gefragt seien.

Die Justizminister der Bundesländer legen nach. Sie verabreden sich dazu, sogenannte Schwachstellen im Grundgesetz zu schließen. Sie wollen angeblich verhindern, dass illiberale Politiker den Staat kapern und die Demokratie abschaffen. Vielen Mitbürgern erscheint das eher als ein Akt des Misstrauens, der sich gegen sie selbst richtet.

Die Geld- und Machteliten liefern jedoch postwendend neuen Skandalstoff, was das Misstrauen ihnen gegenüber anheizt: Medien enthüllen nur einen Tag nach der Thüringenwahl und nach den Moralapellen von Spitzenpolitikern, wie diese sich klammheimlich selbst bedienen. Der langjährige Wortführer für soziale Gerechtigkeit, der Ex-SPD-Vorsitzende und Ex-Außenminister Sigmar Gabriel, stellt das besonders unverschämt unter Beweis. Er wird dabei ertappt, wie er versucht, möglichst rasch aus dem politischen Amt zu den obersten Geldeliten überzuwechseln. Davon halten ihn weder gesetzliche Vorgaben noch die Regeln moralischen und politischen Anstands ab.

Ohne die übliche Karenzzeit zu beachten, lässt er sich von der Deutschen Bank für den Aufsichtsrat verpflichten.[7] Das Kanzleramt musste ihm einige Wochen zuvor bereits verbieten, sich von einem als skrupellos geltenden polnischen Konzern anheuern zu lassen. Diesem Konzern hätte Gabriel sein Herrschaftswissen als ehemaliger Außenminister mitverkauft.[8]

Der Skandal wird komplett, als herauskommt, dass Gabriel auf der Payroll des Milliardärs und Leiharbeiter-Schinders Clemens Tönnies steht. Es steht der böse Verdacht im Raum, dass die Familie Tönnies Gabriel im Nachhinein dafür belohnen will, ihr noch als Minister Bußgeldverfahren erspart zu haben[9] – Bußgelder für systematische Tierquälerei, wie Undercover-Tierschützer sie anprangern: »(Dort) leiden unzählige schwer verletzte Schweine zwischen ihren eigenen Exkrementen und verwesenden Artgenossen. Fußball-große Tumore und Abszesse, blutige Verletzungen und humpelnde Tiere erhalten keine Versorgung.«[10]

Gabriel sieht offensichtlich nichts Skandalöses darin, dass der Tierquäler Tönnies ihn mit einigen zehntausend Euro honoriert hat – und dieser fährt bald darauf unverfroren mit seiner Geschäftspraxis fort. Dabei hatte derselbe Gabriel seinen Spitzengenossen einmal empfohlen, doch bitte zu ihren Ursprüngen zurückzukehren, nämlich wieder dorthin zu gehen, wo es richtig »brodelt, riecht und stinkt«[11]. Davon möchte er jedoch längst nichts mehr wissen.

Das staunende Publikum aber blickt so in immer neue Abgründe der Politik – hier am Beispiel der Sozialdemokratie als ältester Partei der deutschen Demokratie. Das erklärt, warum auch längst eine Mehrheit der Bevölkerung die Politik für grundsätzlich korrupt hält.[12]

Von Seiten der CDU bestätigt das der lange als Kanzlerkandidat gehandelte Friedrich Merz: Er verlängert etwa zur selben Zeit, als Gabriel in die Wirtschaft wechselt, seinen Vertrag als Aufsichtsrat bei BlackRock – einem Konzern der Schattenwelt, der sich in den Augen vieler als wirtschaftlich und politisch schädliche »Finanzkrake« betätigt.[13] Zudem werden Verdachtsmomente bekannt, dass Merz über seine Nebentätigkeiten in den CumEx-Skandal verwickelt ist.[14] Es erscheint verständlich, dass Merz und einige CDU-Abgeordnete schon vor Jahren gegen die Offenlegung ihrer Nebeneinkünfte klagten.[15] Aber die Kaviar- und Maskenskandale sollten die Unionsparteien umso peinlicher demaskieren.

Annus horribilis

Mit dem Ausbruch der Pandemie springt in Deutschland die Nachfrage nach dem Werk *Die Pest* von Albert Camus sprunghaft an. Das Stichwort der Seuche liefert die Erklärung – aber auch der Autor könnte ein Motiv für das plötzliche Interesse sein. Denn Camus war einer der Nachkriegsschriftsteller, der das Motiv des Ressentiments in besonderer Weise thematisierte. Für ihn baute sich ein neuer Widerspruch in unserer Epoche auf: derjenige zwischen der Unzufriedenheit des modernen Individuums auf der einen Seite und den großspurigen Freiheits- und Selbstverwirklichungsversprechen der Eliten auf der anderen Seite.

Laut Camus erfasst jene besondere »Selbstvergiftung« viele Zeitgenossen: die »unheilvolle, abflusslose Absonderung einer fortgesetzten Ohnmacht«. Der Schriftsteller hatte ein gutes Gespür dafür, wie explosiv dieses Ressentiment wirkt, nämlich immer dann, wenn Ungleichheit emporwächst und die Eliten jede Abhilfe blockieren.

Anomie und Anarchie

Es war der Philosoph Jean-Jacques Rousseau, der als Erster dieses Phänomen der Empörung und des Widerstands aufgriff – noch ohne den Terminus Ressentiment zu benutzen. Und sein dänischer Kollege

Søren Kierkegaard erklärte circa ein halbes Jahrhundert später, warum diese spezielle Form des Neids die modernen Gesellschaften durchseucht – eben weil die Eliten mehr soziale Gerechtigkeit versprochen hatten. So stacheln die nicht eingelösten Versprechen zu zahllosen »romantischen Revolten und Revolutionen« an.[16]

Der indische Intellektuelle Mishra macht heutzutage die Verheißungen des Westens und seiner Eliten für die weltweite Rückkehr von Hass und Gewalt verantwortlich. Als Ursachen in der Hypermoderne des 21. Jahrhunderts benennt er: die steigende Komplexität der Welt, die globale Vernetzung und die heuchlerischen Verheißungen von oben. Als Folgen beobachtet er vor allem: einerseits eine Anomie, also den Widerwillen des Individuums gegen die oft falschen Versprechungen und die Regeln der Oberen. Darum sieht er in vielen Gesellschaften Anarchie heraufziehen.[17]

Verlust der Kontrolle über das eigene Leben

Er vergleicht zum Beispiel das prekäre Dienstleistungs- und Produktionsproletariat des 21. Jahrhunderts mit den Arbeitsbedingungen breiter Schichten im 19. Jahrhundert – und zitiert auch Karl Marx, der bekanntlich die unsichere und unpersönliche Lohnarbeit für schlimmer als die Leibeigenschaft hielt.[18] Tatsächlich treibt heute breite Bevölkerungsschichten die Unsicherheit über die eigene Zukunft um. Einer der Hauptgründe: Nach dem Vorbild Deutschlands ist ein Drittel aller Jobs in der EU im 21. Jahrhundert prekär geworden: vom Akademiker bis zum Leiharbeiter.

Mishra sieht den Konflikt zwischen zwei unterschiedlich großen Gruppen vorprogrammiert: auf der einen Seite riesige Menschenmassen, die eine Sehnsucht nach »größerer Kontrolle über das eigene Leben erfasst« – und andererseits »clevere separatistische Eliten mit doppelter Staatsangehörigkeit und Auslandskonten«.[19] Das genau ist die Kluft, die erstmals Rousseau erkundet hat: »… die Kluft zwischen einer Elite, die sich die erlesenen Früchte der Moderne aneignet, ältere Wahrheiten verachtet, und entwurzelten Massen, die sich von diesen Früchten ausgeschlossen sehen und sich in Gefühle kultureller Überlegenheit, in Populismus und verbitterte Brutalität zurückziehen.«[20]

Die Pandemie verstärkt diese Konfliktlage eindeutig. Aber die Seuche ist kein Ereignis höherer Gewalt: Covid-19 ist kein »schwarzer Schwan«, also ein unvorhergesehenes Ereignis höherer Gewalt, wie vielfach behauptet wird. Das Virus konnte sich nur deshalb so explosionsartig auf allen Kontinenten ausbreiten, weil es auf der modernen und menschengemachten »Seidenstraße der Seuche« unterwegs ist. Damit aber verdankt es seine Dynamik und Durchschlagskraft hauptsächlich der ökonomischen Globalisierung, der engmaschig vernetzten, arbeitsteiligen Welt.[21] Die israelische Soziologieprofessorin Eva Illouz bestätigt denn auch, dass »der Kapitalismus mit seinem ausbeuterischen Verhalten eindeutig für die schlimmen Folgen von Corona verantwortlich ist«.[22]

Dolchstoßlegenden gegen die Demokratie

Die US-amerikanischen Wissenschaftler Peter Turchin und Jack A. Goldstone senden schon vor der Corona-Krise einen Warnruf in die Welt: »Eliten, die wirtschaftliche Gewinne monopolisieren, den Weg für soziale Aufstiegschancen einengen, Steuern vermeiden«,[23] züchten gesellschaftliches Misstrauen und Unmut bei der Restbevölkerung.

Die demokratische Partei hat aus ihrer Niederlage von 2016 anscheinend zu wenig gelernt und sich nicht wirklich den »abgehängten« Schichten zugewandt. Sie tut das so wenig wie linke Parteien in Europa, die sich für Gender- und Minderheitenfragen engagieren, aber die ökonomische Lage der Mehrheit vernachlässigen. Eine Ausnahme ist Bernie Sanders, der mit seinem politischen Ansatz die Paria-Kaste der US-amerikanischen Globalisierungsverlierer vertritt.

Die Harvard-Historikerin Jill Lepore resümiert, dass die Identitätspolitik der US-amerikanischen Linken zur Spaltung des Landes beigetragen habe: »Bei Identitätspolitik, wenn wir unsere Identität feiern, dann geht es eben oft darum, andere Leute zu dämonisieren.«[24]

Vor diesem Hintergrund erscheint die aktuelle Vorhersage ihres Kollegen, des Evolutionsbiologen Turchin, besorgniserregend: »Das Gesellschaftssystem, in dem wir leben, ist äußerst fragil.« Der gesellschaftliche Widerspruch entlädt sich demnach in einer zerrissenen und von Hass und Gewalt aufgeladenen Gesellschaft. Turchin und sein Kollege Goldstone prognostizieren wachsenden sozialen und ethnischen Rassismus und ein Negativ-Szenario beispielloser Massenproteste für die Ära Biden.

Die Reiter galoppieren wieder

Im Übrigen galoppieren dieselben apokalyptischen Reiter, die die US-Gesellschaft destabilisieren, inzwischen auch durch Europa, Asien und Lateinamerika. Auch dort entfremdet und entkoppelt sich die neue Kaste der Reichen und Einflussreichen immer weiter von der Bevölkerung. Kritische Beobachter wie die Weltbank berichten jedenfalls im Oktober 2020, dass »in diesem Jahr etwa 100 Millionen Menschen in extreme Armut zurückfallen«. Die *New York Times* schlussfolgert daraus: »Covid-19 leitet die massivste Verschärfung der wirtschaftlichen Ungleichheit seit Jahrzehnten ein (…).«[25]

Damit wird sichtbar, wie in weniger entwickelten ebenso wie in hochzivilisierten Staaten riesige Bevölkerungsmassen sozial abrutschen – mit unabsehbaren gesellschaftlichen und politischen Folgen.

2. »Wir hängen Dir das Pestglöckchen um«

>»Die tatsächliche Lage an der Front ist katastrophal.«
>
>*Angela Merkel, Bundeskanzlerin, 2020*

Covid-19 entwickelt sich zur schwersten globalen Krise seit dem Zweiten Weltkrieg. Bis zum Jahr 2021 kostet sie zum Beispiel so vielen US-Amerikanern das Leben wie der Zweite und der Vietnamkrieg zusammengenommen. Viele Menschen bangen schon bei ihrem Ausbruch um ihre Gesundheit und ihr Geld – einige Wenige jedoch überhaupt nicht. Denn eine Minderheit der Bevölkerung verschafft sich durch die Krise im Gegenteil eine neue Art von Freiheit. Sie baut ihren Vorsprung in puncto Vermögen und Einfluss sogar aus. In diesem Sinne wirkt das Virus wie ein Lackmustest: Es belegt vor allen Augen sichtbar die Kluft, die zwischen Eliten und Bevölkerung weiter aufreißt.

Covid erstickt

Die Viruswelle kreuzt sich mit der weltweiten Protestwelle des Jahres 2019 und begräbt letztere unter sich. Die Corona-Krise kehrt die Lage sogar ins Gegenteil um: Die politischen Führungskreise bekommen Oberwasser. Sie trimmen die Bevölkerung auf strenge Disziplin. Und sie verdonnern die Bürger dazu, nicht mehr zusammenzukommen, schon gar nicht zu politischen Versammlungen oder gar zu Streiks. Sie entleeren den öffentlichen Raum, in dem sich kritische Meinungsbildung entwickeln soll. Sie treiben Isolation und Zersplitterung der Gesellschaft auf die Spitze. Mehr und mehr macht sich bei den Bürgern Angst vor der sogenannten Virokratie breit – und das nicht nur in China.[26]

Und die neoliberalen Kasten verschärfen die Zwangsmaßnahmen eher, indem sie sich selbst ermächtigen und Polizei und andere Sicherheitsorgane in Stellung bringen. Die verordneten Lockdowns aber schwächen die Willensbildung von unten und fegen ebenso *Fridays for Future*-Demos von der Bildfläche, wie sie die *Gelbwesten*-Proteste und gewerkschaftliche Streiks im Keim ersticken – ganz so, als gehörten sie einer untergegangenen Epoche an.

Säbelrasseln der Staatsspitze

Gegen die erste Welle an verfassungsfeindlichen »Notmaßnahmen« erheben in Deutschland zum Glück sofort einige wenige Verfassungsrechtler und Intellektuelle ihre Stimme.[27] Teile der französischen Gesellschaft sind schon länger in Aufruhr – denn die neoliberale Staatsspitze hatte schon lange vor der Corona-Krise den Ausnahmezustand verhängt. Präsident Macron verschaffte sich bereits in den Jahren 2018 und 2019 freie Hand und setzte Polizei und Militär offensichtlich skrupellos gegen protestierende Gelbwesten und die anschließenden Massenproteste wegen der geplanten Rentenkürzungen ein. Er führt so seinen liberalen Wählern erfolgreich vor, wie Teile der Bevölkerung zum Feind im eigenen Land erklärt werden.

In der Virus-Krise wiederholt er sein Erfolgsrezept: Er imitiert sogar gerne seine stärkste politische Gegnerin, Marine le Pen, und nimmt ihre Parole vom Krieg auf, in dem sich Frankreich angeblich befinde.[28]

Die Lage an der Front

Die deutsche Kanzlerin ist nicht viel zimperlicher. Sie spricht ebenso martialisch bei Ausbruch der Krise von der »Lage an der Front«.[29] Erst im Rückblick wird klar, wie beide Staatschefs damit einer bis dahin ungeahnten Machtkonzentration den Boden bereiten, um härter denn je durchregieren zu können.

Kurz nach dem Säbelgerassel der Kanzlerin lässt sie den Deutschen Bundestag ein Gesetz von nationaler Tragweite verabschieden. Es dient angeblich dem »Schutz der Bevölkerung bei einer epidemischen Lage von nationaler Tragweite«.[30]

Dessen verfassungsrechtliche Grundlage allerdings ist rechtlich wackelig. Ein Leitartikler bringt das auf den Punkt: »Im Grundgesetz wurden Lehren aus dem Ermächtigungsgesetz von 1933 gezogen. Sein Name wäre Spahn.«[31] Zwei Merkmale erinnern tatsächlich fatal an die Notstandsgesetze der Zwischenkriegszeit: erstens, dass eine kleine Runde sie hinter verschlossenen Türen entscheidet, und zweitens, dass sie es in kürzester Frist, ohne ausführliche Beratung, durch den Bundestag peitscht. Ein weiterer Umstand lässt renommierte Historiker und Juristen am politischen Instinkt der Regierenden zweifeln: Sie wählen tatsächlich das Datum des 23. März 2020 aus, um sich vom Parlament ermächtigen zu lassen – also fast den Jahrestag, an dem Reichskanzler Hitler 87 Jahre zuvor, am 24. März 1933, das Ermächtigungsgesetz »zur Behebung der Not von Volk und Reich« durchsetzte. Dieses Gesetz übertrug ihm die gesetzgebende Gewalt und stellte den Ausnahmezustand auf Dauer. Danach kehrte die Demokratie nicht mehr zurück. Das Volk war endgültig entmachtet.

Vorteil der Begüterten

Die damalige Lage ist mit der heutigen natürlich keinesfalls gleichzusetzen, aber ein Ausnahmezustand bringt, egal wie er ausfällt, immer Vorteile für die Regierenden und Nachteile für die Regierten.

Bereits 2007 hatte Naomi Klein in ihrem Bestseller *Die Schockdoktrin* davor gewarnt, dass »Eliten oft die Angst und Unsicherheit der Öffentlichkeit ausnutzen, um Veränderungen durchzusetzen, die normalerweise auf heftigen Widerstand stoßen«.[32]

Und der deutsche Machiavelli-Spezialist, Prof. Herfried Münkler, vergleicht kurz nach dem Ermächtigungsgesetz von 2020 die Folgen der Virus-Pandemie mit denjenigen der Pest-Pandemie des 14. Jahrhunderts: »Natürlich waren die Begüterten im Vorteil. Wer konnte, zog ins Landhaus. (...) Für die Obrigkeiten war das durchaus ein positiver Effekt, denn die Angst vor Krankheiten rechtfertigte auf ganz besondere Weise Maßnahmen, um Ordnung und Disziplin durchzusetzen – (...) die frühneuzeitlichen Staaten etablierten sich ...«[33]

Und deutsche Leitartikler sprechen offen von »Demokratie in Not« und fragen ängstlich, warum wir die »als alternativlos präsentierten drakonischen Regeln« der Politiker akzeptieren sollten.[34] Sie haben recht, denn die deutsche Regierung hat tatsächlich Gesetze zur Erlaubnis von Funkzellen-Tracking von Handydaten und zur erneuten Machtausweitung der Exekutive in der Schublade bereit liegen.[35]

Der Historiker Yuval Noah Harari richtet wieder einmal seinen Blick auf die Gesamtlage der Menschheit und befürchtet, dass sie sich entscheiden muss zwischen »totalitärer Überwachung und republikanischer Ermächtigung der Bürger«.[36]

Tatsächlich hebeln die liberalen Regierungen des Westens bereits die Rechte der Arbeitnehmer aus.[37]

Kritiker als psychisch Kranke?

Eine sächsische SPD-Ministerin ordnet gar an, dass Quarantäne-Verweigerer in Psychiatrien weggesperrt werden.[38] Das gibt vielen zu denken und wirft die bange Frage auf: Werden von jetzt an Oppositionelle wieder gern als geistig und psychisch Verwirrte abgeurteilt? So regt sich allerorten Widerstand, wenn auch zunächst anarchisch und spontan: In Italien kommt es wegen ähnlicher Verordnungen zu einer Massenpanik und einem Massenausbruch aus einem Gefängnis mit sechs Todesopfern.[39]

Und in Frankreich flackern neue Protestaktionen auf – für Macron aber nur ein Anlass, erneut überzureagieren: Er schickt nicht weniger als 100 000 Polizisten, teilweise als »pandemische Sturmtruppen« hochgerüstet, auf die Straßen – 20 000 mehr als gegen die »Gelbwesten«-Proteste. Das heizt die Polarisierung zwischen Unten und Oben weiter an: Radikale Webseiten in Frankreich und der französischen Schweiz rufen als Gegenreaktion im April zu einer »Giletjaunisation«, einer »Gelbwestifizierung« des Landes auf wie auch zur Bildung von »Gesundheits-Volksschutz-Brigaden«.[40]

Virokratie im Süden

Zusätzlich droht im Frühjahr 2020 den weniger entwickelten Ländern eine soziale und politische Tragödie.[41] In Indien stößt die Ausgangssperre Millionen Menschen direkt in die Armut. Ebenso stürzen in Lateinamerika zig Millionen Menschen sozial ab, während die Superreichen der Region sich laut einer Studie der Nichtregierungsorganisation *Oxfam* dafür mannigfach bereichern.[42]

Von diesem Trend bleibt Afrika erst einmal verschont. Das ist allerdings kein Beweis dafür, dass es sich bei der Pandemie um die Willkür einer Naturgewalt handelt. Der Grund liegt vielmehr darin, dass der afrikanische Kontinent am wenigsten von allen Kontinenten in die neoliberale Globalisierung eingebunden war und ist.

Je weiter die Krise fortschreitet, umso mehr erweist sich das probate Gegenmittel, die Quarantäne, überall auf der Welt als Strafe für die unteren und mittleren Schichten, aber eher als Privileg für die Bessergestellten: Der Autowäscher in Südafrika, der Schuhputzer in Indien, die Supermarkt-Kassierer und der Leiharbeiter in Europa, das gesamte Dienstleistungsprekariat weltweit schuftet notgedrungen fast mehr als zuvor und das weitgehend ungeschützt. Aber bald darauf sitzen viele von ihnen zwangsweise zu Hause und sehen dabei zu, wie ihr restliches Geld zerrinnt. Ganz zu schweigen davon, dass ärmere Familien und Alleinerziehende überall in kleinen Baracken, Mietskasernen oder Plattenbauwohnungen eng zusammengequetscht leben und ihnen gleichzeitig der Verlust des Geringverdiener-Jobs und anschließend der Wohnung drohen.

Nervennahrung für die Finanzmärkte

Viele Regierungen loben in ihren Reden zwar die fleißigen kleinen Dienstleister, die die Krise bewältigen helfen wie zum Beispiel Pflegepersonal, Erzieher und Krankenschwestern. Aber in ihren Taten und Unterstützungsmaßnahmen übergehen sie sie glatt und bedienen stattdessen die Finanzmärkte als angeblich Hauptgeschädigte und als vermeintlich wichtigste systemrelevante Kräfte. Die Erregungsfabriken der Börsen und die neoliberalen Medien haben erfolgreich die Trommel dafür gerührt: So schaltet das Finanzmilieu im Anschluss an seine »Festivals von Gier und Größenwahn«[43] vor der Krise jetzt geschickt auf Weltuntergangsstimmung um.

In Deutschland bieten der Wirtschafts- und der Finanzminister sofort bereitwillig und diensteifrig eine »Bazooka« mit einer Feuerkraft von 250 Milliarden Euro an. Doch da das offenbar nicht ausreicht, pimpen sie die »Bazooka« bald zu einem »Mega-Finanz-Booster« von 750 Milliarden Euro auf. Damit imitieren die deutschen Politikkader die berühmte Verfahrensweise von Mario Draghi aus dem Finanzcrash 2008, frei nach dem Motto: »What ever it takes«. Die ihnen nahestehenden Medien feiern das ihrerseits lakonisch als angemessene »Nervennahrung für die Märkte und Milliardäre«.[44] Breite Bevölkerungsschichten dagegen gehen leer aus und dazu zählt meist leider auch die gesamte junge Generation samt jungen Familien: Die Politik jedenfalls ignoriert Luftfilter für Schulen ebenso wie die Entwicklung eines Impfstoffs für Jüngere und die seelischen und körperlichen Bedürfnisse von Schülern und Studenten.[45]

Wasserpistole statt Bazooka

Aber es gibt nicht nur eine deutsche »Bazooka«, sondern eine noch größere, amerikanische. Der neue US-Präsident Biden übertrumpft Deutschland mit einer historisch einmaligen Konjunkturspritze von 1,9 Billionen US-Dollar. Diese kann im schlechten Fall einen Börsenkrach oder im besseren eine galoppierende globale Inflation auslösen.[46]

In Deutschland schaffen die groß angekündigten Geldspitzen im hart arbeitenden Mittelstand viel böses Blut, weil die Novemberhilfen im März 2021 bei vielen Betroffenen immer noch nicht ankommen. Nun rutschen ganze Branchen kleiner Selbständiger und Erwerbstätiger wie der Gastrobereich, der Einzelhandel, die Veranstaltungsbranche, das Taxigewerbe oder auch Kunst und Kultur in finanzielle Schieflage, in Bankrott und Hartz IV – und reißen Hunderttausende davon abhängige Jobs mit sich. Vielfach werden die sozial Schwächsten etwa Frauen und Migranten in Teilzeitarbeit am härtesten getroffen. Die Bazooka entpuppt sich damit als Wasserpistole.

Konzerne statt Kellner

Die tatsächlich Systemrelevanten aber bleiben unterbezahlt, erhalten weder vom Staat noch von den Lebensmittelkonzernen mit ihren erklecklichen Krisen-Gewinnspannen ausreichende Gefahrenzulagen oder Schutzmaßnahmen: Es handelt sich um das vernachlässigte Dienstleistungsproletariat, also all die Krankenpfleger, Krankenbettenreiniger, U-Bahnputzer, Wohnungsdesinfektoren, Regaleinräumer, Polizisten, Rettungssanitäter, Pflegekräfte, Pädagogen und Kassierer. Die Gerichte fallen den kleinen und mittleren Unternehmen oftmals zusätzlich in den Rücken und stärken lieber Konzerne. Sie geben zum Beispiel Versicherungs-Konzernen Recht, die Schadensersatzansprüche kleiner Gastro- und Hotelbetriebe[47] trotz Versicherungsschutz abschmettern.[48] Der Allianz-Konzern erhöht wegen Milliardengewinnen seinem CEO lieber das Gehalt.[49] Insgesamt schütten die DAX-Konzerne im Jahr 2020 Dividenden in Höhe von insgesamt 7,5 Milliarden Euro an ihre Aktionäre aus – und kassieren gleichzeitig massive Staatshilfen.[50]

Die Regierung päppelt zusätzlich die Konzerne TUI und Karstadt mit Milliardenspritzen auf, obwohl der eine seinen Hauptsitz in London hat und der andere »in den Händen eines skrupellosen Neureichen«[51] liegt und sich wahrscheinlich zum Zeitpunkt der Beantragung der Gelder bereits in Finanz-Schwierigkeiten befand.[52] Das gilt vielen als Affront gegen »tausend kleine Unternehmer und kleine Firmen, denen Hilfe verweigert wurde«.[53]

3. Globale Migranten verraten verseuchte Volksmassen

»Was den Menschen jetzt blieb, war das nackte Leben«[54]

Giorgio Agamben, italienischer Philosoph, 2020

Im Verlauf der ersten Pandemiewelle stellen sich immer mehr Menschen kritische Fragen nach Gleichheit und Gerechtigkeit. Aber ausgerechnet ein Mitglied der amerikanischen Geldkaste, die Sängerin und Beinahe-Milliardärin Madonna, thematisiert als eine der Ersten diese Forderungen in aller Öffentlichkeit. Sie hat gleich eine Antwort parat: dass nämlich das Virus endlich die Klassenschranken einebne, die in den ersten Jahren des 21. Jahrhunderts so bedauernswert hochgewachsen seien. Dazu postet sie im März 2020 eine Videobotschaft aus New York, zur gleichen Zeit, als die Stadt sich zum Epizentrum des Virus in den USA entwickelt.

Schaumbäder und Salber

Der Weltstar posiert in seiner typisch aufreizenden Marketing-Manier, nämlich nackt, in einer milchgefüllten und mit Rosenblättern bedeckten Badewanne und flötet: »Das Wunderbare (am Virus) ist, dass es uns alle gleichgemacht hat. (…) Es ist der große Gleichmacher. Und was so schrecklich daran ist, ist auch so großartig.«[55] Dem fügt Madonna die verheißungsvolle Vision hinzu: »Wenn das Schiff untergeht, gehen wir alle zusammen unter.«[56]

Kurz nach dem Post erhebt sich ein Shitstorm in den sozialen Netzwerken, einschließlich von Protesten zahlreicher ihrer bisherigen Fans. Viele nehmen es der Prominenten übel, dass sie es in ihrem Apartment in Manhattan eigentlich besser wissen müsste. Denn über ihr und der Upper East Side kreisen unablässig Privatjets am Himmel. Sie fliegen die reichsten New Yorker aus dem Virusgebiet aus und retten sie sozusagen vor den verseuchten Normalmassen. Ihre Ziele sind oftmals die Villen in den beschaulichen Küstenorten der Hamptons. Hubschrauber transportieren ihnen ihre Bestellungen hinterher: Medikamente, Bücher und Computer.

Der existenzialistische Philosoph Giorgio Agamben sendet zur gleichen Zeit ein anderes Diktum in die Welt. Dieses spiegelt eher die

Wirklichkeit der Normalsterblichen wider: »Was den Menschen jetzt blieb, war das nackte Leben ...«[57] Agamben führt als einer der Ersten die Metapher der lange nicht erlebten Katastrophe in die Debatte ein. Er erinnert angesichts der Spur des Todes, die das Virus in Italien hinterlässt, an die große Mailänder Pest, die Alessandro Manzoni in dem literarischen Klassiker »*Die Brautleute*« verarbeitet hat: Dort geraten die Mitmenschen »... nur noch als mögliche Salber, sprich Virusträger, in den Blick, die es zu meiden gilt. Unsere Toten haben kein Anrecht auf eine Beerdigung und es ist nicht klar, was mit dem Leichnam von Menschen geschieht, die uns lieb und teuer sind. Der Mitmensch wurde ausgelöscht.«[58]

Die Mehrheit der Bevölkerung sieht sich in diesen Tagen solchen Risiken ausgesetzt – angefangen von einer immer höheren Ansteckungsgefahr aufgrund des Zwangs weiterzuarbeiten über soziale Isolation durch Quarantäne bis zu psychischen Extrembelastungen im Job oder durch Jobverlust und nicht zuletzt zunehmender häuslicher oder öffentlicher Gewaltausbrüche. Viele US-Amerikaner decken sich deshalb vorsichtshalber mit Waren und Waffen ein.

Unternehmen und Lebensmittel leerkaufen

Die »Onepercenter« suchen dagegen andere Wege der Risikominimierung: Sie verschaffen sich teilweise exklusiven Zugang zu den damals seltenen Corona-Tests. Das führt zu neuer Empörung – spätestens dann, als die US-amerikanischen Schauspieler Tom Hanks, Idris Elba und Kris Jenner öffentlich damit prahlen, dass sie auch ohne Symptome sofort getestet wurden, für den Normalamerikaner allerdings liegt das jenseits aller Möglichkeiten.[59]

Kurz darauf wecken Meldungen böse Erinnerungen an die betrügerischen Immobilienspekulationen vor 2008: Zahlreiche Vermögende und Spekulanten starten erneut genüsslich finanzielle Leerverkäufe, also Börsen-Wetten auf die Krise. Allein der Hedgefonds Bridgewater spekuliert im Zeitraum weniger Tage gegen deutsche Aktiengesellschaften mit einer Summe von mindestens 14 Milliarden Euro.[60] Für manche dieser »Investoren« erscheint ein gesellschaftlicher Kollaps oder ein Staatsbankrott eines Landes somit geradezu ein Glücksfall zu sein.

Andere Gutbetuchte und Privilegierte fallen der erstaunten Öffentlichkeit wiederum durch Leerkäufe völlig anderer Art auf: Sie heimsen systematisch an ihren Zufluchtsorten die Vorräte der heimischen Bevölkerung ein: »In dieser Stadt ist kein Gemüse mehr zu finden. Das haben wir elitären Leuten zu verdanken, die meinen, dass sie über den Regeln stehen«, kommentieren das die Einheimischen.[61]

»Survival of the Richest«

Das Virus zeigt im Verlauf der Krise immer deutlicher seine soziale Spaltwirkung und vertieft die Kluft zwischen Eliten und Massen. Im Großraum Paris kann man das wie in einem Großlaboratorium anhand von Fluchtbewegungen beobachten. Dabei tritt die Gentrifizierung des 21. Jahrhunderts zu Tage.

Die Schönen und Reichen des Planeten haben laut dem »Barnes City Index 2019« die Pariser Metropolregion seit vielen Jahren zum Lieblingsstandort erwählt. Hier siedelt sich die größte Zahl von Menschen mit mehr als 30 Millionen US-Dollar-Vermögen an – eine weit größere Population als etwa diejenige von New York, Hongkong oder London. »Paris ist die Stadt der Reichen geworden, die konsequent die weniger Betuchten außerhalb der Pariser Peripherie verdrängt oder in den Mietsblockzonen geparkt haben, den unsichtbaren Mauern der Gentrifizierung«, analysiert die Soziologin Monique Pinçon-Charlot.[62]

Kurz bevor das Reiseverbot des Präsidenten in Kraft tritt, meldet der Mobilfunkanbieter *Orange* dazu aufschlussreiche Daten: Allein 1,7 Millionen Handynutzer der 17 Millionen Einwohner des Großraums Paris und damit ein Gutteil der risikoscheuen Angehörigen der Oberschicht setzen sich rasch aus der Region ab. Das erkennt *Orange* daran, dass viele dieser Mobilgeräte inzwischen aus paradiesischen Zufluchtszonen funken wie von der Insel Île de Ré, einem Reichendomizil vor der Atlantikküste. Deren Einwohnerzahl ist um 30 Prozent nach oben gesprungen.

Geparkte Menschen begehren auf

Aber die neoliberal orientierten französischen Medien stürzen sich nicht etwa auf diese Fluchtbewegung der reichsten Migranten, sondern sehen skandalöse Zustände bei den Bürgern auf der Schattenseite der Krise: Junge Franzosen aus den berüchtigten Banlieues verstoßen ihrer Meinung nach massiv gegen die Ausgangssperre.

Das liegt aber auch daran, dass sie es einfach nicht mehr mit ihren vielköpfigen Familien in den Mini-Wohnungen aushalten: »Nach einer Woche zu siebt in einer Zweizimmerwohnung wollte ich mal Luft schnappen«, gibt einer von ihnen dem Richter zu Protokoll, der ihn daraufhin verurteilt. Trotzdem geißelt die Zeitung *Parisien* das Verhalten als »disziplinlos«. Bekannt wird auch der Fall der Kassiererin Aicha Issodounène, die am Virus stirbt, nachdem sie sich wahrscheinlich beim Jobben in einem der Supermärkte angesteckt hatte. Dort drängen sich die Menschen, weil die Polizei die billigeren Wochenmärkte schließt und weil die Lieferdienste nicht vom Zentrum aus die armen Vorstädte bedienen. Im Frühjahr 2020 muss der Präfekt des ärmsten kernfranzösischen Départements Seine-Saint-Denis dem Staatspräsidenten melden, dass phasenweise sogar Hunger herrscht – fast wie zu Zeiten der Französischen Revolution.[63]

Die sozialen Chatgruppen der gut situierten Kreise teilen derweilen das Gerücht, dass es hauptsächlich die Kinder aus den Banlieues sind, die das Virus verbreiten.[64]

Luxus- gegen Armenquarantäne

Entsprechend konsequent reagiert die globale Klasse auf diese Warnmeldungen mit immer radikalerem »Social Distancing«. Ein Privatjet-Anbieter in Florida offeriert seiner Klientel im März Flüge für 200 000 Dollar, damit sie die unhygienischen Menschenschlangen am Flughafen von Miami umgeht.[65]

Während die westlichen Regierungen ihre Bevölkerungen kleinlaut darüber aufklären, dass sie nicht einmal über ausreichend Masken für das medizinische Personal verfügen, kursieren in den besseren Kreisen Angebote für Luxusmasken der Marke Judy oder Rettungssets für

»nur« 250 Dollar das Stück.[66] Falls diese Kundengruppe sich Sorgen machen sollten, sich in Davos oder Ischgl oder an anderen Hotspots des Jet Set angesteckt zu haben, stehen ihnen außerdem exklusive Medizin-Dienstleister zur Verfügung: Ribau & Garner etwa präsentiert sich als Luxus-Medizin-Service und wirbt auf seiner Webseite mit medizinischem Personal, das nicht nur kompetent wirkt, sondern zusätzlich attraktiv, als wären es Fotomodelle.[67]

In demselben Zeitraum müssen viele junge Leiharbeiter im Großraum München zwanghaft zwischen ihren Unterkünften in Acht-Bett-Zimmern und der Schichtarbeit pendeln und so wie viele ihrer Kollegen weltweit vermissen sie schmerzlich, dass sie sich nicht mehr in ihren Muckibuden von der Arbeit ablenken können. Gleichzeitig finden sie bei *Instagram* und in anderen sozialen Medien Berichte über Nicole Scherzinger von den »Pussy Cat Dolls«, die völlig relaxed in ihrem privaten Fitnessstudio trainiert[68], oder Reportagen über die High Society, die nunmehr dazu übergeht, nach medizinischem Personal zu fahnden, das gleich mit in ihren Haushalt einzieht.[69]

Mit dem Pharao ins Grab?

Auch ein kalifornischer Personaldienstleister bestätigt: »Plötzlich soll ich auch Yachten mit Personal besorgen.«[70] »Mich erreichen viele Anrufe von Klienten, die nach Ärzten oder Krankenschwestern fragen, die vorübergehend bei ihnen einziehen. Für den Fall, dass sie sich infizieren.«[71]

So wandeln die Bessergestellten das »Modell Seattle« in einen sogenannten »Winner-take-all-Urbanismus«[72] um. Bernard Kruger, Gründer des Luxus-Medizin-Dienstleisters Sollis Health, weiß noch mehr: »Es ist verrückt derzeit. Wer wirklich Geld hat, der richtet sich daheim nun eine eigene Intensivstation ein.«[73]

Die Helfer und Angestellten sollen auf Wunsch ihrer Arbeitgeber nicht mehr morgens mit dem Bus oder der U-Bahn, also möglicherweise »verseucht«, zur Arbeit erscheinen, sondern besser selbst mit in der Isolation verschwinden. Diese Forderung erinnert an die Methode der alten Ägypter, den Reichen ihre Sklaven mit ins Grab zu geben. Gleichzeitig wandelt sie eine Stadt nicht mehr nur in ein Art Hotel um, sondern gleich in den Privatraum der Privilegierten.

Mitte März 2020 lässt Deutschland seine Ost- und Nordseeinseln von Urlaubern räumen. Die Begründung der Behörden: Die Inseln böten keine ausreichende medizinische Versorgung. Erst jetzt wird breiten Bevölkerungsschichten klar, wie perfekt sich Inseln zur Abschottung eignen. Die extremen Globalisierungsgewinner haben das längst für sich umgesetzt. In diesen Kreisen gilt der Besitz einer Insel seit Jahren als Statussymbol der Extraklasse – und sie bereiten sich nicht erst seit dieser Krise systematisch auf solche Rückzugsmöglichkeiten vor, egal, ob es sich um Umwelt- und Naturkatastrophen, Terroranschläge oder Seuchen handelt. Entweder ziehen sie sich im Ernstfall auf eine große »Insel« wie Neuseeland zurück oder kaufen sich eine eigene kleine oder im »schlechteren« Fall eine mobile in Form einer Yacht. Im »Notfall« kann man ein Eiland auch mieten. So kostet »Calivigny-Island« in der Karibik etwa 130 000 Dollar pro Nacht.[74]

Keine wilden Tiere

Ganze Technologieunternehmen aus dem Silicon Valley planen im Übrigen seit längerem einen Umzug nach Neuseeland, das schon seit den Nuller-Jahren als Quasi-Insel und ideales Rückzugsressort gilt. Seit dem 11. September, seit Fukushima und dem Näherrücken der Klimakatastrophe ist das Land zum begehrtesten Zufluchtsort vor allem für betuchte US-amerikanische »Doomsday-Preppers« geworden, also für Leute, die sich systematisch auf Apokalypsen vorbereiten.[75]

Und das alles für den Fall, dass es weltweit ungemütlich wird: »Hier herrschen dagegen andere Bedingungen vor: guter Wein, mildes Klima, keine wilden Tiere und keine Zusammenrottungen zürnender Bevölkerung – ein Paradies«,[76] meint der Gründer von PayPal und reiche Investor Peter Thiel. Er hat sich schon vor Jahren ein Luxusresort in diesem Land gesichert, einschließlich eines Panikraums, in den er sich bei Gefahr wegschließt, um Hilfe von außen zu ordern.

Auch im menschenleeren Neuseeland steigt die Wut der Einheimischen auf die Reichen, weil diese ihre Heimat als Zufluchtsstätte und zum Bunkerbau nutzen – das sind ähnliche Klagen wie diejenigen von der New Yorker Küste, aus den Hamptons, insbesondere aus Marthas Vineyard, dem Wochenendwohnsitz der Obamas und Kennedys. Dort protestieren die »Ureinwohner« über weiterhin leergeräumte Regale in den Supermärkten.[77]

Die Krise entlarvt somit Schritt für Schritt, welche Personenkreise gleicher sind als andere. Die Literatur-Nobelpreisträgerin Olga Tokarczuk resümiert Ende März 2020 erschüttert, »wie sehr wir einander nicht gleich sind. Die einen unter uns werden in ihrem Privatflugzeug in ihr Haus auf der Insel fliegen, (…) wieder andere werden bei der Arbeit in Läden und Krankenhäusern ihre Gesundheit aufs Spiel setzen. (…) Die einen werden an der Epidemie verdienen, die anderen ihre Ersparnisse verlieren.«[78]

4. »Sie dürfen Dein Essen nicht riechen«

> »Innerhalb dieser Mauern regierten der Frohsinn und die Sicherheit und Sorglosigkeit. Draußen aber triumphierte der Rote Tod.« [79]
>
> *Edgar Allan Poe, Schriftsteller, 1842*

Für das »*petit peuple*«, das einfache Volk, ist schon die Finanzkrise von 2008 ein Lehrstück. Die Machteliten retten damals die Geldeliten und ihre Großbanken und sozialisieren deren Schulden auf Kosten der kleinen Leute, die auf sich selbst gestellt weiterleben müssen. Ihr Argwohn steigt entsprechend an. Bestimmte Internet-Foren erhalten von da an zusätzlichen Zulauf: Chatrooms und Blogs für Leute, die sich massive Sorgen über die Zukunft machen – und die auch darauf vorbereitet sein wollen. Besonders Amerikaner, aber auch viele Europäer tummeln sich seit 2008 dort und tauschen sich darüber aus, wie man im Ernstfall sein nacktes Leben rettet.

Und während seit Corona die höher gebildeten Kreise Deutschlands *Die Pest* von Camus als Bettlektüre bevorzugen, stürzt sich die breitere Leserschaft auf den Kriminalroman *Berlin Prepper*. Der Autor Johannes Groschupf trifft in der Tat einen Nerv. Wieso? Zu Zeiten, als er noch als Journalist arbeitete, konfrontierte ihn ein Berufskollege immer wieder mit der panischen Stimmung einfacher Menschen. Groschupf schildert das so: »Ich spürte täglich das Untergrundbeben des digitalen Volkszorns und erlebte dazu diesen Mann.« Irgendwann verband der Journalist beides zum Szenario seines Romans.[80]

Lieber verbunkern statt plündern

In den USA hat die Prepperbewegung Wurzeln, die bis zu den Zeiten des amerikanischen Bürgerkriegs in der Mitte des 19. Jahrhunderts zurückreichen. Damals übten sich Südstaatler in »Worst-Case-Szenarien« und vergruben Kisten voller Lebensmittel an geheimen Orten.

Im 21. Jahrhundert greifen US-amerikanische Mainstream-Medien diese Tradition auf breiter Front auf. So startet etwa der *National Geographic*-Sender im Jahr 2012 eine Realityshow mit dem Titel »Doomsday Preppers«. Die Show zeigt, wie sich Mitbürger auf ultimative Katastrophen vorbereiten. Die Sendung gewinnt rasch bis zu vier Millionen Anhänger. Angespornt davon gibt *National Geographic* eine Umfrage in Auftrag. Deren Ergebnis spricht für sich: »Rund 40 Prozent aller US-Amerikaner zeigen sich überzeugt davon, dass es sinnvoller ist, Vorräte anzulegen oder Bunker zu bauen, als in die Rentenversicherung zu investieren.«[81]

Seit der Corona-Krise explodieren die Prepper-Zahlen sowohl in den USA wie in Europa. Neue Video-Serien wie die britische Science-Fiction-Serie »Years and Years« und ältere Ratgeberliteratur für den Überlebenskampf erweisen sich als Renner. Letztere preist unter anderem folgende Überlebenstipps an: »Deck Dich mit Lebensmitteln in der Vorratskammer ein und lege zusätzlich einen Vorrat in Deinem Auto an, einschließlich Wasserkanistern, Vitaminvorräten und Kernseife; beschaffe Dir Messer und Stöcke gegen Einbrecher oder Plünderer, falls du keine Schusswaffen erwerben darfst; pack Deinen Fluchtrucksack und trage Dein ›Überlebenskitt‹ bei Dir; falls Du einen Schrebergarten hast, baue ihn aus, ansonsten sammle die Anleitungen, wie Du selbst Seife herstellen kannst, einen Angelhaken bastelst und Dich davor schützt, dass im Falle einer Massenpanik andere dein Essen riechen.«[82]

Das soll auf die Zeit vorbereiten, »wenn die Plünderer durch die Straßen ziehen«.[83]

Im Netz findet der vorsichtige und verängstigte Otto Normalverbraucher selbstverständlich auch Programme, die ihm psychische Stärkung verleihen. Besonders ängstliche Zeitgenossen können sich online fortbilden und Zertifikate erwerben: vom Prepper-Azubi über den Gesellen bis zum Meister.[84]

Sozialdarwinisten auf der Seidenstraße der Seuche

Der Einschlag von Covid-19 in unsere Wirklichkeit beweist, dass die Szenarien jedoch völlig anders ablaufen, als die besten und teuersten Prepper-Programme das simulieren. Die Corona-Krise entwickelt bis heute ihr eigenes Drehbuch. Sie macht die Krisen-Modelle und Ratschläge der Normalbürger zur Makulatur. Der Einzelne ist überall auf der Welt staatlicher Willkür, Grenzschließungen und Ausgangssperren ausgeliefert. Nicht nur China greift rigide durch und zwingt Millionen Bürger in eine harte und unerbittliche Quarantäne. Auch Deutschland und viele andere europäische Staaten sperren ihre Bürger über immer längere Zeiträume weg.

Keine kleinen Fluchten für kleine Leute

Damit werden die Fluchtpläne des Normalbürgers, falls er überhaupt welche besitzt, rasch obsolet: weil er seine kleine Wohnung nicht mehr verlassen darf und nahezu bei jedem Schritt auf der Straße von der Polizei kontrolliert wird. Den Menschen bieten sich nicht einmal kleine Fluchten an – da sie nämlich weder eine Datscha auf dem Land noch ein Hausboot besitzen, auf dem sie sich verkriechen könnten. Und bevor Normalsterbliche die Landesgrenzen erreichen, haben die Regierenden diese längst dichtgemacht. In Deutschland riegelt die Polizei Ende März 2020 sogar erstmals die Grenzen von Bundesländern ab. Und nicht nur in Deutschland kommt es zu nächtlichen Ausgangssperren, wie das zuletzt Diktaturen praktizierten.

Prepper-Plattformen für Normalos empfehlen zwar schlau, sich im Ernstfall mit dem eigenen Auto abzusetzen und dieses als Material- und Waffenlager jederzeit in Reichweite zu halten,[85] aber was nutzt der Schrebergarten oder das Auto, wenn die Regierenden 80 Millionen Deutsche an eine 15 Kilometer kurze »Corona-Leine« legen?

Gewinne der Leistungslosen

Zurück zu den Nicht-Normalsterblichen, den Bessergestellten und Kastenangehörigen. Teile der Wirtschafts- und Geldeliten erleiden zunächst unbestreitbar Verluste: Konzerne und Aktiengesellschaften rutschen an den Börsen ab. Aber die Aktienmärkte erholen sich weltweit rascher als erwartet, während die Arbeitsmärkte stetig abschmieren. Ende April 2020 aber legt die Wallstreet bereits in einer Aufholjagd wieder 15 Prozent zu.[86] Sowohl im April als auch im Mai senden die »Bullen« starke Signale: Der Dax schießt zunächst fast zehn Prozent nach oben und im Folgemonat um weitere 6,7 Prozent – ähnlich wie andere globale Aktienindizes. Parallel verbuchen die Arbeitslosenzahlen neue Rekorde von 16 Prozent der Bevölkerung oder 26 Millionen Menschen allein in den USA.[87]

Wie erklärt sich dieser Widerspruch? Für den Bloomberg-Finanzexperten John Authers ist Corona typisch für den Hyper Kapitalismus des 21. Jahrhunderts.[88] Die Börsen orientieren sich weniger oder überhaupt nicht mehr an der Gesellschaft und der Realwirtschaft, sondern an den Finanzoptionen. Die Finanzmärkte legen eine sogenannte V-Erholung hin – ein steiler Aufstieg nach steilem Absturz, ein Kunststück, das der Realwirtschaft, also tatsächlichen Unternehmen mit echten Menschen, nicht gelingen kann.

Plattform- und Pharmakonzerne

Allerdings boomen clevere Teile der Realwirtschaft sogar dank Corona. An erster Stelle sind es die Plattformkonzerne aus dem Silicon-Valley, an zweiter Stelle die Pharmakonzerne. Erstere entpuppen sich schon im Laufe des April 2020 als die größten Krisengewinner aller Zeiten – auf Kosten des lokalen Einzelhandels und der kleinen Erwerbstätigen in zahlreichen Ländern. Amazon und Co. dezimierte sie schon vor der Krise, jetzt fräst sich dieser Gigant immer größere Marktanteile aus der gemeinsamen Torte heraus. Der Streamer *Netflix* sammelt gleichzeitig Filmliebhaber aus aller Welt als Kunden ein, die dem Kino die Treue gehalten hatten. All diese exponentiellen Wachstumsgewinne verlaufen fast proportional zu den globalen Infektionskurven.[89]

5. Pandemie-Spiele für Plutokraten

»Die Prepper-Milliardäre (…) beugen sich einfach dem herrschenden
Ethos des digitalen Zeitalters, das besagt, man solle sich seine
persönliche Wirklichkeit so gründlich durchgestalten, dass jede
existenzielle Bedrohung aus ihrer Gleichung verschwindet.«[90]

Janis Brühl, Journalist, 2020

Bei genauer Betrachtung fällt die gesellschaftspolitische Bilanz der
Corona-Krise im Herbst 2020 ähnlich aus wie diejenige des größten
Finanzcrashs seit dem Zweiten Weltkrieg, desjenigen von 2008/09:
Damals waren bestinformierte Kreise der Wallstreet und der globalen
Investoren und Spekulanten darauf vorbereitet beziehungsweise re-
agierten blitzschnell und sicherten sich so teilweise tollste Gewinne –
während sonstige Unternehmen und Anleger als Verlierer nach Hause
gingen. Und genau das macht erneut den entscheidenden Unterschied
aus zwischen dem allerobersten Prozent der Gesellschaft – und den
restlichen 99 Prozent. Die Geldeliten schützen sich nicht nur perfekt,
den cleversten und potentesten unter ihnen gelingt es sogar, Vorteile
aus Katastrophen zu ziehen.

Künstlicher »schwarzer Schwan«

Bereits 2008 sammelten einige von ihnen traumhafte Profite mit Hilfe
des sogenannten schwarzen Schwans – damals in Gestalt des Immo-
bilien-Crashs. Für die wenigen Bestinformierten galt auch Covid-19
als »schwarzer Schwan«, den sie auf dem Radar hatten. Was bedeutet
ein solches Phänomen?

Ein Kenner und ausgebuffter Krisenprofiteur ist Nassim Nicholas
Taleb, ein Ex-Hedgefondsmanager, heute Wissenschaftler, Philosoph
und Publizist. Er hatte bereits die Finanzkrise treffend vorausgesagt.[91]
Er warnt seine Fans und Luxus-Netzwerke schon im Januar 2020,
dass die globale ökonomische Verflechtung ein Allzeithoch erreicht
habe. Als Covid-19 in China auftaucht, stellt Talib sofort klar, dass die
Seuche demnach kein schwarzer Schwan, sondern eine Folge der
überzogenen globalen wirtschaftlichen Verflechtung ist. Das hat
»zwangsläufig die Gefahr für Pandemien dramatisch erhöht. Das wie-

derum mache den Mangel an Vorsorge unentschuldbar«, lautet seine treffende Conclusio.[92]

Insgesamt verfügt die Geldelite über überlegene Frühwarnsysteme und vor allem über materielle Reserven, die sie retten – also die nötigen Millionen- und Milliardenpuffer, um weiter mitzuspielen. Der Armutsforscher Christoph Butterwegge sagt voraus, dass der »obere Teil der Mittelschicht und die Oberschicht am Ende die Krisengewinner« sein werden.[93]

Ein Jahr nach dieser Prognose bekommt Butterwegge recht. Die Untätigkeit der Politik lässt die Zahl der Erkrankten Rekord um Rekord brechen: Die Bevölkerung ist der dritten Seuchenwelle ziemlich schutzlos ausgeliefert. Gleichzeitig melden die Börsen: »Die Kurse brechen Rekord um Rekord – am Aktienmarkt herrscht Euphorie.«[94] Ähnlich performen die Immobilienmärkte ungebrochen auch im 2. Krisenjahr weiter: »Die Nachfrage nach Luxus-Immobilien ist trotz der Pandemie geradezu stürmisch.«[95] Je länger das Virus wütet, umso mehr setzen die Krisengewinner Sozialdarwinismus statt Solidarität frei. Die Armenhäuser sacken gegenüber den Wohlstands- und Reichtumszonen der Welt immer stärker ab.

»Event 201«

Jeder Durchschnittsamerikaner erhält eine einmalige Unterstützung von 1 200 US-Dollar. Aber den 43 000 Millionären erstattet der Staat Steuern in Höhe von insgesamt 70 Milliarden US-Dollar. Errechnet man hier den Durchschnitt, dann sind das 1,7 Millionen Dollar im Unterschied zu 1 200 US-Dollar pro Person. Im Zeitraum seit 1990 hat sich das Vermögen der »Onepercenter« um nicht weniger als 1 130 Prozent vermehrt – der Median des US-Vermögens aber nur um 5,3 Prozent.[96]

Die Bill-und-Melinda-Gates-Stiftung veranstaltet Mitte Oktober 2018 ein Pandemie-Planspiel mit dem Namen »Event 201«. Es simulierte in exklusiver Runde einen Epidemie-Ausbruch in Südamerika. Das Ergebnis des virtuellen Stresstests sind 65 Millionen Tote, aber auch jede Menge Erkenntnisse für die ausgewählten Gäste und Investoren, wie sie sich im Notfall zu schützen haben.[97]

Das Beispiel zeigt einen gravierenden Unterschied zwischen Normal-Preppern und den »Upperclass-Survivalists« des 21. Jahrhunderts auf. Erstere sind auf die Nachbarschaftshilfe oder auf Hilfeleistungen ihrer Regierungen angewiesen. Letztere verfügen teilweise sogar über mehr Einflussmöglichkeiten und Ressourcen als manches kleine oder mittlere Staatswesen. Diese privilegierten Schichten sind immer weniger bereit, in der Krise noch Beiträge für eine irgendwie definierte Gemeinschaft zu leisten. Ihnen ist das neoliberale Thatcher-Diktum lieber, nachdem es keine Gesellschaft gebe, sondern nur Individuen. (27.5.21)

Auf der Grundlage dieser Ideologie schwören sie den Werten der liberalen Eliten der Nachkriegszeit immer stärker ab: dem Gemeinwohl, dem Rechtsstaat, universalen Werte wie Bürgerrechten und damit insgesamt der Verantwortung für die Nation oder die Menschheit als Ganzes. In den 90er-Jahren löst bereits ein neuer Elitentyp den alten ab. Die Entfesselung der Finanzmärkte und die Globalisierung haben inzwischen weit skrupellosere Kasten herangezüchtet. Sie sind auf das Primat der Profitmaximierung statt auf dasjenige der Politik und Ethik abgerichtet.

Gleichzeitig pflegen sie ein tiefes Misstrauen gegenüber der Unberechenbarkeit der Bevölkerung, gefolgt von Symptomen eines »Rette sich wer kann«. So outet sich der Direktor der Investmentfirma Mayfield Fund, Tim Chang: »Ein Bürgerkrieg oder ein riesiges Erdbeben, das Kalifornien unbewohnbar macht – darauf wollen wir vorbereitet sein.«[98]

6. Die Maginot-Linie der Mächtigen: Neue deutsche Schutzbunker?

> »Dieselbe Firma plant auch eine Schutzunterkunft
> in Deutschland für bis zu 1 000 Personen«[99]
> *Aussage der Baufirma Vivos, 2020*

Der Top-Manager García Martínez hat die neuen Kasten in seiner Silicon-Valley-Analyse, dem Bestseller *Chaos Monkeys*,[100] bereits lange vor der Corona-Krise charakterisiert. Er selbst verkörpert den typischen Vertreter dieser neuen, auf Gewinnmaximierung und Risikovermeidung gepolten Avantgarde. Noch im US-amerikanischen Präsidentschaftswahlkampf 2020 erwirbt er eine Insel im Nordwestpazifik.

Dort installiert er für den Fall der Fälle Generatoren, Solarpanelen und massenhaft Munition. Er handelt wie so viele ultraliberale Reiche, die mit Sorge den Niedergang der Wirtschaftsmacht USA beobachten. »Wenn eine Gesellschaft ihren Gründungsmythos verliert, endet alles im Chaos«, begründet er, warum er sich persönlich einen Zufluchtsort gesucht hat, der weit entfernt von Städten, aber nicht vollkommen abgelegen platziert ist.

Plan B der Prominenten

Er rechnet fest mit sozialen Aufständen und Gewaltaktionen der Bevölkerung gegen die Mächtigen, schüttelt aber den Kopf über die Naivität seiner begüterten Freunde: »All diese Typen denken, man könnte als Einzelner gegen den wütenden Mob bestehen (…). Nein, man braucht auf jeden Fall eine Art lokale Miliz. Insgesamt braucht man sehr viel, um die Apokalypse zu überstehen.«

Martínez ist nicht allein mit seinen Entscheidungen. Er repräsentiert eine ganze Bewegung unter Wohlhabenden. Inzwischen tauscht er sich mit vielen von ihnen aus. Sie alle eint eine pessimistische Lageanalyse, große Ängste und teilweise Anwandlungen von Paranoia – auch eine Folge ihrer gesellschaftlichen Isolation. Sie verlieren immer mehr den Kontakt zur Normalbevölkerung und stricken folgerichtig immer fanatischer an Feindbildern.

Die Tendenz zur perfekten Abschottung bestätigt die historische Beobachtung, dass sich Eliten kaum jemals perfekter vor der Normalbevölkerung abgeschirmt und aufwändiger vor ihr geschützt haben als heute. Gleichzeitig setzen diese Eliten die Mehrheit der Menschheit immer höheren sozialen, wirtschaftlichen und ökologischen Risiken aus und halten sich gleichzeitig möglichst viele Alternativpläne offen.

Reiche im Raketensilo

Die US-amerikanische Topklasse verlässt sich im Übrigen schon lange nicht mehr auf ihre Regierung – wenn sie doch gleichzeitig in 175 Fuß unter der Erdoberfläche in einem luxusrenovierten Air-Force-Raketensilo im Nirgendwo von Kansas, in einem sogenannten »survival condo«, untertauchen kann. Eine solche »Immobilie« bietet Komfort mit allem Schnickschnack: Kino, Hundepark, Felsenklettern, Riesenpool, Spa, einer Aquakultur zur Aufzucht von Hummern und zusätzlich noch Ex-Green Berets und Ex-Navy-Seals als Sicherheitspersonal. Ein Standard-Luxusapartment kostet schon vor Corona an die drei Millionen US-Dollar, anspruchsvollere dieser Art locker acht Millionen.[101] Der Projekt-Entwickler Larry Hall versichert, dass die meterdicken Betonmauern sowohl gegen Nuklearschläge wie gegen Corona-Viren schützen.[102]

Eine Konkurrenzfirma mit Namen Vivos bietet angesichts der Pandemie noch größere Anlagen: In einem Schutzareal für nicht weniger als 5 000 Personen hat sie bereits mehrere Familien in South Dakota untergebracht. Auch dieses Schutzareal liegt auf ehemals militärischem Sperrgebiet von einer Fläche von drei Viertel der Größe von Manhattan. Solche Luxusbunker entstehen nicht etwa nur im paranoiden Amerika. Dieselbe Firma plant auch eine »Schutzunterkunft in Deutschland für bis zu 1 000 Personen«.[103]

Der Vorstandsvorsitzende des Unternehmens Reddit, Steve Huffman, bestätigt: »Technologie hat uns geholfen, Risiken besser zu erkennen. Aber wir sind dadurch auch panischer geworden. Technologie erleichtert es uns, der Verführung nachzugeben, uns aus allem zurückzuziehen, statt das anzugehen, was uns Angst macht.«[104] Tatsächlich gelingt es dieser globalen Geldelite, Geschäftsmodelle mit Millionen- und Milliardengewinnen zu entwickeln, zum Beispiel durch Algorithmen für Datenauswertungen oder durch Hochfrequenzrechner. Diese Technologien sind in der Lage, Chancen ebenso wie Risiken aus gesellschaftlichen, technologischen oder politischen Trends herauszufiltern. Und die neue Elite lebt davon, diese Prognosen für profitable Geschäftsoptionen zu nutzen oder sie rechtzeitig in ihre Geldanlagen einzupreisen und Risiken zu vermeiden. So bestätigt der Gründer der Job-Plattform LinkedIn, Reid Hoffman, dass seiner Schätzung nach über 50 Prozent der Silicon-Valley-Milliardäre über eine Art Apokalypse-Vorsorge verfügen, sei es als Schutzraum, Bunker oder als Fluchtweg nach Übersee.[105]

Zusammengefasst heißt das: Das »Silicon-Valley« hat praktisch eine Plutokraten-Klasse von Super-Preppern ausgebildet. Sie sind darauf ausgerichtet, aus jeder noch so kleinen technologischen Neuerung oder Revolution oder jedem börsenrelevanten Trend Profit zu schlagen. Sie ist permanent damit beschäftigt, Katastrophen oder Glücksfälle früher als alle anderen zu orten und für sich auszuschlachten – oder diese sogar selbst gezielt auszulösen. Viele von ihnen sind Investoren oder Besitzer eines Vermögensfonds oder Anteilseigner eines Digitalkonzerns. In diesem Sinn sind sie hyperspezialisiert.

Sie bezeichnen nicht ohne Grund einen »schwarzen Schwan« oder eine Katastrophe inzwischen liebevoll als »Event«. Für die Mehrheit der Menschen, besonders in ärmeren Zonen, mag sich das Corona-Virus wie atomarer Fall-out auswirken, Privilegierte aber ziehen oft ihre »Grande Fortune« daraus, wie die Franzosen ein großes Vermögen nennen. Sie basteln somit, ob sie es wollen oder nicht, an einem neuen, leicht entzündlichen Treibsatz von sozialer Spaltung und Sozialneid weltweit.

Ein Event dieser Art im chinesischen Jahr der Ratte 2020 hätte auch eine ökologische Katastrophe sein können oder ein Atomschlag. Es war aber eine Seuche. Damit schlug die Stunde derjenigen, die es gewohnt sind, unter den Bedingungen des Ernstfalls zu denken und zu handeln – oder die solche Ernstfälle und ihre Folgen bereits durchgerechnet haben. Der Bericht der offiziellen US-Kommission zum Finanzcrash 2008 findet die treffenden Worte für diejenigen, die in die sprichwörtliche »Hall of Shame«, in die Halle der Schande und der Krisengewinner, eingehen, zum Beispiel die Verantwortlichen von Goldman Sachs. Es sei so, »als kauft man eine Feuerversicherung für das Haus eines anderen und begeht dann Brandstiftung«.[106]

Die »Brandstiftung« bedeutet in Corona-Zeiten Folgendes: Nach dem Absturz der Märkte durch Covid-19 melden ostentativ einige der reichsten Persönlichkeiten und Konzerne der Welt Milliardenverluste an und fordern im selben Atemzug Unterstützung durch den Staat. Dabei ist klar, dass es sich nur um theoretische Verluste handelt. Denn dieselben Akteure starten gleichzeitig Aktien-Rückkaufprogramme ihrer eigenen Unternehmen in Milliardenhöhe oder investierten in Leerverkäufe. So zocken sie auf hohem Niveau mit Steuergeldern.

7. Spionagekrieg um Schutzkleidung

> »Biden sorgt für Impfstoff-Knappheit, weil amerikanische Firmen Grundstoffe nicht exportieren dürfen, die deutsche Unternehmen benötigen.«[107]
>
> *Ingmar Hoerr, Gründer des deutschen Covid-Impfstoffentwicklers CureVac, 2021*

Kein Wunder, dass es 2020 zu Friktionen zwischen eigentlich eng verbündeten Staaten des Westens um Krisen-Hilfsgüter und Impfpatente kommt – gesteuert von Geheimdiensten, die bisher miteinander kooperiert haben.[108] Das weckt ungute Erinnerungen an die letzte große Pandemie, die Schweinegrippe, bei der reiche Länder den Impfstoff auf Kosten anderer Staaten bunkerten.[109]

Jetzt kommt es zu noch groteskeren Vorfällen: Amerikanische Dienste forschen im März 2020 europäische Wissenschaftler aus und finden heraus, dass ein deutsches Labor ein Anti-Corona-Serum entwickelt. Daraufhin lädt Trump den Besitzer des Instituts nach Washington ein und kündigt ihm an, die USA wollten sein Institut aufkaufen. Das sickert an die Öffentlichkeit durch und löst entsprechende Empörung in Deutschland aus. Denn Trump besteht selbstverständlich darauf, dass das neue Serum ausschließlich für Amerikaner reserviert wird. Das Institut lehnt schließlich sein Angebot ab.

Pharma-Piraterie

Wenige Tage später verschärft sich in Deutschland die Krise um Schutzkleidung und Masken für medizinisches Personal. Viele Kliniken besitzen schon seit Mitte Februar 2020 durch das lange Zögern der deutschen Regierung nicht einmal mehr Schutzmasken für die Intensivstationen, ähnlich wie es auch Kliniken in anderen westlichen Nationen ergeht. Amerikanische Dienste versuchen daraufhin Schutzausrüstung aus Deutschland illegal in die USA zu schmuggeln. Deutsche Sicherheitskreise bestätigen: »Es geht um mehrere LKW-Ladungen, die illegal exportiert werden sollten«,[110] – und die der deutsche Zoll beschlagnahmt.

Wenige Tage später forscht der US-Geheimdienst eine wichtige Schutzmaterial-Bestellung der Berliner Behörden aus, leitet diese um und sie kommen nie in Berlin an. Der dortige Innensenator prangert das Ganze als »moderne Piraterie« an. Frankreich und Kanada erheben ähnliche Vorwürfe gegen die USA.[111]

Es kommt noch dreister: US-Präsident Trump persönlich bietet dem Tübinger Unternehmen CureVac eine Milliarde US-Dollar an, um sich Impfstoff »ausschließlich für die USA zu sichern«.[112] Der Philosoph Slavoj Žižek kommentiert das sarkastisch: »Hier liegt ein beispielhafter Fall des Kampfs zwischen Privatisierung/Barbarei und Kollektivismus/Zivilisation vor.«

Dagegen prahlt Gesundheitsminister Spahn: Das sei »vom Tisch«. Die deutsche Firma CureVac werde den deutschen Impfstoff »für die ganze Welt entwickeln, nicht für einzelne Staaten«.[113] Davon ist aber wenige Monate später, in der Impfstoff-Mangelwirtschaft, keine Rede mehr.

Blicken wir kurz zurück: Zu Beginn der Krise hatten sich die meisten Menschen um ihre Regierungen geschart und deren Krisenmanagement gutgeheißen. In Phase II, ab etwa Ende März 2020, fürchteten bereits viele Bürger um ihre Existenz aufgrund der verordneten Kontaktsperren und Lockdowns. Anfang April 2020 setzen die Unternehmen allein in Deutschland geschätzt fünf Millionen Menschen auf Kurzarbeit, die amerikanischen schicken innerhalb einer Woche zehn Millionen in die Arbeitslosigkeit.

8. Marsianische Fieberphantasien

>»Diese Leute haben in ihrem Leben sehr viel Glück gehabt, sie haben
einen exklusiven Lebensstil, aber eigentlich wollen sie von der Welt
enttäuscht sein und sich zurückziehen. Peter Thiel glaubt, dass alles
von mimetischem Begehren durchzogen ist. Wie alle, die Ayn Rand
toll finden, muss auch er annehmen, dass der Mob dabei ist, die
Kontrolle zu übernehmen. (…) Dieser Rückzug ins Ich, in die
Enttäuschung, in die eigene Gesundheit, in den eigenen Körper ist
doch eine Art Mini-Utopismus. Ein Utopismus auf der allerkleinsten
Sparflamme, bei dem es eigentlich nur um das eigene Ich geht. Der
Rest der Welt wird ausgeblendet und eliminiert. Es ist ein Gestus der
Enttäuschung.« [114]

>*Adrian Daub, Professor für Literaturwissenschaften
in Stanford, Silicon Valley, 2012*

Der Börsencrash 2008 hat die oberste Finanzkaste offenbar von letzten Skrupeln befreit. Sie scheut in der Corona-Krise weniger denn je, auf den Misserfolg der 99 Prozent Risikoträger zu spekulieren. So werden frühere Drohszenarien eines neuen Klassenkampfs oder sogar Bürgerkriegs zwischen Oben und Unten wieder denkbar.

Die Zeitschrift *Newsweek* prognostizierte schon 2015 einen künftigen stellaren Klassenkampf. Demnach würden die Reichen und Schlauen nicht nur ihre Standorte und Länder bei der geringsten Gefahr verlassen, sondern möglichst sogar den eigenen Planeten, um die primitive und hilflose Plebs im Chaos zurückzulassen. Der britische *Guardian* fragte in diesem Sinne polemisch, ob die Megareichen nicht nur deswegen unbedingt Raumschiffe haben wollten, um dem Planeten Erde entfliehen zu können, den sie selbst zerstören.[115] Das klingt nach marsianischen Fieberfantasien. Aber die Vorstellung ist nicht völlig abwegig.

Die Beta-Version der Menschheit

Tatsächlich hat Elon Musk diese Idee zu einem seiner Investmentprojekte der Zukunft erhoben: Er will den Planeten nicht nur als zivilisatorischen Zufluchtsort betrachtet wissen, sondern sieht voraus, dass

»wir ein großes Ausmaß an unternehmerischen Ressourcen benötigen«. Damit soll das System, das die Erde in den ökologischen Kollaps
treibt, seiner Vorstellung nach auf dem Mars in einer Beta-Version
nachgebaut werden.[116]

Anfang 2020 werden die Fieberfantasien erneut angeregt: Die US-
Bürger beginnen, sich in der Corona Krise vor allem mit Waffen ein-
zudecken. Ihre Oberschichten deuten das als Warnhinweis an ihre
eigene Adresse: Der Sozialneid und Hass auf die »reichen Migranten«, die sich in luxuriöse Quarantäne zurückziehen, könnten sich
irgendwann gewaltsam Bahn brechen. So mutmaßen jedenfalls viele
von ihnen. Und sie leiten entsprechende Vorsichtsmaßnahmen ein.
Damit setzt in gewisser Weise eine Art Wettrüsten gegen den unteren
Teil der Gesellschaft ein.[117]

Im März 2021, als die Bevölkerung weiter verzweifelt, aber trotzdem in den dritten Shutdown geschickt wird, kommt eine gute Botschaft für die Wohlhabenden über den Äther: »Elon Musk und Jeff
Bezos locken Anleger zu den Sternen. Die Weltraumwirtschaft verheißt ein neues Internet, spektakuläre neue Reiseziele, gar neuen
Lebensraum.«[118] Und im Kleingedruckten wird auch eine frohe Botschaft für reiche Deutsche nachgeschoben: »Auch deutsche Börsen-
werte könnten von den abenteuerlichen Visionen profitieren.«

Neuer Lebensraum im Orbit?

Noch im Jahr 2015 hatte der Science-Fiction-Autor Kim Stanley Ro-
binson gewarnt: »Die Vorstellung, dass wir woanders hingehen kön-
nen, wenn wir die Erde ruiniert haben, ist schlicht falsch.«[119] Aber die
Milliardäre der 2020er-Jahre wissen es jetzt besser. Bezos plant zum
Beispiel »tonnenförmige Weltraum-Habitate, in denen bis zu einer
Million Menschen leben können sollen«. Bezos hatte nämlich bei dem
Physiker studiert, der sie entwickelt hat. Sie »würden wunderschön«,
glaubt der Amazon-Gründer, »die Leute werden dort leben wollen«.[120]

Und alle drei, einschließlich Bill Gates, setzen konsequent auf totales Wachstum, wenn die Corona-Seuche vorbei ist: »Weder Gates
noch Musk oder Bezos kommt in den Sinn, dass die globalen Wirt-
schaftsstrukturen, die sie selbst so reich gemacht haben (…), Teil des
Problems sein könnten.«[121]

Sie rütteln auf keinen Fall am Dogma des fortgesetzten exponentiellen Wachstums, aber sie investieren vorsichtshalber in Ausweichmöglichkeiten wie zum Beispiel in das Leben außerhalb der Erde. Dies wird allerdings nur für einen winzigen Teil der Population des Homo sapiens realisierbar sein.

Exkurs III: Verfolgungswahn im »Green Room« der Milliardäre

> »Für sie geht es bei der Zukunft der Technologie
> tatsächlich nur um eines: flüchten.«[1]
>
> *Douglas Rushkoff, amerikanischer Technologie-Scout, 2016*

Ein genialer Whistleblower hat die wahren Absichten von ein paar Angehörigen der neuen Geldkasten kurz vor den 20er-Jahren erfolgreich enttarnt. Die Milliardäre hatten sich ihm gegenüber allzu leichtfertig geoutet und plauderten dabei ihre geheime »Vision des Verrats« aus. Es handelt sich um fünf Angehörige genau jener Superklasse, auf die Elon Musk mit seinen Ideen abzielt. Ihre Zukunftspläne für das Leben auf der Erde vermitteln konkrete Einblicke in ihr Denken und Handeln.

Fünf Milliardäre und ein Whistleblower

Alle genannten fünf Männer sind Besitzer milliardenschwerer Fonds oder Handelsplattformen und sie laden im Jahr 2018 Professor Douglas Rushkoff von der New York University an einen ihm unbekannten Ort in der Nähe ein. Rushkoff gehört zu den führenden intellektuellen Köpfen der USA. Er ist zugleich ein kritischer Wegbegleiter des Silicon-Valley-Kapitalismus.[2] Die Einladung bietet diesem neugierigen Geist überraschend Gelegenheit, in die Gedankenwelt der seltenen und scheuen Spezies der Superklasse einzudringen und diese zu dokumentieren. Er wandelt sich nach diesem Treffen zum Whistleblower und liefert bemerkenswerte Eindrücke der Geldkaste des 21. Jahrhunderts.

Blockchain oder Bunkerbau?

Als er die Einladung erhält, rechnet er zuerst naiv damit, vor etwa hundert geladenen Investoren sprechen zu müssen, wie üblich. Schließlich ist er einer der gefragtesten Technologie-Scouts der USA. Er geht davon aus, dass die Gäste von ihm wissen wollen, welche Technologien er als besonders zukunftsträchtig einschätzt und für renditeträchtige Investments empfiehlt: Also Blockchain, 3D-printing, CRISPR oder andere?

Als er an dem ihm unbekannten Ort eintrifft, verkabelt ihn das Personal jedoch nicht und führt ihn nicht, wie erwartet, zu einem Vortragspult auf die Bühne, damit er dort seine Zukunftseinschätzungen abgibt. Er landet auch nicht in einem abgeschirmten »War-Room«, einem abhörsicheren Raum, in dem Investoren ihre geheimen Spekulationen oder Verhandlungen durchführen. Stattdessen bringen sie ihn in einen kleinen »Green Room«, wie er normalerweise für Vorbesprechungen hinter Vortragsbühnen benutzt wird.

Rushkoff denkt zuerst, er soll sich dort vorbereiten. Plötzlich aber betreten fünf Männer den Raum und stellen sich ihm als milliardenschwere Investoren und Unternehmer vor. Diese fünf sind sein eigentliches Publikum, wie er rasch feststellt. Alles andere haben sie ihm vorgespiegelt, um ihn herbeizulocken. Und der Green Room, in dem sie sitzen, erweist sich in Wirklichkeit als abgeschotteter Besprechungsraum. Die fünf Männer outen sich als Hedgefonds-Milliardäre: Sie bezahlen ihm viel Geld dafür, wenn er ihnen brennend wichtige Fragen beantwortet, auf die sie bedauerlicherweise keine Antwort wissen.

Zuerst versuchen sie ihn durch harmlose Scheinfragen zu täuschen: Etherium oder Bitcoin, welcher Währung gehört die Zukunft? Lohnt sich Quantum-Computing? Und welche Weltregion wird die kommende Klimakrise weniger zu spüren bekommen: Neuseeland oder Alaska? So fragen sie scheinheilig. Rushkoff merkt rasch, dass sie sich mit diesen Pseudofragen erst langsam zu dem vorarbeiten, worauf es ihnen ankommt.

Er beginnt, kritische Gegenfragen zu stellen. Der Besitzer einer Handelsplattform für Wertpapiere antwortet ihm schließlich, dass er gerade an etwas ganz Anderem arbeite, nämlich am Bau eines eigenen unterirdischen Bunkersystems.

»Aber wie erhalte ich nach dem ›Ereignis‹ meine Autorität gegenüber meinen Sicherheitskräften aufrecht?«, fragt der Milliardär ratlos weiter.[3]

Klimakrise und andere Kollapse

Rushkoff wird in diesem Moment und durch die anschließende Diskussion klar, dass der Begriff »Ereignis« oder »Event« als eine Art Codewort dient: als Synonym für eine kommende Katastrophe. Interessanterweise nennen sie schon damals als Beispiele einen »Mister Robot-Hack, der alles zusammenbrechen lassen würde …«. Des Weiteren erwähnen sie einen ökologischen Kollaps, soziale Unruhen, eine Atomexplosion, daneben interessanterweise aber auch ein unbekanntes und unaufhaltsames Virus.[4]

Also wie sich des Menschenmobs erwehren? Diese einzige Frage beschäftigt die Milliardäre für den Rest der Zeit. Und sie geben freimütig zu, dass sie bereits bewaffnete Wachtrupps eingeplant haben, damit ihnen diese im Zweifelsfall eine wütende Menschenmenge vom Hals halten. Wie aber, fragen sie ihn weiter, sollen sie die Leibgarde bezahlen, wenn das Geld wertlos wird? Und wie werden sie die Wachen daran hindern, einen eigenen Anführer zu wählen?

Elektronische Halsbänder für Bodyguards

Die Milliardäre rücken letztendlich sogar mit konkreten eigenen Ideen heraus: Zum Beispiel denken sie über spezielle Zahlenschlösser für ihre Nahrungsmittelvorräte nach. Und sie überlegen, ihren Wachen disziplinarische Halsbänder anzulegen, um sich im Zweifelsfall vor ihnen zu schützen oder ob vielleicht Roboter als Wachen und zugleich als Arbeiter dienen können, falls die Technik bis dahin so weit ist.

Rushkoff ist inzwischen klargeworden, wie stark sich dieser Zirkel von Superreichen von den technologischen Träumen einer anderen Avantgarde inspirieren lässt: etwa von Elon Musks Vision, den Mars zu bevölkern, vom Traum des Milliardärs Peter Thiel, den Alterungsprozess umzukehren, oder von dem erklärten Ziel des Forscherteams

Sam Altman und Ray Kurzweil, die ihren eigenen Verstand in einem Supercomputer speichern wollen.

Doch der eigentliche Schock besteht für Rushkoff in der Botschaft dahinter: Die fünf geben zu erkennen, dass sie prinzipiell nur an Lösungen der Zukunft interessiert sind, die nicht etwa die Welt verbessern oder retten. Nein, sie wollen, wie Rushkoff es bezeichnet, die »conditio humana an sich transzendieren (…) und sich abschotten von den sehr realen und gegenwärtigen Gefahren des Klimawandels, dem steigenden Meeresspiegel, Massenmigration, weltweiten Pandemien, nativistischer Panik und Ressourcenerschöpfung. Für sie besteht die Zukunft der Technologie allein in der Flucht.« Diese Investoren-Titanen wollen nicht mehr in Technologien investieren, um der Menschheit einen gemeinsamen Erfolg zu sichern, sondern frönen einem extremen Zynismus und Egoismus.

Professor Rushkoff reist überstürzt ab und fasst sein vernichtendes Urteil in einem Artikel zusammen, mit dem er die Öffentlichkeit über diese oberste Klasse aufklärt: »Trotz ihres ganzen Reichtums, trotz ihrer ganzen Macht glauben sie nicht, dass sie die Zukunft beeinflussen können. Sie gehen einfach vom dunkelsten Szenario aus und setzen dann so viel Geld und Technik wie möglich ein, um sich abzuschotten – vor allem, wenn sie keinen Platz mehr auf einer Rakete zum Mars ergattern können.« Sein Erlebnis publiziert Rushkoff in einem Artikel und outet damit das unbedachte Geständnis der Milliardäre und stellt ihre wahren Absichten der Öffentlichkeit zur Verfügung.

Rushkoffs Bericht bestätigt: Die obersten Gesellschaftsschichten fürchten Krisenszenarien wie »einen Bürgerkrieg oder ein riesiges Erdbeben …« und bereiten sich systematisch darauf vor, selbst zu überleben.

VI. Hobbits, Hooligans, Vulkanier: Der Heilige Krieg zwischen Kaste und Masse

1. Die soziale Schattenpandemie

> »Arroganz und Ächtung von oben (…) der klassistische Blick
> der anderen, der auch deshalb so verheerend ist,
> weil dieser Akt der Verachtung maßgeblich dazu beiträgt,
> dass die Armen oft in ihrer Armut verharren.« [1]
>
> *McGarvey, amerikanischer Rapper, 2021*

Mit Covid-19 ist das von den fünf New Yorker Milliardären einkalkulierte apokalyptische »Event« tatsächlich eingetreten. Sie haben also nicht falschgelegen mit ihren Planungen – und wahrscheinlich beobachten sie die Krise momentan minutiös und setzen gleichzeitig einige ihrer abstrusen Pläne weiter in die Tat um: zum Beispiel ihre Verteidigungsfähigkeit gegenüber den Normalbürgern. So werden sie sich mit noch größeren und effizienteren Waffensystemen eindecken, als sie das noch 2018 vorhatten.

Tracking von Mitbürgern

Inzwischen wissen wir, dass diese Kreise bedauerlicherweise Zugang zu Waffen- und Spionage-Technologien haben, die eigentlich nur Staaten vorbehalten sein sollten. So deckte die *New York Times* mitten in der Corona-Krise auf, dass milliardenschwere Investoren bereits eine App zum privaten Gebrauch einsetzen, die ansonsten nur US-amerikanischen Geheimdiensten zur Verfügung steht. Mit dieser App sind die Investoren in der Lage, biometrische Daten anderer Mitbürger zu tracken. Sie verwenden sie bereits zu eigenen Zwecken oder auch »zum privaten Vergnügen«.[2]

Zeichnet sich so ein neuer Technologie- und Rüstungswettlauf zwischen Arm und Reich ab? Das wird die Öffentlichkeit auch in Zukunft nicht unbedingt erfahren – außer über wenige mutige Whistleblower wie Professor Rushkoff.

Aber wird es tatsächlich zu einem Crash zwischen einer paranoiden und gewalttätigen Oberschicht und verzweifelten und gewaltbereiten Massen kommen?

Wenden wir uns dazu der dramatischen Entwicklung zu, wie sie sich zwischen den gesellschaftlichen Klassen in den letzten Jahrzehnten zuspitzt: Diese zeigt auf, dass zum Beispiel seit Beginn der 90er-Jahre weltweit eine neue Dienstleistungsgesellschaft entstanden ist. Die deutschen Regierungen unter den Kanzlern Schröder und Merkel bauen diese im europäischen Vergleich besonders drastisch aus: Die Hartz IV-Gesetze sorgen dafür und bald ist ein Drittel aller Jobs in der EU prekär. Indirekt verstopfen die höheren Kasten damit den sozialen Aufstieg nach oben. Die Konkurrenz unter den blockierten Mittel- und Unterschichten nimmt dagegen seitdem an Härte und Brutalität zu.

Kasten treiben Keil

Die Kasten treiben einen neuen Keil in die Mitte der Gesellschaft: Ein Teil der Mittelklasse kann sich nicht halten und steigt ab oder sieht sich von Abstieg bedroht, die Unterklasse wird vollends marginalisiert. Nur ein sehr kleiner Teil der oberen Mittelschicht steigt auf.

Diese neue Mittelklasse orientiert sich streng an der Oberschicht und grenzt sich nach unten scharf ab. Was kennzeichnet sie? Sie rekrutiert sich aus der neuen Akademikerklasse und definiert sich gesellschaftlich als Avantgarde. Nach ihrem Selbstverständnis will sie progressiv sein, erweist sich jedoch nach dem Urteil französischer Wissenschaftler als neuartige Spießerklasse mit dem Fokus auf Eigennutz und Minderwertigkeitskomplexen, die sie mit einer angeblich überlegenen Moral übertüncht.

Reckwitz weist darauf hin, dass parallel zu dieser neuen, tonangebenden Aufsteigerklasse jedoch weiterhin die sogenannte alte Mittelklasse existiert. Sie besteht mehr oder weniger aus Menschen mit mittlerer Bildung. Angehörige dieser Klasse sind zumeist in kleinstädtisch-ländlichen Regionen verwurzelt und dem Habitus nach eher traditionell eingestellt.[3]

Der Wirtschaftsexperte Michael Sauga beobachtet schon seit Jahren den Abstieg dieser alten Mittelklasse: »Die breite Mittelschicht der Arbeitnehmer, die einst das besondere Augenmerk der politischen Parteien (…) genoss, wird bewusst benachteiligt – und zum Hauptfinanzier der (…) Regierungsreformen gemacht. (… Darum) grassieren unter den Beschäftigten Abstiegssorgen und Zukunftsängste.«[4]

Rolltreppe nach unten

Andreas Reckwitz bestätigt, dass seine Wissenschaft, die Soziologie, diese Schicht seit vielen Jahren vernachlässigt. Die Soziologie verleugne leider ganz allgemein die Existenz von Klassen und Klassenunterschieden. An ihre Stelle hätten seine Kollegen »viele bunte Milieus (gesetzt), die nebeneinander existieren«.

Doch der blinde Fleck der Wissenschaftler prägt die ganze Gesellschaft. Diese kann die soziale Wirklichkeit nicht richtig wahrnehmen, nur verzerrt. So hält sich zum Beispiel hartnäckig die typisch deutsche Lebenslüge von der harmonischen und einheitlichen Mittelschichtgesellschaft, die kaum Klassenunterschiede kenne.

In Deutschland hat das verzerrte Bild von Mittelschicht und Unterschicht zusätzlich historische Ursachen: Noch immer hängen den Deutschen Begriffe aus dem Dritten Reich wie »Volksgemeinschaft« oder aus den 50er-Jahren wie »nivellierte Mittelstandsgesellschaft« nach. In den Jahrzehnten der Teilung wollten die Westdeutschen nichts von einer Klassengesellschaft hören, weil das angeblich »den Marxisten und Sozialisten Munition gegeben« hätte.[5]

Die Lebenslüge der Deutschen gaukelt so vor, es gebe ein großes *Wir*, zu dem sogar die Oberschicht zähle. Ein Spitzenpolitiker wie Friedrich Merz kann deshalb freimütig behaupten, er gehöre zur oberen Mittelschicht – was sich als Farce entlarvt, weil Merz einige Jahre Aufsichtsratsvorsitzender und Top-Lobbyist für den größten Vermögensverwalter der Welt, BlackRock, in Deutschland war und über zwei Flugzeuge und sonstige ausgefallene Privilegien verfügt.[6]

In Wirklichkeit existiert aber seit Jahrzehnten nicht nur eine Klassenstruktur, sondern sogar ein Rolltreppen-System: Wie in einem Kaufhaus fährt die Rolltreppe für die oberen 40 Prozent nach oben, für den Rest nach unten – oder »sie müssen gegen die Rolltreppe nach oben laufen«.[7]

Diese Vernebelung der wahren Verhältnisse spielt den oberen Kasten in die Hände – besonders nach Ausbruch der Seuche. Die krass benachteiligten Klassen haben schlechte Karten, auf ihre Lage aufmerksam zu machen.

2. Klassenkampf von oben

> »Fast niemand in dieser Menge sprach Englisch.
> Sie beäugten sich gegenseitig, wie misstrauische Tiere, die schon oft
> geschlagen worden sind. Aus ihrer Masse stieg der Geruch
> verpisster Hosenböden auf, wie im Krankenhaus. Wenn sie mit
> einem redeten, vermied man ihren Atem, denn innen
> riecht der Arme schon nach Tod.«[8]
>
> *Louis-Ferdinand Céline, Schriftsteller und Armenarzt, 1932*

Die Krise kann immerhin helfen, die eigene Klassenlage zu erkennen. Nachtwey kommt allerdings zu dem Ergebnis: »Auf staatlicher Seite weiß (...) man viel zu wenig über die Sozialstruktur der Infektionen. Schließlich müsste man dann ja zugeben, dass Deutschland eine Klassengesellschaft ist. (...) Es wird permanent versucht, jegliches Klassenbewusstsein aus dem öffentlichen Bewusstsein herauszuhalten (...).«[9]

Ischgl oder Eitergeschwüre?

Nachtwey hat recht, weil die Öffentlichkeit erst im Frühsommer 2021 davon erfährt, dass zum Beispiel in einer Großstadt wie Köln das Virus durch die wohlhabenden Ischgl-Rückkehrer eingeschleppt wird, danach aber umso heftiger in den sozial schlechteren Stadtgebieten explodiert.[10]

Plötzlich wird vielen Bürgern klar, dass die arbeitende Bevölkerung nicht nur materiell und nun auch seuchentechnisch schlechter gestellt ist, sondern dass die führenden Kasten sie seit langem in ihrer »kulturellen und symbolischen Bedeutung« abwerten.[11] Die Kasten schauen auf die unteren Klassen nicht nur herunter, weil ihre Mitglieder weniger verdienen, sondern – wie die Soziologen überzeugend herausarbeiten – weil sie in »Habitus, Geschmack und kulturellem Lebensstil« abweichen.[12]

Ein glänzendes Beispiel für den Versuch der neuen öko-sozialen Spießerklasse, die arbeitende Bevölkerung als solche abzustempeln, liefert der Journalist Gerhard Matzig, indem er seine offensichtlich hemmungslose Abscheu vor der schwer schuftenden alten Mittelschicht öffentlich kundtut: Deren Angehörige würden mit ihren hart erarbeiteten Reihenhäuschen die Landschaft »ökologisch frevelhaft zersiedeln«, sodass sich ihre Siedlungen »wie Eitergeschwüre breiig in den Naturraum ergießen. Immer nach Feierabend zeigen einem die von den Kugelgrill-Gerätschaften in den Dimensionen kleinerer Kraftwerke befeuerten und nach angesengten Brandleichen riechenden Rauchschwaden an, wo das deutsche Herz zwischen Jägerzaun, Buddhafigur, Schweinenackensteak in Bier-Marinade, Kinderhüpfburg und Mährobotergarage schlägt.«[13]

Noch blutrünstiger und moralisch abfälliger äußert sich der »Haus- und Hof-Denker der herrschenden Klasse Deutschlands Peter Sloterdijk« in seinen Tagebüchern. Er schildert dort einen »Wein-Abend« in der Residenz von J. B. bei Leipzig mit Neo Rauch, Rosa Loy und einigen anderen mehr oder weniger prominenten Freunden des Hausherrn: dazu scharfe Geschütze, wie die These, wenn man »wieder« (!) echte Eliten wolle, komme man um die Erschießung der Mittelmäßigen nicht herum. Eine gewisse Herrenabendstimmung ist nicht zu leugnen.[14]

Proleten als Parasiten

Sahra Wagenknecht hat in ihrem neuen Buch *Die Selbstgerechten* dargelegt, dass die moralische Klasse oftmals mit den Lifestyle-Linken der urbanen Milieus übereinstimmt.

Nicht nur ethnischer Rassismus, sondern auch sozialer belastet zunehmend das gesellschaftliche Klima. Aufklärung kann solche gesellschaftlichen Entartungen stoppen. Darum ist eine Aufklärung über die tatsächliche heutige Klassengesellschaft so wichtig. Reckwitz fordert deshalb eine Unterscheidung, »zwischen neuer Mittelklasse, alter Mittelklasse und neuer Unterklasse als den drei großen Formationen (…). Hinzu kommt die winzige Oberklasse.«[15]

Corona-geschleifte Gesellschaftsschichten

Die Pandemie öffnet immer mehr Bürgern die Augen für die wahren Verhältnisse, nämlich die »Lohn- und Arbeitsverhältnisse der nun als ›systemrelevant‹ markierten Kassierer, Erntehelfer oder Schlachthausmitarbeiter«.[16] Zusätzlich aber drückt die Regierung mit ihrer Lockdown Politik ganze Branchen der mittleren und unteren Klassen ins existenzielle Aus. Die Regierung müsste entsprechend der Verfassung nachweisen, dass sie alle zum Infektionsgeschehen beitragen. Dieser Pflicht entzieht sich die Politikkaste und schiebt den Geschädigten die Beweispflicht zu, als ob der Bürger den Gegenbeweis erbringen muss, warum man ihm Grundrechte entzieht oder nicht entzieht.[17]

Radikalisierung durch Missachtung und Moral

Die deutsche Politikkaste legt jedoch eindeutige Ignoranz gegenüber diesen Betroffenen und Betrogenen an den Tag. Kein Wunder, dass viele dieser geschädigten Schichten durch die Krise politisiert werden. Die tonangebende Moralelite verurteilt jedoch schon die ersten Protestdemonstrationen gegen die Corona-Politik und duldet keine Kritik bzw. stellt Bürger, die ihre Bedenken und Sorgen äußern, allzu eifrig als verirrte Köpfe oder gar als rechtslastig hin. Sie drückt damit viele eigentlich unpolitische Zeitgenossen ins Abseits politisch radikaler Positionen. Manche tragen das Schimpfwort »Covidiot« inzwischen stolz vor sich her und haben den Eindruck, Kritik nicht mehr ungestraft äußern zu können. Ähnlich ergeht es den wenigen Angehörigen der politischen Klasse, die so mutig sind, immer wieder schwere Geschütze gegen die offizielle Corona-Politik aufzufahren.

Einer von ihnen ist der »grüne« Tübinger Oberbürgermeister Boris Palmer. Er hat sogar ein konstruktives Gegenmodell zur Politik der Bundesregierung entwickelt: das Tübinger Modell, das trotz Freiheiten für die Bürger der Stadt niedrige Inzidenzen garantiert. Seine Partei Die Grünen beweist mit ihrem Parteiausschlussverfahren gegen ihn, dass sie von einer Partei der Vielfalt zu einer »Partei der Einfalt« geworden ist.[18]

Die Künstlerin Daniela Dröscher stellt darum die Frage, was geschehen würde, wenn die mittlere und die untere Klasse sich gemeinsam politisch organisieren würden: »Für die Oberklasse würde dies bedeuten: Verdienstobergrenzen, Vermögens- und Erbschaftssteuern, für die Armutsklasse schlicht das Ende der Armut.«

Wie aber sieht es mit der konkreten Kartographie der Klassen in Deutschland aus, die laut Reckwitz bisher nicht beantwortet ist? Wenden wir uns dazu kurz den Problemzonen der Unter- und Mittelschicht in Deutschland zu.

Die Peripherie des »petit peuple«

Eine neue Studie zeichnet für viele Gegenden »ein düsteres Bild: (…) 19 der 96 Regionen (Deutschlands) drohen demnach in eine Abwärtsspirale zu geraten«.[19] Der Ökonom Jens Südekum sieht zwar in deutschen Regionen noch nicht dieselbe politische Dramatik wie im US-amerikanischen Rostgürtel oder in französischen Peripherien heraufziehen. Aber er warnt davor, dass die Digitalisierung die wirtschaftlichen Unterschiede in Deutschland verstärken werde. Neue Arbeitsplätze im IT-Bereich würden vor allem im Umkreis der Metropolen entstehen. In den Produktionshallen der Mittelständler auf dem Land dürften dagegen künftig viele Roboter die Arbeit der normalen Lohn- und Gehaltsempfänger ersetzen. Das aber entwerte nicht nur das Land weiter im Vergleich zur Stadt, »sondern führt zu sozialen Spannungen«.[20]

Im Ergebnis gerät das deutsche Modell einer dezentral geprägten Wirtschaft zunehmend unter Druck. Hinzu kommen andere Faktoren, die ökonomisch stark selektieren. Die Wohnungsmärkte in Berlin, München, Hamburg werden inzwischen für Normalverdiener vor allem der jungen Generation fast unbezahlbar.

Die Studie bestätigt genau das Drohszenario des bereits erwähnten »Modells Seattle« für Deutschland: Die Metropolen schotten sich wie Wagenburgen mit ihrer kosmopolitischen Klientel materiell, mental und moralisch von der deutschen Peripherie und ihren Menschen ab. Sie werden zu »Gated Cities« neuer Art.

3. Hass auf Hobbits und Hooligans

> »Soll eine Idee nicht ebenso gut wie ein Gesetz der Physik vernichten dürfen, was sich ihr widersetzt? [...] Der Weltgeist bedient sich in der geistigen Sphäre unserer Arme ebenso, wie er in der physischen Vulkane oder Wasserfluten gebraucht. Was liegt daran, wenn sie nun an einer Seuche oder an der Revolution sterben? Das Gelangen zu den einfachsten [...] Grundsätzen hat Millionen das Leben gekostet, die auf dem Weg starben. Ist es nicht einfach, dass zu einer Zeit, wo der Gang der Geschichte rascher ist, auch mehr Menschen außer Atem geraten?«[21]
>
> *Der Revolutionär Saint Just in seiner berühmten Rechtfertigung des Terrors in Georg Büchners Drama »Dantons Tod«, 1835*

Was aber bedeutet nicht nur wirtschaftliche und materielle Auszehrung, sondern auch kulturelle und moralische Abwertung von oben?

»Bei Armut«, so konstatiert etwa der Rapper und Schriftsteller Darren McGarvey, »geht es nicht nur um Arbeitslosigkeit und fehlende Lebenschancen, sondern auch darum, keinen Raum für Fehler zu haben und in permanentem Stress sowie emotionaler Unsicherheit zu leben.«[22]

Kostümpartys der oberen Klasse

Gemäß McGarvey sorgt der Klassismus – ähnlich wie Rassismus oder Sexismus – dafür, dass Menschen aufgrund von Vorurteilen und diskriminierenden Zuschreibungen bei Bewerbungsgesprächen, Wohnungsbesichtigungen oder im privaten Networking früher aussortiert werden. Oder dass sie überhaupt keine jener Chancen erhalten, die die liberale Leistungsgesellschaft eigentlich jedem und jeder verspricht.[23]

Der Rapper nennt ein aktuelles Beispiel aus England für diese Klassenverachtung: Er schildert »die auf TikTok und Instagram populäre ›Chav-Check‹-Challenge: Dabei kleideten und schminkten sich vor allem Frauen, die erkennbar aus der oberen Schicht stammten, wie ›Chavs‹, das englische Wort für »Prolls«, was für viele Likes und Lacher sorgte. Diese digitale Kostümparty war so erfolgreich, dass es später sogar einen eigenen *Chav*-Filter gab, durch den man sich mit einem Klick ein grelles, vermeintlich unterschichtentypisches Make-up verpassen konnte.[24]

Der Journalist Baron legt die Attitüden an Beispielen linksliberaler Besserwisser in seinem Buch dar: *Proleten, Pöbel, Parasiten – Warum die Linken die Arbeiter verachten*. Dort beschreibt er, wie ein Kollege sich »als Rassenhygieniker« inszeniert: »Fressen ist so etwas wie das innere Exil der Armen inmitten der Globalisierung. Vielleicht wäre es angezeigt, statt Hartz-IV-Beratern Fitnesstrainer zu bezahlen?«[25]

Neoliberaler Kreuzzug gegen die Demokratie

Solche Klassenverachtung wird von oben geschürt. Ein besonders skandalöses Beispiel ist der Washingtoner Politologe der renommierten und einflussreichen Georgetown-Universität in Washington, Jason Brennan. Er lehrt dort unter anderem Strategie und Staatswissenschaften und legte noch vor der Corona-Krise ein Standardwerk vor. Darin bringt er unverblümt nichts anderes als die neoliberale Abscheu gegenüber dem normalen Bürger zum Ausdruck. Er redet und schreibt Klartext. Insofern ist sein Buch *Gegen Demokratie* ein Offenbarungseid der Denkweise der neoliberalen Kasten. Es erklärt auch, warum ihnen inzwischen von unten derartiger Hass entgegenschlägt. Brennans Hintergedanken verrät schon der Untertitel: »Warum wir die Politik nicht den Unvernünftigen überlassen dürfen.«[26] Und so macht er gut durchdachte Vorschläge, wie die Kasten den Citoyens ihre schärfste Waffe endlich entreißen können: das demokratische Wahlrecht.

Brennan legt auf über 400 Seiten dar, dass er seinen Meister Hayek immer noch gut versteht: Zum ersten setzt Brennan seine eigene Klasse von den angeblich tumben Typen des Volkes ab. Er bezeichnet seinesgleichen vornehm als »Vulkanier« und beschreibt sie folgendermaßen: »Sie besitzen Selbstkenntnis und hegen nur Überzeugungen, die sie belegen können.« Dagegen sei die politische Teilhabe der Demokratie »geeignet, (…) zu korrumpieren und dümmer zu machen«. Brennan versucht ernsthaft, empirisch nachzuweisen, wie politisch dumm das Volk, also der Souverän, tatsächlich sei.

Er führt dazu neue diskriminierende Begriffe in das politische Denken ein: »Ich habe gezeigt, dass die meisten Bürger der Demokratie Hobbits und Hooligans sind.« [27]

Er definiert diese beiden Spezies – ähnlich wie offenbar der typische *Homo neoliberalensis* die unterentwickelte Rasse des Ratten- oder Krebsmenschen betrachten würde: »Hobbits sind im Wesentlichen apathisch und besitzen kaum politische Kenntnisse. Sie haben keine klare und feste Meinung (…) und oft haben sie überhaupt keine Meinung. (…) In den Vereinigten Staaten ist der typische Hobbit ein Nicht-Wähler.« Und Hooligans? Brennan beschreibt sie abfällig so: »Hooligans (…) haben klare und im Wesentlichen unveränderliche politische Ansichten. Sie können Argumente vorbringen (…), aber sie können keine alternativen Standpunkte erklären. (…) Die meisten regelmäßigen Wähler, politischen Aktivisten, (…) Parteimitglieder (…) sind Hooligans.« Er fasst seine Erkenntnisse damit zusammen, dass die meisten Bürger entweder Hobbits oder Hooligans seien oder einem Mischtypus angehören würden.

Brennan kommt jetzt zum Höhepunkt seiner Argumentation: »Wie ich erklärt habe, habe ich daher gute Gründe, sie zu hassen und als meine Feinde zu betrachten.« Was Brennan hier ausbreitet – und zwar ohne dass er damit einen Shitstorm ausgelöst hätte –, ist nichts anderes als eine Kriegserklärung der Gebildeten und Distinguierten, der Reichen und Einflussreichen, der Moralisten und sozialen Rassisten an das angeblich primitive Plebs. Denn er bezeichnet die Normalbürger nicht nur als politische Gegner, sondern dezidiert als »Feinde«. Feinden aber sollte man mit Gewalt entgegentreten, um sie zu vernichten. Bahnt sich hierzu vielleicht ein neuer Heiliger Krieg an? Zumindest streut der Renommierprofessor einer Eliteuniversität damit die Saat aus, die Hass und Gegengewalt provoziert.

Er kommt zu weiteren drastischen Schlussfolgerungen, die Demokraten die Sprache verschlagen: So fordert er schließlich, dass die seiner Meinung nach unqualifizierte Mehrheit vom Wahlrecht ausgeschlossen wird.[28] »Informierte Eliten« sollen stattdessen allein die Macht übernehmen.[29] Und er zögert nicht, ohne Scham einen der Vordenker von Liberalismus und Sozialdarwinismus, Herbert Spencer, zu zitieren: »Ein Sklave ist nicht weniger Sklave, weil er alle paar Jahre einen neuen Herrn aussuchen kann.«

Die abstrusen Meinungen von Brennan und Spencer zeigen die Übereinstimmung zwischen Liberalen auf der einen Seite und Sozialdarwinisten auf der anderen. Spencer prägte im 19. Jahrhundert den Begriff *Survival of the Fittest*, indem er die Darwinschen Gesetze auf die menschliche Gesellschaft übertrug. Darum kam er zum Beispiel zu der rassistischen Schlussfolgerung, dass Indiens »Eurasier« eine »Degeneration« verkörpern. Ehen zwischen verschiedenen Ethnien sollten »entschiedenst verboten« werden.

Brennan erweist sich mit seinen Aussagen als calvinistischer Rassist. Er verklärt offensichtlich Vorläufer des Antisemitismus und bestätigt aktuell, warum Liberalismus und Kolonialismus einschließlich der systematischen Sklaverei historisch so eng miteinander verbunden sind.[30] Er liefert den Geld- und Politikkasten die wissenschaftliche Begründung für einen Klassenkampf von oben und für eine Destabilisierung und Zerschlagung der Demokratie.

4. Paria- und Parallelgesellschaften

> »Die Mittel- und Arbeiterschichten der alt-industrialisierten Welt sind die Verlierer der globalen Modernisierung, sie müssen dabei zusehen, wie sie gegenüber drei Gruppen an Boden verlieren: gegenüber den kosmopolitischen Eliten, den hochqualifizierten Globalisierungsgewinnern und gegenüber den Mittelklassen der aufstrebenden Kapitalismen.«[31]
>
> *Oliver Nachtwey, Soziologe, 2019*

Wenden wir uns deshalb nun den aus Brennans Sicht deutschen »Hobbits und Hooligans« genauer zu. Damit sind die marginalisierten Unter- und Mittelschichten und weitere große Gesellschaftsgruppen in Deutschland gemeint, die sich teilweise überschneiden, sich teilweise aber auch scharf gegeneinander abgrenzen – nicht zuletzt deswegen, weil sie von oben unter Druck gesetzt und geächtet werden.

Mächtige spielen Marginalisierte aus

Hier sollen nur beispielhaft ein paar dieser Gruppen skizziert werden – besonders aber diejenigen, die noch dazu zu den am schwersten geschädigten Opfern der Corona-Krise geworden sind: die Familien, zu denen viele Alleinerziehende, insbesondere Frauen, Kinder und junge Menschen zählen, außerdem die Ostdeutschen, die Deutschen mit Migrationshintergrund und die nicht-akademischen Schichten.

Die Corona-Politik der Regierenden marginalisiert diese Minderheiten in besonders extremer Form, wie ein aktueller Datenreport belegt: »Die sozial schwachen Schichten sollten aktuell prioritär geschützt werden. Neue Zahlen belegen, dass das Armuts- und Verschuldungsrisiko in der Krise dramatisch steigt und vor allem Frauen, einfache Berufe und Menschen mit Migrationshintergrund trifft. Viele davon sind an- oder ungelernte Arbeiter oder einfache Angestellte.«[32]

Die Minderheitenforscherin Naika Foroutan und die Journalistin Jana Hensel stellen grundsätzlich fest: »Mehrheitsgesellschaften profitieren, wenn sie marginalisierte Gruppen gegeneinander ausspielen.«[33] Und weiter: Es seien »strategische Machtinteressen« im Spiel, wenn Minderheiten stigmatisiert werden.[34]

Mehrere dieser großen Minderheitsgruppen bilden zusammengenommen zwar längst eine Mehrheit, wenn auch eine rein theoretische, die sich aber bisher nicht organisiert. Darum haben sie auch keine Lobby. Sie sind allesamt zersplittert und gesellschaftlich und politisch unterrepräsentiert. Sie sind alle Bürger der Republik, aber in dieser unterbelichtet vertreten. Winzige Minderheiten wie Wirtschafts- und Industrielobbys dagegen setzen ihre Interessen geschickt und effizient durch.

Betrachten wir die Lage von ein paar dieser Gruppen unter den aktuellen Krisenbedingungen.

5. Die einheimischen Fremden

> »Die neuen Solidaritäten der kleinen Leute und ihr Souveränismus
> interessiert niemanden (…) Man war fest überzeugt, dass der
> Klassenkampf begraben ist, jetzt kehrt er mächtig zurück.«[35]
>
> *Christophe Guilluy, französischer Sozialgeograph und*
> *Autor von Der Niedergang der französischen Upper class, 2016*

»Von den unter 18-Jährigen mit Migrationshintergrund sind 79 Prozent in Deutschland geboren. Davon haben 87 Prozent die deutsche Staatsangehörigkeit«, stellt Foroutan fest und ergänzt: »Das heißt: Fast alle Jugendlichen, die wir auf der Straße sehen und die aussehen als Migranten, sind Deutsche.«[36]

Fremde Fremde und eigene Fremde

Indem Foroutan und Hensel das gemeinsame Schicksal von Fremden in Deutschland herausarbeiten, kommen sie zu einem interessanten Vergleich: Die westdeutsche Mehrheit hat die Ostdeutschen mit der Wiedervereinigung zu Fremden gemacht und sie stigmatisiert, um auf sie als Mehrheit herabsehen zu können. Dasselbe haben die Deutschen mit den Migranten getan.

Beide Gruppen stellen interessanterweise heute ähnlich große Bevölkerungsteile. 21 Millionen Menschen mit Migrationshintergrund machen ungefähr ein Viertel der Bevölkerung aus. Und in den Neuen Bundesländern leben etwa 12,5 Millionen Menschen.[37]

Dennoch ist zum Beispiel das Deutsche Zentrum für Integrations- und Migrationsforschung der Hochschule Zittau/Görlitz und der Universität Leipzig noch vor der Corona-Krise zu dem Ergebnis gekommen: »30 Jahre nach der Wiedervereinigung und 20 Jahre nach der Reform des Staatsbürgerschaftsrechts gibt es immer noch Nachholbedarf, was die Beteiligung von Ostdeutschen und Menschen mit Migrationshintergrund an den Schaltstellen von Wirtschaft, Kultur und Politik anbelangt.«[38]

Wie kommt es zu dieser faktischen und diskriminierenden Ausgrenzung? Um das allgemeingültig zu erklären, untersuchen Wissenschaftler schon seit langem die Figur des Fremden, den *Marginal*

Man.[39] Der deutsche Soziologe Georg Simmel hatte schon treffend festgestellt, dass der Fremde die Gesellschaft stärker verunsichert als der Feind – den man klar umreißen kann. Auf diese Weise macht die tonangebende Mehrheit aus dem Fremden den Anderen, also das Gegenteil von sich selbst. Das entlastet die führenden Schichten, die sich zum Sprecher der Mehrheit machen: »Mann–Frau; Schwarz–Weiß, Migrant–Einheimischer, Ost–West, gut–böse.«[40]

Die beiden Autorinnen Foroutan und Hensel beklagen: »Ostdeutsche und Migranten gehören schon lange zu Deutschland, dennoch bleiben sie irgendwie umgeben von einem zugeschriebenen Fremdsein.«[41]

Auffallend ist, dass nicht nur konservative und rechtsgerichtete Kreise, sondern ebenso westdeutsche Linke und Liberale weiterhin mit zweierlei Maß messen. Die beiden Forscherinnen halten deshalb kritisch fest: Liberale Westdeutsche solidarisieren sich mit »migrantischen und postmigrantischen SprecherInnen, aber nicht mit ostdeutschen«.[42]

6. »Dunkeldeutschland« blutet aus

> »Es gibt unter den 200 deutschen Botschaftern und den 500 Generälen nicht einen einzigen Ostdeutschen. Von 84 Universitäten und Hochschulen in Deutschland wird nicht eine von Ostdeutschen geleitet. In den ostdeutschen Landeshauptstädten kommen 90 Prozent aller Staatssekretäre, Abteilungsleiter, Hauptabteilungsleiter aus dem Westen. (…) Wir haben fünf Oberlandesgerichte, die mit Altbundesdeutschen besetzt sind. Das ist verfassungswidrig.«[43]
>
> *Peter-Michael Diestel, Ex-Innenminister der DDR, 2020*

Der Sozialgeograph Guilluy hat die Lage der französischen Peripherie herausgearbeitet. Er skizziert den Gegensatz zwischen Peripherie und Zentrum und hält fest, dass im allgemeinen Verständnis die Zentren voll sind, während die Peripherie leer ist: Das heißt, die einen sind sichtbar, die anderen nicht.[44]

Guilluy hat die französische Entwicklung lange vor der deutschen analysiert: Der aufgestaute Konfliktstoff dieser Polarisierung zwischen Metropolen und Mezzogiorni entlud sich denn auch in zahlreichen französischen Revolten und Radikalisierungen, angefangen von der *Bonnets-Rouges-Bewegung* gegen die LKW-Steuer, den Nein-Voten gegen die Europäischen Verträge bis zu den rechts- und linkspopulistischen Protestbewegungen.[45]

Mezzogiorno Ostdeutschland

Aber ob »La France périphérique«, also die Randgebiete Frankreichs, oder »Dunkeldeutschland«: Genau in diesen vernachlässigten und moralisch verpönten Gebieten wächst die Gegengesellschaft hoch, die immer stärker mit den politischen und kulturellen Errungenschaften der Eliten hadert und bricht.[46]

Die deutschen Westeliten haben es zugelassen, dass der gesamte Osten an junger und gut ausgebildeter Bevölkerung ausblutet. Der bulgarische Politologe Ivan Krastev muss von außerhalb Deutschlands den Finger in die Wunde legen, weil die Westdeutschen 30 Jahre nach der Wiedervereinigung diese Probleme immer noch totschweigen. Mit dem »überdurchschnittlichen Wegzug junger Frauen ist zugleich ein weiterer Rückgang der Geburtenraten verbunden«.[47] Krastev sieht deshalb »im Bevölkerungsschwund eine Hauptursache für eine ›illiberale Revolution‹ bei Teilen der Einwohner, die geblieben sind«.

Verlust von Heimat und Kultur

Der Wissenschaftler weist außerdem nach, »dass westdeutsche Regionen mit negativer Wanderungsbilanz sogar noch deutlicher als der Osten für die AfD votierten«.[48] Das schützt die Bürger der neuen Bundesländer keineswegs vor weiterer Stigmatisierung: Die westdeutsche Führungs-Kaste prangert diesen Bevölkerungsteil bevorzugt an, für rechte Parteien wie die AfD anfällig zu sein. Sie zeigt kein Verständnis für Krastevs Analyse, dass es zur Erfahrung des »Verlusts von Heimat und kultureller Identität« führt, wenn ein Gebiet ausblutet. Solange im Westen Bücher wie *Eure Heimat ist unser Albtraum* gehypt werden, vergiftet sich das Klima zwischen Ost und West weiter.[49]

Nur einige wenige halten dagegen, so die sächsische SPD-Ministerin Petra Köpping. Sie nimmt ihre Landsleute gegen das Klischee in

Schutz, das hauptsächliche rechtsradikale Potenzial in Deutschland zu bilden. Sie schildert dazu folgende persönliche Begegnung aus dem Wahlkampf:»Da raunte mir ein aufgebrachter Demonstrant zu: ›Sie immer mit Ihren Flüchtlingen! Integriert doch erst mal uns!‹ Diese Aussage brachte es auf den Punkt: Bei vielen (geht) es gar nicht um das Thema Flüchtlinge. Diese waren nur Projektionsfläche für eine tieferliegende Wut und Kritik.«[50]

Köpping verweist aber auch auf andere Ursachen für Entfremdung und Verbitterung hin, zum Beispiel die »Treuhandisierung« der ehemaligen DDR:»Man hat potenzielle Ostkonkurrenz beiseite geräumt.«[51] Viele Betroffene erleben die Ereignisse von damals als Betrug, und zwar als Betrug an ihrer Region und an ihrem Leben. Und als Betrug von westdeutschen Kapitalisten an ostdeutschen Arbeitern, die damals hoffnungsfroh in die Deutsche Einheit starten wollten.[52] Die Bilanz:»85 Prozent der von der Treuhand verwalteten Betriebe gingen an westdeutsche Eigentümer.«[53] Diese Bilanz gilt bis heute als Ausweis der brutalen Arroganz der »Sieger«.[54] Und so haben »diese Menschen den Start in die Marktwirtschaft (...) als knallharten Abbau ihres bisherigen Lebens (erlebt)«.[55]

Wie sieht die aktuelle Bilanz zum 30-jährigen Jubiläum der Wiedervereinigung aus? Die Ostdeutschen können immer noch nicht ausreichend am gesellschaftlichen Leben teilnehmen, nicht einmal in ihren eigenen Metropolen Leipzig oder Erfurt. Die Bürger in Teilen Bayerns, in Baden-Württemberg oder im südlichen Hessen haben deutlich bessere Zukunftschancen. Sie sind außerdem gesundheitlich besser versorgt.[56]

7. Arbeiter als Aussätzige

> »Wir haben einen Investor, der letztendlich jede Möglichkeit
> ausschöpft, (…) um Gewinnerträge zu steigern (…) Es sind
> Familienväter, die müssen ihre Kinder ernähren und kriegen das
> natürlich alles mit. (..) Und das ist so eine Ohnmacht. Weil selbst
> wenn wir uns organisieren würden, dann wären wir in diesem
> Großunternehmen letztendlich ja ein ganz kleines Ding, das man
> schnell wegkicken kann, und das wissen die Leute auch.«[57]
>
> *Anonymer Arbeiter, 2018*

Die zwei deutschen Landtagswahlen vom März 2021 machen das
Desaster der ehemals großen Volksparteien offenbar: Sie verlieren
immer mehr an Boden in der hart arbeitenden Bevölkerung. Die
Analyse der beiden Wahlen in westlichen Bundesländern bestätigt
den Trend, der keineswegs auf Ostdeutschland beschränkt ist, sondern ganz Europa, die USA und andere Weltregionen seit einigen
Jahren erfasst: Die kleinen Leute, oftmals mit geringerem Einkommen und niedrigerem Bildungshintergrund, wählen tendenziell
rechts. [58]

Dieser Trend bestätigt sich in den beiden ersten Wahlen des Jahres
2021 in Deutschland. In den deutschen Bundesländern hat die AfD
zwar erhebliche Verluste hinnehmen müssen, aber sie verfügt inzwischen über eine erkleckliche Stammwählerschaft fast auf Höhe der
SPD. Und Arbeiter sind sogar zu einer wichtigen Kernklientel der AfD
geworden. So hat sie längst die SPD als die Arbeiterpartei schlechthin
abgelöst. In Baden-Württemberg kam die rechte Partei unter Arbeitern auf 26 Prozent und die SPD auf nur noch 10 Prozent. Und die
Brandenburger Arbeiter wählten sie 2019 zu 44 Prozent und die säch-
sischen zu 41 Prozent.

Eine Erklärung gibt der Soziologe Klaus Dörre: »Die AfD macht die
Unsichtbaren sichtbar.« Und er bestätigt, dass diese Wähler es als de-
gradierend empfinden, dass die Medienöffentlichkeit sie weitgehend
ignoriert: »Diese sozial-kulturelle Abwertung treibt viele in eine Pro-
testhaltung.«[59]

Der Journalist Malte Lehming spricht aus Sicht der Medien vom
»Arbeiter, dem unbekannten Wesen«:

»Heute spricht keiner mehr über Arbeiter. Sie sind verschwunden, aus der Öffentlichkeit wie verbannt. Im Fokus stehen alte, weiße Männer, die LGBTI-Bewegung, der Kampf um Straßenumbenennungen, Postkolonialismus, Antirassismus, eine gendergerechte Sprache, intersektionale Diskriminierung. Bei jeder Talkshow wird gefragt, ob sie zu männlich besetzt ist, zu weiß, zu wenig divers. Nach sozialer Repräsentanz fragt niemand.«[60]

8. Quarantäne als Folter

> »Zwei Tage später sollte sie wissen, dass man nicht warten darf (…), bis man handelt. (…) Für Frauen wie sie gibt es nur eines – zuschlagen und dann nichts wie weg.«[61]
>
> *Elsa Dorlin, französische Feministin, 2020*

Wie ist die Lage von Familien und insbesondere Frauen in der Krise zu beurteilen? Schon im Juni 2020 stellt das Leibniz-Institut für Wirtschaftsforschung (RWI) in einer Umfrage für Deutschland fest: Dass »die traditionelle Aufgabenverteilung im Haushalt Frauen stark (belastet)«, sei es durch Homeschooling, Kochen oder Betreuen aller Art: »Viele Frauen leiden unter der Krisensituation.«[62]

Im Frühsommer 2020 liegen erste Studien vor, wie sich die Pandemie und die Lockdown-Politik konkret auf die Familien, insbesondere auf Frauen und Kinder, auswirken: Ihre Lage wird in dem Moment bedrohlich, wenn sie geprägt ist von Armut, einer schwierigen Wohnungssituation, Arbeitsplatzverlust, von finanziellen Sorgen oder Quarantänemaßnahmen. Frauen und Kinder hängen schicksalsmäßig schon lange zusammen: »In manchen Städten in Deutschland wachsen über 30 Prozent der Kinder unter drei in Haushalten auf, die von Hartz IV leben. Kinder von Alleinerziehenden (…) sind besonders häufig von relativer Armut betroffen.«[63]

Die Gefahr, dass sowohl Frauen als auch Kinder Opfer von Gewalt werden, verdoppelt sich, wenn sie sich »zu Hause in Quarantäne befinden«.[64] Die Opferanwältin Antje Brandes erklärt das so: »Wenn der gewalttätige Mann ohnehin das Handy kontrolliert und jetzt vermehrt zu Hause sitzt, wie soll man da mal schnell für drei Stunden verschwinden können, um zur Polizei zu gehen?«[65]

Das sind Auswertungen der ersten Lockdowns von 2020. Was aber bedeutet es für die Schwächsten der Gesellschaft, dass die Regierenden sehr wenig Rücksicht auf die schwächsten Glieder der Gesellschaft nehmen und immer neue quälende Lockdowns verordnen? Eine der brutalsten Konsequenzen aber sieht so aus: Das *Kollektiv Frauenmorde* aus Frankreich listet in einer Krisenbilanz für das Jahr 2021 über 100 Morde durch den jeweiligen Partner auf.[66] Insgesamt hat häusliche Gewalt in vielen Ländern um 25 bis 30 Prozent zugenommen.

Brandes fasst lakonisch zusammen: »Corona potenziert alle negativen Geschichten.«[67]

Exkurs IV: Sex, Zwangsarbeit und Spezialimmobilien

»Die Recherchen zeigen, wie systematisch Leiharbeiter, die Schwächsten in der Arbeiterhierarchie, in die IG Metall gedrängt werden. Sie belegen, wie Betriebsräte in einem Geflecht von Finanzen und Abhängigkeiten das System stützen und das Unternehmen sich wohlwollend zurückhält. Was aus dieser Melange entsteht, ist nicht Freiheit, sondern Zwang.«[1]

Claas Tatje, Wirtschaftsredakteur der Zeit, 2018

Aufarbeitung des Dritten Reichs

Als Top-Manager des Münchner BMW Konzerns unterhielt ich immer noch gute Beziehungen zum Daimler-Konzern. Von dort wurde mir zugetragen, dass Daimler beabsichtigte, die Dritte-Reich-Vergangenheit der BMW-Flugzeugmotorenproduktion in München aufzuarbeiten. Daimler hatte das Recht dazu, denn inzwischen gehörte das Gelände in München-Allach zur Daimler Tochter MTU Aero Engines. Diese Nachricht elektrisierte mich. Schließlich war ich in meinen Mittagspausen im Münchner Norden auf eine grausame Vergangenheit gestoßen: In einem Stück Unterholz und Gestrüpp verrosteten dort alte Eisenbahnschienen. An dieser Stelle stand einmal der Güterbahnhof, von dem aus Münchner Regimegegner und viele andere in die Konzentrationslager im Osten des Reichs deportiert wurden. Ich wusste: Damals lag auch ein wichtiger Teil der Kriegsproduktion in diesem Gebiet. Jeden Morgen wurden tausende Häftlinge aus dem KZ-Außenlager Dachau-Allach in den nebenan gelegenen Werken abgeliefert, um die Flugzeugmotorenproduktion zu sichern. Zuletzt sollen dort bis zu 17 000 Zwangsarbeiter tätig gewesen sein: Kriegsgefangene, KZ-Häftlinge und weitere. Später ging dieses Werksgelände in den Besitz der Daimler-Tochter MTU über, wo diese seit Jahren Flugzeugturbinen produziert.

Ich ergriff sofort die Initiative und nahm mit den Initiatoren von Daimler Kontakt auf und brachte sie mit den Verantwortlichen von BMW zusammen. Ich war davon überzeugt, dass das ein gemeinsames Projekt werden musste. Der BMW-Vorstand Horst Teltschik war sofort einverstanden. Er und der Kommunikationschef Richard Gaul unterstützten mein Vorhaben vorbehaltlos. So gelang mir eine vertragliche Vereinbarung zur Finanzierung des heiklen Vorhabens zwischen Daimler und BMW. Ich übergab schließlich die konkrete Aufarbeitung den Konzern-Historikern, die diesen Teil der Vergangenheit zusammen mit Externen konkret aufklären sollten. Daraus entstand die erste Aufarbeitung dieser Art, die das Thema sicherlich nicht für alle befriedigend behandelte, aber ein erstes wichtiges Signal setzte.[2]

Umso erstaunter und empörter war ich, dass mir das viele Kollegen und sogar Gewerkschaftsvertreter übelnahmen und ich von einigen von ihnen als »Nestbeschmutzer« denunziert wurde. Mein Engagement wurde jedoch bald als richtig bestätigt: In Deutschland war längst die Debatte zur Entschädigung der deutschen Industrie an ehemalige Zwangsarbeiter ausgebrochen, die auch international hohe Wellen schlug. Dabei ging es um konkrete Entschädigungsleistungen der deutschen Wirtschaft als Ganzes. Bundeskanzler Schröder setzte in Gestalt von Otto Graf Lambsdorff einen Beauftragten der Bundesregierung dafür ein. Mir wurde klar, dass jedoch die bisherigen Beiträge zur Aufarbeitung nicht ausreichen würden.

Berliner Hauptstadtgespräche

Ich hatte bereits Jahre zuvor ein öffentliches Forum in der neuen Bundeshauptstadt Berlin ins Leben gerufen, die »Berliner Hauptstadtgespräche«. Mit ihnen thematisierte ich über viele Jahre wichtige und strittige Themen der neuen Berliner Republik. Dazu hatte ich eine Dreier-Kooperation zwischen BMW, der FU Berlin und ihrem Vertreter Werner Süß sowie dem ARD Hauptstadtstudio beziehungsweise später der Süddeutschen Zeitung als Medienpartner zusammengebracht. Wir veranstalteten kontroverse Debatten auch zu heiklen Themen und luden nationale wie internationale Persönlichkeiten dazu ein, wie zum Beispiel den Mentor der deutsch-polnischen Beziehungen, den Schriftsteller Andrzej Szczypiorski aus Warschau;[3] den deutschen Außenminister Joschka Fischer, den »Literaturpapst« Marcel Reich-Ranitzky,[4] die Bundestagsvizepräsidentin Antje Vollmer oder auch radikale Globalisierungskritiker wie Birgit Mahnkopf.[5]

Werner Süß und ich gingen proaktiv auf führende Stimmen der jüdischen Community zu, um einen Beitrag auch zum Thema »Zwangsarbeit« in aller Öffentlichkeit zu leisten.[6] Dazu reisten im Juni 1999 sogar der Doyen der deutsch-amerikanischen Beziehungen und Träger des Friedenspreises des Deutschen Buchhandels, Fritz Stern, aus New York an ebenso wie der führende ungarische Intellektuelle György Konrad aus Budapest und das Präsidiumsmitglied im Zentralrat der Juden, Michel Friedman, aus Frankfurt.[7] Der Beauftragte der Bundesregierung für die Zwangsarbeiterentschädigung, Otto Graf Lambsdorff, nahm persönlich teil. An diesem Abend wurde ein weiterer kritischer Beitrag zur moralischen Entschädigung der Zwangsarbeiterhistorie der deutschen Industrie geleistet. Die Hälfte der finanziellen Entschädigung in Milliardenhöhe übernahm die deutsche Wirtschaft einschließlich der Automobilindustrie.

1. Morddrohungen gegen Murat

> »Drecksau, wir machen dich kalt!«[8]
>
> *Anonyme Morddrohung gegen den unabhängigen*
> *BMW-Betriebsrat Murat Yilmaz, 2015*

In den folgenden Jahren stieß ich immer wieder auf Unregelmäßigkeiten und Skandale anderer Art in der globalen Wirtschaft, die ich abzustellen versuchte. Ich war Mitglied der IG-Metall, aber meine Kritik und meine Proteste gegen unhaltbare Arbeitsbedingungen brachten mich in Konflikt mit vielen Gewerkschaftsfunktionären, die es eigentlich besser hätten wissen müssen. Ich hörte jedoch nicht auf, immer wieder kritische Hinweise auf, nach meinem Empfinden, skandalöse Arbeitsbedingungen und Menschenrechtsverletzungen in Verbindung mit der deutschen Automobilindustrie zu geben.

Einer der skandalösen Fälle betrifft den größten Elektronik-Zulieferer der Welt, den Foxconn-Konzern. Er verstieß in seinen Fabriken in China massiv gegen Arbeits- und Menschenrechte. Circa eine Million meist junger chinesischer Arbeiter und Arbeiterinnen mussten unter unmenschlichen Bedingungen in kasernierten Betrieben Zwangsarbeit leisten.[9] Ein gutes Dutzend von ihnen verübte aus Protest im Jahr 2010 in Serie Selbstmord. Das konnte vor der Öffentlichkeit nicht vertuscht werden. Der Konzern spannte daraufhin zwischen den Wohnsilos Netze auf, um weitere Suizide der jungen Leute zu verhindern. Daraufhin brachen Aufstände unter ihnen aus. Die Konzern-Sicherheitskräfte von Foxconn unterdrückten sie gewaltsam.

Im Jahr 2012 war ich gerade mitten in den Vorbereitungen für den globalen Nachhaltigkeits-Gipfel *RIO+20* in Kapstadt, als ich auf einen neuen Skandal der globalen Wirtschaft stieß: Es handelte sich dieses Mal um unsägliche Umwelt- und Menschenrechtsvergehen im Amazonasgebiet. Dort wurden Brasilianer gezwungen, in Sklavenarbeit sogenanntes Pig Iron, billiges Schweinestahl, zu kochen – und das auch für deutsche und amerikanische Autokonzerne. Die dortigen Handlanger beziehungsweise Zulieferer gingen systematisch vor: Sie verschleppten diese modernen Zwangsarbeiter immer wieder an andere Orte, damit sie nie jemand in diesem gigantisch großen Gelände aufspürt, das der Fläche Australiens entspricht.[10]

In meinen Augen war die IG Metall ein natürlicher Verbündeter, um solche Skandale aufzudecken und solche Geschäftspraktiken möglichst rasch zu beenden. Doch ich hatte mich getäuscht: Immer wenn ich einflussreiche IG-Metall-Funktionäre damit konfrontierte und sie zum Handeln aufforderte, geriet ich mit ihnen aneinander. Zu meinem größten Entsetzen machte ich die Erfahrung, dass sie teilweise diese Skandale deckten.[11]

Trotzdem drängte ich immer wieder darauf, den Kontakt mit Zulieferern, die offensichtlich gegen Menschenrechte verstießen, sofort abzubrechen. Zu meinem Erstaunen und Entsetzen wurde ich als IG-Metall-Mitglied gerade deswegen offensichtlich zur Zielscheibe des IG-Metall beherrschten Betriebsrats.

Im Jahr 2015 kam es dann zu einem Vorfall besonderer Art in unmittelbarer Nachbarschaft. Der unabhängige Betriebsrat Murat Yilmaz aus dem BMW-Stammwerk München klagte in einem investigativen Beitrag der Fernsehsendung Frontal 21 »schwarze Kassen« des IG-Metall-dominierten Betriebsrats bei BMW an. Er war als Rebellenbetriebsrat bekannt, der sich in den Fabriken und an den Fließbändern für Menschlichkeit und Gerechtigkeit für die untersten Arbeiterchargen aufrieb. Darum machte er sich zum Sprachrohr der Belegschaft und rief der IG Metall in der Fernsehsendung provokativ zu: »Wir wollen Eure schwarzen Kassen nicht.«[12] Nach der Sendung aber erhielt er »SMS, die aus Telefonzellen verschickt wurden: ›DU DRECKSAU WIR MACHEN DICH KALT‹ oder ›DAS GEWUNSCHT GAS WIRST DU BEKOMMEN‹.«[13] Die *Zeit* verfolgte den weiteren Verlauf: »Außerdem verklagte Yilmaz 50 IG-Metall-Betriebsräte auf Unterlassung falscher Behauptungen (…) und bekam vor dem Arbeitsgericht München recht.«[14]

Ich beobachtete das aus den höheren Managementetagen und konnte es nicht fassen. Bei Morddrohungen an einem Konzernhauptsitz mitten in Deutschland war für mich eine Grenze überschritten. Jetzt war für mich der Zeitpunkt gekommen, massiv gegen solche Methoden vorzugehen.

Soziale Ächtung

Aus Protest trat ich aus der IG Metall aus und solidarisierte mich ausdrücklich mit Murat Yilmaz und vielen Arbeitern und Arbeiterinnen, die derselben Meinung waren. Ich half Murat, seine Frau und drei Kinder zu schützen. Aber offenbar scheint es bei Großgewerkschaften in großen globalen Konzernen ungeschriebene Gesetze zu geben. Wenn einer oder eine gegen sie verstößt, gilt er von da an als gebrandmarkt und damit geächtet. Insgesamt erhöhte sich daraufhin der Druck gegen mich gewaltig: »Keiner spricht mehr mit dir oder geht mit dir essen, keiner will mit dir gesehen werden, keiner arbeitet gern mit dir zusammen. Es ist, als ob du eine ansteckende Krankheit hast«, warnten mich Kollegen. So wurden Murat und ich zum Opfer, weil wir unhaltbare Zustände anprangerten – und in der Folge vielseits geächtet und isoliert waren. Das zeigte schließlich Wirkung: Ich rutschte ebenso wie Murat angesichts der Attacken, die sich über Jahre hinzogen, fast an den Abgrund, an dem man am liebsten aufgibt.

Und fast hätte ich tatsächlich irgendwann aufgegeben. Aber es war kein mutiger Manager, es waren die Arbeiter, die mich davon abgehalten haben. Sie solidarisierten sich mit mir und ich mich mit ihnen – und das voll und ganz und nicht halb oder mit Rückzugsmöglichkeit, wie das privilegierte Gewerkschaftsfunktionäre oder Karrieristen sonst gerne praktizieren.

Wir und ihr

Murat und ich, wir erlebten beide, welch einen hohen Wert das besaß und wie etwas Neues, Positives daraus entstand: Statt Isolierung und Spaltung schlug unsere gemeinsame Lage in ein großes Miteinander um. Das wiederum schweißte uns immer enger zusammen und setzte Kräfte für neue Ziele frei. Plötzlich waren wir viele und gemeinsam stärker als jeder Einzelne. Aus dem verlorenen Einzelkämpfertum war ein *Wir* geworden. Dem *Wir* stand allerdings ein *Ihr* gegenüber: Das waren all diejenigen, die keine Solidarität übten, die lieber wegschauten, wo Ungerechtigkeit herrschte, oder die massiv gegen uns vorgingen.

Aus heutiger Sicht kann ich sagen: Wir bildeten das, was die kluge deutsche Wissenschaftlerin Cornelia Koppetsch »Bündnisse der Betrogenen« nennt. Mit diesem Zusammenhalt überwanden wir unser Ausgegrenztsein, unsere Ohnmacht sowie manch eine Arbeiterin oder ein Arbeiter auch die soziale Scham, ausgegrenzt zu sein. Diese Scham wurde im Gegenteil zum Selbstzünder: Die Solidarität der Vielen schlug in Kampfgeist gegen skrupellose Akteure um.

An diesem Punkt entschieden wir uns, ein offizielles »Bündnis der Betrogenen« zu bilden. Wir gründeten im Herbst 2016 die erste Band- und Leiharbeitergewerkschaft Deutschlands: *Social Peace*.[15] Innerhalb kurzer Zeit bekamen wir Zulauf von Tausenden Arbeitern und Sympathisanten. Unser Schutzbündnis wurde zum überraschenden Befreiungsschlag für viele. Das war der Beweis, wie groß die Not und die Sehnsucht danach waren, sichtbar zu werden und ein Sprachrohr zu haben. Allein circa zweitausend Arbeiter aus den Daimler-Fabriken in Stuttgart schlossen sich uns an.[16]

2. Brandbrief der Bandarbeiter

»Wir sind das Virus!«[17]

Zitat aus dem »Brandbrief der Arbeiter«
der Gewerkschaft Social Peace, 2021

Im Corona-Krisenjahr veröffentlichen wir ein Manifest, den »Brandbrief der Bandarbeiter«, um die allgemeine Lage, in der sich viele befinden, zu schildern: »Über 100 Nationalitäten schuften an den Fließbändern der Auto- und Lastwagenfabriken, aber auch den Panzerschmieden des Landes. Unsere erste Erfahrung in der Krise war, dass das Virus nicht nur unsere Gesellschaft bedroht, sondern uns alle ein Stück gleicher macht. Es hat unsere Belegschaften tatsächlich zusammengeschweißt.

Bald aber verkehrte sich das ins Gegenteil: Wir waren einem höheren Infektionsrisiko ausgesetzt – während sich die höheren Angestellten und der bessere Teil der Gesellschaft im Homeoffice vor dem Risiko schützten. Wir als ökonomisch schwächste Glieder in der Nahrungskette der globalen Wirtschaft sind so zur Infektionsrisikogruppe geworden – ähnlich wie unsere Leiharbeiterkollegen in den Fleischfabriken und ebenso wie das Dienstleistungsprekariat im Allgemeinen, dem besonders viele Frauen angehören.

Denn wir sind, teilweise mit unseren Familien, in relativ kleinen Wohnungen in den Vorstädten oder sogar in Baracken und Sammelunterkünften zusammengepfercht. Gerade ist herausgekommen, dass Alleinerziehende und kleine Selbständige zu den großen Verlierern des ersten Shutdowns zählen – was sich jetzt weiter verschlimmert. Wir sind somit doppelt betroffen als angelernte oder ungelernte Arbeiter, oftmals mit Migrationshintergrund.«

Darwinist Piëch?

In meiner Zeit in Großkonzernen traf ich immer wieder auf Exemplare des Neoliberalismus, die die Wirtschaft des 21. Jahrhunderts prägen sollten. So traf ich auch auf ein Aushängeschild der deutschen Automobilindustrie, den VW-Boss und Milliardär Ferdinand Piëch Er gilt vielen bis heute als Darwinist unter den Managern. Und er selbst trug immer wieder dazu bei, diesen Eindruck zu bestätigen, etwa, wenn er öffentlich unverhohlen statt von wirtschaftlicher Konkurrenz von Krieg sprach:»Immer wenn es um Krieg geht, (...) gibt es Gewinner und Verlierer und ich habe die Absicht (...) der Sieger zu sein (...).«[18]

Piëch warb nicht nur José Ignacio López und sieben seiner »Krieger« vom Konkurrenten Opel ab und löste damit den größten deutschen Industriespionageskandal aus. Jahrelang drohte ihm die Verhaftung durch die USA so, wie das heute für seinen Nachfolger Winterkorn gilt.

Sex-Skandal VW

Unter Piëchs Ägide kam es schließlich auch noch zum bis dahin größten IG Metall- und Sexskandal Deutschlands. Erneut wurde klar, was schon andere IG Metall-Korruptionsskandale wie zum Beispiel derjenige des IG-Metall-Bosses Franz Steinkühler in den 90er-Jahren bewiesen hatten: Dass sich auch Arbeitnehmervertreter immer wieder skrupellos bereichern, wenn sie die Gelegenheit dazu haben.

Kurz nach dem Sturz Steinkühlers wurde Klaus Volkert Gesamt-Betriebsratsvorsitzender und zugleich stellvertretender Aufsichtsratsvorsitzender des zeitweise weltgrößten Autobauers VW – was schon die Machtverquickung deutlich macht.

Ein VW-Manager charakterisierte später gegenüber den Strafermittlern den IG-Metallboss: Volkert sei »»einer der fähigsten Betriebsräte, die er kennen gelernt habe – intellektuell auf der Höhe und führungsstark‹. Und er schilderte auch, weshalb er in der Chefetage von Volkswagen besonders geschätzt wurde: ›wegen seiner Fähigkeit, die Werktätigen bei der Stange zu halten, sie zu disziplinieren‹.«[19]

Gewerkschafts- und Politikkaste

Und ein Kronzeuge, ein hochrangiger Personalmanager von VW, schilderte in dem Strafprozess unter Eid, wie sich ein solches Kartell von der Gewerkschafts- über die Wirtschaftskaste bis in die politische Kaste wie ein Krebsgeschwür ausbreitet: »Einige haben genommen, so viel sie kriegen konnten – Frauen und Geld. Die hatten nichts anderes im Kopf. (…) Andere (…) Betriebsräte hätten zu dem ›Kreis der Eingeweihten‹ gehört, dem er (der Personalmanager Gebauer) Prostituierte zugeführt habe. Darunter ein (…) Geschäftsführer des Betriebsrates (der) heute für die SPD im Bundestag sitzt. Außerdem der Betriebsratsvorsitzende eines deutschen VW-Werkes, der auch Landtagsabgeordneter in Niedersachsen und VW-Aufsichtsrat ist.«[20]

Leider führen die Machtausdehnung und die fürstliche Entlohnung von Betriebsräten durch Konzerne oft dazu, dass diese unersättlich werden. Natürlich sind Machtstrukturen und Verfehlungen in jedem Konzern anders gelagert, es muss nicht nur die Finanzierung von Luxusreisen mit Prostituierten im Fall VW sein, sondern es kann z. B. auch die Finanzierung von Immobilien im In- oder Ausland sein.[21] Eines ähnelt sich immer: Die Versuchung der Macht beginnt und endet mit dem Geld – oder dem Gehalt: »750 000 Euro für einen Betriebsrat? Da muss sich die IG Metall nicht wundern, wenn ihr die Mitglieder weglaufen«, kritisiert der Journalist Jens Berger scharf das Jahresgehalt des Gesamt-Betriebsratsvorsitzenden von VW, Bernd Osterloh, der bis zum Frühjahr 2021 Nachfolger des Arbeiterführers Klaus Volkert war.[22]

Osterloh kämpft für die Kasten

Jens Berger und unsere Protestgewerkschaft *Social Peace* bekommen aktuell mehr als Recht: Ende April 2021 offenbart dieser mächtigste IG-Metall-Boss eines deutschen Konzerns den Unterschied zwischen seinem Reden und seinem Handeln. Er offenbart die Befürchtungen vieler Arbeiter: Er wechselt die Seiten und will Vorstand werden – noch dazu Personalvorstand bei einem Sanierungsfall. Selbst die IG-Metall-freundliche Süddeutsche Zeitung ist entsetzt: »In Zukunft muss Osterloh als Manager genau das machen, was er immer kritisiert hat: Beim angeschlagenen Münchner LKW- und Bushersteller (…) werden gerade Jobs gestrichen.«[23]

Schlussendlich wurden Murat Yilmaz' und meine Recherchen über ungerechte und illegale Zustände in den letzten Jahren über den Kreis der Betroffenen hinaus bekannt. Von da an meldeten sich bei uns auch Whistleblower aus allen möglichen Unternehmen und dokumentierten uns illegale Vorgehensweisen.

»Doch wer sich zu sehr engagiert, erlebt wieder Merkwürdiges«, warnte der Investigativ-Reporter der *Zeit* Claas Tatje in seinem Artikel *Und raus bist Du*, in dem er die Methoden der IG Metall gegen *Social Peace* bei BMW im Jahr 2018 kritisch beleuchtete. Dort schilderte er die Konsequenzen für Murat und mich und für eine weitere mutige Betriebsrätin von Social Peace, Maria Fouska: »In den vergangenen Monaten haben sich bei Fouska, Lange und Yilmaz die Abmahnungen gehäuft.«[24] Das war der Auftakt dazu, dass Murat und ich letztendlich keinen anderen Ausweg mehr sahen, als den Konzern zu verlassen. Trotzdem führen wir seitdem *Social Peace* weiter. Ja, wir bauen die Protestgewerkschaft inzwischen zu einem breiteren politischen »Bündnis der Betrogenen« aus.

VII. Angst, Ausgrenzung, Ausnahmezustand: Die Globalokalypse greift um sich

1. Verrat an der Demokratie von oben

>»Allein in 80 der untersuchten 192 Länder haben sich (…) die Bedingungen für Demokratie und Menschenrechte verschlechtert.«[1]
>
> *US-amerikanische Denkfabrik Freedom House, 2020*

Schon Jahrzehnte vor Corona hat Pankaj Mishra einen gewaltigen sozialen und politischen Sprengsatz für unsere Epoche identifiziert. Er nennt als Ursache: »Die Kluft zwischen einer Elite, die sich die erlesenen Früchte der Moderne aneignet und ältere Wahrheiten verachtet – und entwurzelten Massen, die sich von diesen Früchten ausgeschlossen sehen und sich in Gefühle kultureller Überlegenheit, in Populismus und verbitterte Brutalität zurückziehen.«[2]

Wirecard und Geheimdienste

Tatsächlich liefern die Geld- und Politikkasten immer neue Anlässe, die diese Kluft vertiefen. Es sind Skandale, die die Bevölkerung immer stärker an Staat, Wirtschaft und Demokratie zweifeln lassen. Allein in jüngster Vergangenheit gehören dazu der Dieselskandal der Autokonzerne, die illegalen Machenschaften der Deutschen Bank und die Enthüllungen über massive Steuerhinterziehungen vermögender Kreise, dokumentiert durch die »Panama-Papers«, außerdem der milliardenschwere Staatsbetrug durch »CumEx« und der »bandenmäßige Betrug in großem Stil« des DAX-Konzerns Wirecard.[3] Tatsächlich war die Politikkaste in die meisten dieser skandalösen Handlungen mitverstrickt – bis hinauf zum Vizekanzler und zur Bundeskanzlerin.[4] Besonders pikant war, als herauskam, dass zwei Staatssekretäre aus dem Kanzleramt wichtige Zeugen im Wirecard-Skandal waren. Und zwar die obersten Geheimdienstkoordinatoren der Republik: Bernd Schmidbauer und Klaus-Dieter Fritsche.

Der Untersuchungsausschuss lud Schmidbauer vor und dieser gab dort Erstaunliches zu Protokoll: »Man muss sich doch fragen, warum jemand wie der französische Staatspräsident Nicolas Sarkozy persönlich zu einem Treffen nach München kommt, um an einem Abendessen mit dem Vorstand eines Dax-Konzerns – Wirecard – über Libyen zu sprechen.«[5] Bei dem Essen waren im Übrigen auch der frühere österreichische Bundeskanzler Wolfgang Schüssel und der ehemalige bayerische Ministerpräsident Edmund Stoiber zugegen.

2. Drahtzieher im Dunkeln

»Ich habe nur ein Sparbuch und eine bescheidene Immobilie«[6]

Wirtschaftsminister Peter Altmaier vor
dem Untersuchungsausschuss »Wirecard«, 2021

Schmidbauer stellte abschließend auch klar, dass die wirklichen Drahtzieher hinter Wirecard im im Dunkeln bleiben würden. Mit dem Ex-Wirecard-Manager Jan Marsalek würde man also den Falschen jagen. Und die Untersuchungen des Bundestages könnten nur »kleine Fische«, nicht jedoch die wahren Profiteure des Systems Wirecard ans Tageslicht befördern.[7] Wie ohnmächtig das Parlament gegenüber diesen Vernebelungstaktiken ist, bestätigte schließlich der vorgeladene Merkel-Vertraute, Wirtschaftsminister Peter Altmaier. Auch er arbeitete nach Ansicht von Zeugen »mit allen Tricks« und versuchte sogar soziales Mitleid zu erwecken[8]

Verfassungsschutz gegen »Covidioten«

Kein Wunder also, dass wegen der aktuellen Skandale seit November 2020 Unbehagen und Protest in der deutschen Bevölkerung anwachsen.

Insbesondere »die (...) Beschränkungen der Presse- und Versammlungsfreiheit sowie die Gewalt der Polizei«[9] heizen den hartnäckigen Widerstand von unten gegen die Corona-Politik der Bundesregierung weiter an. Doch der deutschen Politikkaste fällt nichts Besseres ein, als Kritiker jeder Couleur weiter auszugrenzen

Die deutschen Führungsschichten vertrauen der eigenen Bevölkerung anscheinend immer weniger. Nicht nur bezeichnen ihre Vertreter inzwischen viele Kritiker und Protestierenden pauschal als »Covidioten«, was nicht nur ideologisch Verblendete trifft, sondern radikalisierend auf viele zehntausend Bürger mit ernsthaften Sorgen und politischen Bedenken wirkt. Manche Spitzenpolitiker gehen weit darüber hinaus – etwa der bayerische Ministerpräsident Söder, wenn er ankündigt, den Verfassungsschutz stärker auf die Protestierenden loszulassen.[10]

Die politische Kaste stellt die Normalbürger sogar unter einen infamen Generalverdacht und benutzt erneut den Vorwurf des »Vorschubs«: So wie die deutsche Bevölkerung der Machtergreifung Hitlers Vorschub geleistet hätte, so würde sie heute ähnlich Unheilvolles anbahnen.

Genau wegen dieses Fehlverhaltens liest der Chefredakteur der Neuen Zürcher Zeitung, Eric Gujer, der deutschen Führungskaste vom Standpunkt der ältesten Demokratie der Welt aus die Leviten: »In dieser Situation der Verunsicherung ist es verführerisch, Andersdenkende als ›Covidioten‹ und Verschwörungstheoretiker zu diffamieren. Die Politik sollte nicht in diese Falle tappen«, mahnt er in Richtung Berlin.[11] Damit stellt zum Glück einer der führenden Kolumnisten Europas klar, dass in einer Demokratie die Ausgrenzung nur das letzte Mittel sein sollte.

3. Die politische Kaste ermächtigt sich

> »Die Herrschaft der Kasten dreht sich nicht um Gefühle oder Moral. Sie beruht auf Macht – welche Gruppen haben sie und welche nicht.«[12]
>
> *Isabel Wilkerson, afro-amerikanische Pulitzerpreisträgerin, 2020*

Die Klasse der politisch Handelnden ermächtigt sich teilweise aus hehren Motiven oder aus der Situation der Not heraus. Aber nur wenige ihrer Mitglieder verweisen selbstkritisch darauf, dass Angehörige ihrer eigenen Kaste der Diktatur Hitlers Vorschub geleistet hatten.[13]

Gesundheits- oder Demokratiekrise?

Die deutsche demokratische Avantgarde knüpft in der Krise – ob absichtlich oder aus Ignoranz – an eine fatale Tradition an, wie geschichtsbewusste Berliner Pressestimmen unverzüglich kritisieren:[14] »Die Regierung ermächtigt sich in der Corona-Krise selbst – zulässig ist das nicht.«[15] Aber nur Politiker aus der zweiten Reihe nehmen kein Blatt vor den Mund: »Wir sind in einer Gesundheitskrise und nicht in einer Demokratiekrise. Ein Parlament darf seine Kernkompetenzen nicht aufgeben, das ist ein Verstoß gegen die Gewaltenteilung«, so der SPD-Politiker Thomas Kutschaty.[16]

Er hatte recht. Noch im Frühjahr 2021 kam es zu einem entscheidenden Übergriff der Exekutive: Innenminister Seehofer unterbreitete der Kanzlerin einen Handlungsvorschlag, wie sie das alleinige Kommando übernehmen – und dabei sogar den Bundesrat übergehen könnte, der dieser Ermächtigung niemals zustimmen würde.[17]

Schon bei den ersten Ermächtigungsgesetzen ein Jahr zuvor, im Frühjahr 2020, hatten Beobachter die »schwersten Grundrechtseingriffe in der Geschichte der Bundesrepublik« kritisiert.[18] Wissenschaftler wie die Verfassungsrechtlerin und Expertin für Menschenrechte, Dagmar Richter, ziehen jetzt sogar den direkten historischen Vergleich: »Spezielles Polizeirecht mit lokaler Reichweite war gestern; die Materie ›Infektionsschutz‹« habe sich ultimativ entgrenzt.[19]

Coronare Verzwergung

Zugegeben: Das Infektionsschutzgesetz geht in keiner Weise so weit wie das »Gesetz zur Behebung der Not von Volk und Reich« vom 24. März 1933, dem Namensgeber vieler Ermächtigungsgesetze, mit dem sich der Reichstag selbst entmachtete und der Führerdiktatur den Weg auf allen Feldern ebnete. Aber, so fügt Richter hinzu: »Auch damals ließ die Not alle Fraktionen des Parlaments zustimmen.«[20]

Der ehemalige Bundesverfassungsrichter Hans-Jürgen Papier übt berechtigte Fundamentalkritik: »Auch wer die Gesundheit der Bevölkerung schützen will, darf nicht beliebig in die Grundrechte eingreifen.«[21] Dementsprechend bewegen sich Politiker von Mitte rechts bis Mitte links, von Ministerpräsident Söder bis zur SPD-Vorsitzenden

Saskia Esken offensichtlich am Rande der Legalität:[22] Sie kritisieren zwar zu Recht eine mangelhafte Abgrenzung von radikalen Trittbrettfahrern, aber lenken stattdessen von ihrem eigenen Zugriff auf die Macht ab und malen Terrorismus und Friedensgefahren an die Wand[23] – als ob Zehntausende großenteils friedlich demonstrierende Bürger mit so etwas verwechselt werden könnten.[24]

Schockiert von diesem Vorgehen spricht sogar ein Vertreter der liberalen Mitte, der FDP-Vorsitzende Christian Lindner, dem 2. Infektionsschutzgesetz seine »demokratische Unbedenklichkeit« ab: »Dieses Gesetz (…) schafft nicht die klare Berechenbarkeit staatlichen Handelns in einer Pandemie«, und fügt warnend hinzu: »Im Grunde ist es ein Blankoscheck.«[25] Der Journalist Berger kommentiert: »Und dies mit tatkräftiger Unterstützung der Regierungsparteien, die es offenbar darauf abgesehen haben, Kritik an der ›coronaren Verzwergung des Parlaments‹ (Heribert Prantl) im Speziellen und Kritik an den Corona-Maßnahmen im Ganzen als ›AfD-Position‹ zu diskreditieren. Das ist töricht und hilft am Ende wieder einmal nur der AfD.«[26]

Der Paukenschlag folgt im März 2021: Kanzlerin Merkel setzt das von ihrem Innenminister anscheinend machiavellistisch eingefädelte Gesetz um und umgeht dabei sogar die Zustimmung durch den Bundesrat. »Damit soll der deutsche Föderalismus ausgehebelt werden – jenes Verfassungsprinzip, das 1949 gegen zentralistische Herrschaftsfantasien festgeschrieben wurde«, empört sich die ehemalige SPD-Politikerin Susanne Gaschke.[27]

Tatsächlich hat die Regierung im zweiten Jahr der Seuche immer noch keinen nationalen Krisenstab, keine statistische Erhebung, wo das Virus wütet und warum, während sie Impfstoff nicht wie versprochen beschafft.

Kein Wunder, dass geschichtsbewusste Bürger angesichts der Selbstbeweihräucherung und Selbstermächtigung der Politikkaste immer wieder Hannah Arendt zitieren: »Macht wird heute nicht einfach ergriffen, sie wird Stück für Stück übergeben, quasi freiwillig.«[28]

4. Der »deutsche Blick« kehrt zurück

> »Büchner war ein Früh-Kommunist, der sich von der politischen
> Arbeit nur distanzierte, weil er die Zeit noch nicht gekommen sah,
> für die ›der Hanf reichlich wachsen‹ sollte:
> und zwar um alle Feinde aufhängen zu können.«[29]
>
> *Martin Mosebach, Schriftsteller,*
> *in seiner Georg Büchner-Preis-Rede, 2007*

In der deutschen Gesellschaft zeigen sich toxische Tendenzen, ähnlich den amerikanischen. So wachsen in der Bevölkerung nicht nur berechtigte Sorgen vor Hass und Gewalt, sondern ebenso das Misstrauen vor weiterer Ausgrenzung und Ächtung Andersdenkender, aber auch vor Machtmissbrauch. Genau dieses Misstrauen bestätigen die Eliten leider immer wieder.

Sie lassen zu, dass zum Beispiel die in Deutschland besonders unrühmliche Tradition der Denunziation zurückkehrt: So hat die Stadt Essen ein Denunziationsportal für Covid-Verstöße bereitgestellt. Und das Robert Koch-Institut weckt Ängste, weil es sogenannte Containment Scouts, also seuchenpolizeiliche Hilfskräfte, aus der Bevölkerung rekrutiert.[30]

Mitte November 2020 überschreiten Spitzenpolitiker erneut die Grenzen von Verfassung und Polizeirecht: Das führende »Seuchen-Sprachrohr« der SPD, Karl Lauterbach, ruft die Deutschen tatsächlich zur gegenseitigen Bespitzelung auf – und stellt damit die Unverletzlichkeit der privaten Wohnung infrage. Das verstößt eindeutig gegen das Grundgesetz und knüpft direkt an die Praxis einer unseligen deutschen Vergangenheit an.[31] Grünen-Chef Robert Habeck kritisiert denn auch mit Blick auf missverständliche Äußerungen des bayerischen Ministerpräsidenten: »Was mich besonders beunruhigt, ist, dass jetzt politische Institutionen Menschen auffordern, sich gegenseitig anzuzeigen.«[32] Manche Bürger fürchten, dass der unselige »deutsche Blick« in die Gesellschaft zurückkehrt. Er ist manchem noch aus Zeiten in Erinnerung, als sich unschuldige Menschen ständig vergewissern mussten, ob sie jemand observiert.

Irrungen und Wirrungen

Im Herbst 2020 wird klar, dass es den politisch Verantwortlichen nicht gelingt, Deutschland rasch aus der Krise herauszuführen. Der zweite Lockdown zwingt im Gegenteil viele Berufsgruppen und -branchen in noch größere Existenznot als bisher schon. Auch sind die Maßnahmen von Widersprüchen geprägt: Die Bevölkerung soll ihrer Arbeit nachgehen, sich aber sonst möglichst nicht bewegen. Die Bevölkerung soll also zu Hause bleiben, obwohl sich das Virus vor allem zu Hause verbreitet. Die Gastronomie und viele andere Bereiche werden heruntergefahren, obwohl es dort keine Belege für Ansteckungen gibt. Die Menschen, die einfachen Berufen nachgehen, bleiben der Ansteckungsgefahr unmittelbar ausgesetzt, während die Höhergebildeten sich im Homeoffice schützen. Die Heil- und Pflegeberufe und das medizinische Personal gehen oftmals leer aus, was die versprochenen Zulagen betrifft. Die Normalbürger sollen ab Oktober nicht mehr reisen, während gleichzeitig Kreuzfahrtschiffe mit Tausenden privilegierten Passagieren an Bord auslaufen. Die Züge und Straßenbahnen mit Berufspendlern sind überfüllt, aber die Theater, Kinos und Schulen zwangsentleert.

Das steigert sich im Frühsommer 2021 zu einer Groteske, weil die Regierung zur sogenannten Bundesnotbremse greift. Jetzt überschlagen sich die massiven Maßregelungen von oben und stempeln 80 Millionen Deutsche offensichtlich zu einer Art »Haft-Freigängern« ab: Sie dürfen im Lockdown ihre vier Wände nach 22 Uhr nur noch allein oder mit Hund, aber zum Beispiel nicht mit dem Ehepartner verlassen.

Geteert und gefedert

Angesichts all dieser Zumutungen und Gängelungen von oben platzt dem preisgekrönten Regisseur Dietrich Brüggemann samt 50 bekannten Schauspielern im April 2021 der Kragen. Sie üben in satirischen Videoclips Kritik an der Corona-Politik, auch weil viele ihrer Kolleginnen und Kollegen seit Ausbruch der Pandemie ein kärgliches Dasein fristen. Aber viele Meinungsmacher der Kulturnation Deutschland verkraften weder solche Kritik noch Satire als Kunstform. Statt Toleranz und Humor schlagen Brüggemann und den Schauspielern Hasstiraden und Schmähungen entgegen.[33] Der Journalist Jakob Augstein beurteilt das sarkastisch: »Der Schauspieler Jan Josef Liefers hat den Medien (…) auf ironische Weise mangelnde Distanz und Panikmache vorgeworfen. Danach wurde er erst geteert und gefedert, durch die Straßen geschleift und schließlich an einem Laternenpfahl aufgehängt – bildlich gesprochen, aber die Stimmung war schon nach Lynchen. Dabei hatte er einfach nur recht.«[34]

Die Künstler und die junge Generation verzweifeln zu Recht und wissen nach einem Jahr Stillstand nicht mehr weiter: Wer als junger Mensch so lange nicht im Orchester oder auf dem Fußballplatz spielen konnte, der ist schlicht und einfach raus. Die Künstler fallen vielfach aus der Sozialkasse. So lässt die ignorante Corona-Politik Millionen junger Talente auf der Strecke.

Insgesamt bezahlt der Staat nur circa eine Milliarde Euro an die existenziell bedrohten kleinen und mittleren Unternehmen aus, verteilt aber Geldspritzen von mehreren Milliarden an wenige ausgewählte Konzerne. Einige dieser Unternehmen bedanken sich, indem sie Unsummen an Kurzarbeitergeld kassieren, gleichzeitig Dividenden an ihre Aktionäre ausschütten und danach trotzdem massiv entlassen.

Im November 2020 rollt bereits die erste Verschuldungswelle privater Haushalte über Deutschland, eine zweite gewaltige Welle wird für 2021 erwartet. So spaltet sich die Gesellschaft auch beim Thema Sparen/Schulden weiter auf: Die Sparquote der Gutverdiener verdoppelt sich im zweiten Quartal 2020, während den Geringverdienern erhebliche Mittel wegbrechen.[35]

Finanzminister Scholz verschuldet die Republik und die nachfolgende Generation massiv, damit die Bevölkerung vor der Bundestagswahl nicht noch unruhiger wird. Er erlaubt außerdem, dass Insolvenzen verschleppt werden. So entstehen Zehntausende sogenannter Zombieunternehmen mit Millionen Zombie-Arbeitslosen, aus denen allerdings eines Tages apokalyptische Reiter im Kleinformat werden können …

5. Das Jahr der Ratte 2020

»Der allerunterste Raum des Ozeandampfers, der das ganze Schiff
durchgeht, ist völlig leer, allerdings ist er kaum einen Meter hoch.
Die Konstruktion des Schiffes verlangt diesen leeren Raum.
Ganz leer ist er freilich nicht, er gehört den Ratten.«[36]

Franz Kafka, Schriftsteller, 1913

Die Ratte symbolisiert nach chinesischer Lesart eigentlich glücklichen
Neubeginn. Doch im Westen steht sie für das Gegenteil, für Krankheit
und Tod. Schließlich wurde sie zum Symbol der Pest im Mittelalter.
Und assoziiert noch heute apokalyptische Ängste.

Mit dem Schreckbild der Ratte tauchen alte Geschichten wieder
aus der Erinnerung und dem Bildungsschatz auf. In der westlichen
Literatur stehen Ratten seit Jahrhunderten für Schrecken und Ekel.
Mit wenigen Ausnahmen, zum Beispiel in Edgar Allan Poes Kurzge-
schichte *Die Grube und das Pendel*, befreien sie den Protagonisten, indem sie seine Fesseln zernagen. Aber auch nur deshalb, weil der Held
den Strick mit Essensresten eingerieben hatte. In Albert Camus' Roman *Die Pest* kündigen die auf seltsame Weise verendenden Ratten
jedoch das nahe Ende der Menschen an. Bei George Orwells *1984*
taugen Ratten sogar als Folterinstrumente. Und bei H. P. Lovercrafts
Short Story fressen sie die verwesenden Leichenreste der Ahnen des
Autors auf.

Mutantenvirus oder Mutantenratten?

Umso größer ist der Schock, dass sich weltweit parallel zum Corona-
Virus eine reale Rattenplage ausbreitet. Im Sommer 2020 berichten
Boulevardzeitungen von »Rattenkriegen« in der britischen Haupt-
stadt: Besondere blutrünstige fräßen sich sogar gegenseitig auf. »(Im
Internet) sieht man Nager, die fast einen halben Meter messen sollen.
Die Zeitung *The Sun* warnte schon vor ›Mutantenratten‹, ganz so, als
hätte das teuflische Variantenspiel des Virus nun auch die Welt der
Nager erfasst. *Ratmageddon*, so heißt es, sei nicht mehr weit.«[37]
In Großbritannien bewirkt der Doppelschock aus Brexit plus Co-
rona-Krise, dass reiche und einflussreiche Ausländer die britische Met-

ropole und die Insel verlassen. Insgesamt sind das 1,3 Millionen Personen.[38] Die Lockdowns und der Homeoffice-Hype leeren Bürogebäude, Restaurants und Pubs. Diese sowie viele verlassene Wohnungen und Häuser geben Raum für eine neue Parallelwelt der Lebewesen. Britische Rattenfänger berichten, dass seit der Pandemie die Nager »buchstäblich aus ihren Löchern kriechen«.[39] Der Großkammerjäger »pest. co.uk« schätzt eine Zunahme der Population um 25 Prozent im Verlauf von 2020 auf etwa 150 Millionen. Deren Rudelführer kämpfen in sogenannten Rattenkriegen um neue Kolonien. Teilweise fallen sie in Privathäuser ein und besetzen sogar die oberen Stockwerke.

Parallel rächt sich die Gentrifizierung: Seit Jahren breiten sich in den Metropolen die kosmopolitischen Eliten aus. Jetzt stellt sich heraus, was kosmopolitisch im Wesentlichen heißt: Dass diejenigen, die sich so bezeichnen, wenn es unangenehm wird, die Restbevölkerung lieber sich selbst überlassen. Die Ratten füllen dann nach Darwin'schem Gesetz das Vakuum, das der Homo sapiens hinterlässt.

Pumas in Privatwohnungen

Im London wie New York kommt es seit Jahren zu einer »Teilung der Stadt in ungleiche Viertel«[40]. Jetzt kommt es zu einer Verdichtung der Armut – und des Virus. Die New Yorker Latina Emerita Ramoon berichtet aus ihrem Wohnviertel: »15 Prozent haben hier keine Krankenversicherung.«[41]

Ganz anders redet ein Angehöriger der Kastenkartause Upper East Side, der Multimillionär Jan Bickley: »Schaut meine Familie an, welche Art von Leben wir führen können. Uns haben die Folgen der Pandemie kaum berührt (…).«[42]

So kommt es zum großen Austausch. Aber nicht zu dem berühmten, politisch gemeinten Austausch, den rechte Kreise prophezeien: Demnach würden die oberen Kasten die eigene Bevölkerung gegen Einwanderer austauschen. Jetzt dagegen tauschen Exemplare des *Homo neoliberalensis* plötzlich die urbanen Wohlfühlzonen mit Schädlingen, Schmarotzern oder sogar Raubtieren. Zeitungen berichten von einem in »Unordnung geratenen Verhältnis« in den Städten: In Großbritannien »marodierten Ziegen in der Innenstadt (…), in der israelischen Hafenstadt Haifa leerten Wildschweine Mülleimer aus, und in Santiago de Chile verschafften sich Pumas Zugang zu Vorgärten und Privatwohnungen«.[43] Es ähnelt fast einer Science Fiction-Story: Die vom Virus gefährdete Restbevölkerung ist plötzlich nicht mehr menschlichen Rudeln des Raubtierkapitalismus, sondern echten Raubtieren hilflos ausgeliefert.

Panik und Gewalt

Ohnmacht und Lähmungserscheinungen in der Bevölkerung nehmen nicht nur angesichts solcher Schreckensmeldungen, sondern insgesamt zu. Italienische Geheimdienste warnen bereits im Frühsommer vor größeren Angst-Aufständen.[44] Und tatsächlich brechen in den Folgemonaten größere Ausschreitungen in italienischen Großstädten aus, vor allem in Neapel, wo Hooligans friedliche Proteste kapern.[45] Auch London erlebt immer wieder gewaltsame Protestaktionen.[46]

Und Ende Oktober 2020 kommt es nicht nur in Italien und Deutschland, sondern auch in Kanada und Spanien zu Protestaktionen, die zum Teil tagelang anhalten und sich an relativen Kleinigkeiten entzünden. Danach folgen Anschläge auf das Robert-Koch-Institut in Berlin und Attentäter lassen einen Sprengsatz mitten in der Hauptstadt explodieren.[47]

Vor Weihnachten 2020 sind neue Krisenanalysen bekannt geworden. Wissenschaftliche Studien enthüllen, dass der Arm-Reich-Gegensatz schon vor Corona stärker auseinanderklaffte. Wenigverdiener waren vom gesamten Boom der 10er-Jahre praktisch abgeschnitten, ihre Einkommen schrumpften im Gegenteil zusammen. Sogar Teile der Mittelschicht zehren aus. Kommentatoren befürchten, dass nunmehr »die Identifikation mit der Demokratie in Deutschland geschädigt werden könnte«.[48]

Krisenfutter für die Karstadt-Krake

Außerdem sickern seit Wochen immer wieder Nachrichten von überdimensionalen Krisengewinnmitnahmen der Großen durch. Erstens handelt es sich dabei um die gigantischen Gewinne der Techgiganten wie Amazon oder Alphabet/Google. Zweitens verteilt die Bundesregierung Milliardenfinanzspritzen der deutschen Steuerzahler an undurchsichtige Konzerne wie TUI, mit Konzernsitz in London, oder für die »Karstadt-Krake«, den Selfmade-Milliardär René Benko. Drittens wetten derweilen Hedgefonds und Finanzkonglomerate wie Black-Rock äußerst erfolgreich auf die Krise und halten sich an den Verlusten der Kleinanleger schadlos.[49]

6. Katastrophen im Interregnum

»Und dann wurde noch alles (in der ›Tagesschau‹)
zusammengemischt, was zu einer Stigmatisierung gehört: die
Auflösung der Demonstration durch die Polizei, der Hinweis darauf,
dass auf der Demonstration auch rechte Gruppen und Personen
mitmarschiert sind. Die unterschwellige Botschaft auch hier: Die
Demonstranten sind schuld, wenn es zur zweiten Welle kommt.
Einige würden die Gesundheit aller schädigen.«[50]

*Albrecht Müller, Ex-Kanzlerberater von Willy Brandt
und Publizist, 2020*

Im März 2021 wird den Bürgern das Versagen der deutschen und europäischen Politikkaste bei der Impfstoffbestellung im ganzen Ausmaß klar. Diese begehen zwei entscheidende Fehler: Erstens schützen sie nicht vorrangig die Interessen der eigenen Bevölkerung von über 500 Millionen Menschen – sondern setzen zweitens in voller Überzeugung auf den Markt, der das, wie üblich, regeln soll.

Liberale Impf-Nationalisten

Ganz anders die britische Regierung. Sie rechnet schon sehr frühzeitig, im Februar 2020, damit, dass die Amerikaner einen knallharten Impfnationalismus vertreten werden, egal, ob noch Trump oder ein anderer an der Macht sein wird. Die Analyse trifft ins Schwarze. Konsequent verbietet die britische Regierung ihren Impfstoff-Forschern aus Oxford, einen Deal mit dem amerikanischen Konzern Merck einzugehen. Und sie behält recht: Der neue Präsident Biden entpuppt sich wie gesagt ebenso als Impfnationalist wie sein Vorgänger und verbietet zum Beispiel dem Pharmakonzern Pfizer, den in Deutschland von BioNTech entwickelten Impfstoff in die EU auszuliefern.

Mit ihren fatalen Fehleinschätzungen liefern die Brüsseler und Berliner Kasten schließlich ihre Bevölkerung ungeschützt der dritten Welle der Coronapandemie aus. Sogar wirtschaftsliberale Blätter sind entsetzt: »In vielen Hauptstädten herrscht blanke Hilflosigkeit. Nicht nur in Berlin fehlt ein Konzept für die Krise. In Paris schrecken die Verantwortlichen nicht mehr vor Fake-News zurück.«[51]

So erweist sich der in Kontinentaleuropa als billiger Populist verschriene Boris Johnson als strategisch wie praktisch überlegen. Ebenso erweist sich die hämische Kritik der deutschen Regierung an populistischen Figuren wie Netanjahu als in dieser Hinsicht verfehlt. Denn sie alle haben für ihre Nationen frühzeitig ausreichend Impfstoff gesichert – wie auch ein Trump –, während gleichzeitig die halbe Welt über das Impfstoff-Desaster des Musterknaben Deutschland lästert. Schließlich hatten die Deutschen den BioNTech-Wirkstoff sogar aus eigenen Steuermitteln finanziert.

Französischer Impf-Chauvinismus

Kanzlerin Merkel aber überlässt weiterhin stur die Impfstoffbeschaffung ihrer Parteifreundin von der Leyen. Die »Tramödie« nimmt ihren Lauf, als sich ausgerechnet die französische Regierung in diese nach Brüssel delegierten Verhandlungen über Impfstoffbestellungen eingrätscht und die deutschen Interessen mal wieder aushebelt, weil der Präsident das eigene nationale Ego pflegen will: Die französische Regierung blockiert eine dringende Bestellung der EU-Kommission von bis zu 1,8 Milliarden Impfdosen von BioNTech/Pfizer. Der Grund: Europäische Diplomaten vermuten, dass Paris Deutschland erpressen und die Verlagerung der Produktion des BioNTech-Impfstoffs ins eigene Land erzwingen will – da der französische Pharmachampion, der Sanofi-Konzern, bisher nicht in der Lage war, ein brauchbares Vakzin zu entwickeln. Europa verliert durch die Blockade dringend benötigte Impfkapazitäten.[52]

Das Ergebnis: Deutsche Blauäugigkeit und Europaeuphorie scheitern an französischem und angelsächsischem Impfnationalismus. Die Berliner Spitzenpolitiker sind dagegen Meister im Beschönigen und Beschwichtigen. Angela Merkel gesteht bereits Anfang 2021 kleinlaut ein, dass »ihr das Ding entglitten ist«.[53] Die Vertreter der Pharmalobby aber bezeichnen die Produktionsengpässe und Lieferboykotts, die zehntausende EU-Bürger das Leben kosten, abfällig und zynisch als »Schluckauf«.[54]

Eine der Wenigen, die die weitgehend unkritisch geführte Debatte aufmischt, ist die Oppositionspolitikerin Sahra Wagenknecht: »Mit 750 Millionen Euro an öffentlichen Steuergeldern wurden allein in Deutschland im letzten Jahr diverse Pharmakonzerne subventioniert, damit sie Impfstoffe herstellen. In der gesamten EU wurden über 6 Mrd. Euro an öffentlichen Geldern bereitgestellt. (...) Es sind nicht die fehlenden Kapazitäten, es ist die Komplizenschaft der Politik mit der Pharmaindustrie, die für die Knappheit an Impfstoff und die hohen Kosten verantwortlich ist.«[55]

Erneut bestätigt sich, dass die dilettantische Abwehr eines apokalyptischen Reiters weitere apokalyptische Reiter auf den Plan ruft: Die Berliner Politikkaste liefert durch ihre Impfposse die deutsche und die europäische Bevölkerung den aggressiven neuen Virus-Mutationen ohnmächtig aus und die Bürger bezahlen das zu Zehntausenden mit dem Leben oder schweren gesundheitlichen Schäden. Nach diesem Menetekel reißt der Graben zwischen neoliberalen Kasten und Bevölkerung weit auf.[56]

Schulen öffnen für das Virus

Die Präsidentin der Europäischen Kommission, von der Leyen, versucht die Kritik zu ersticken, indem sie weitere Apokalypsen beschwört: Sie raunt jetzt vom Schreckensszenario eines neuen Kalten Krieges, der angeblich um Impfstoff ausbrechen könne. Damit greift sie selbst einmal wieder zu populistischen Verschwörungstheorien: Sie baut neue Feindbilder auf und facht unnötig Emotionen und Verunsicherung an. Das ist ein Armutszeugnis, weil von der Leyen, Merkel und Macron diesen Kalten Krieg für Europa längst verloren haben. Die deutsche Regierung setzt weiterhin die junge Generation skrupellos der dritten Viruswelle aus. Sie beschließt den Neustart aller Kitas und Schulen, allerdings ohne eine Teststrategie umzusetzen. Damit öffnet sie dem Virus Tür und Tor. Endlich schwenken jetzt auch Leitmedien auf die steigende Kritik in der Bevölkerung ein.

Insbesondere der Boulevard greift Stimmungsbilder der Bevölkerung auf und überschlägt sich in Fundamentalkritik. So beschweren sich die Gazetten über eine gefühllose Kanzlerin, die »Kinder quält«, und prangern den von den Politikern verpatzten, aber dringend nötigen Erholungsurlaub der Familien an. Die *Bild*-Zeitung rechnet gnadenlos vor, dass im Sommer 2021 wahrscheinlich nur Landsleute über 65, aber nicht die arbeitende Bevölkerung werde Urlaub machen können.[57]

Entsetzt erfahren die Bürger außerdem, wie sich das »*Juste Milieu*« gleichzeitig an Impfstoff bedient. Als »*Juste Milieu*« wurden im Übrigen der obere Klerus und der Hochadel im Feudalismus bezeichnet. Das trifft auch im 21. Jahrhundert noch zu: Politische Mandatsträger, und Bischöfe werden 2020 als Impfdrängler und -profiteure enttarnt.[58] So wie Luxusanbieter seit Ausbruch der Pandemie 2020 exquisite Fluchtwege und -stationen für die betuchte Oberschicht anbieten, so offerieren diese jetzt Luxus-Impf-Reisen nach Dubai, Kuba oder Israel.[59]

Für die deutschen Normalbürger sieht das betrüblicher aus. Sie bleiben dem tödlichen Risiko und den neu auftauchenden Mutationen viel zu lange schutzlos ausgeliefert.[60]

7. Weltbürgerkrieg um Biosicherheit?

»Was aus der Corona-Katastrophe und der von ihr ausgelösten Selbst-Entmachtung, Selbst-Demontage, Selbst-Entblößung und Selbst-Demoralisierung unserer Regierungseliten folgen wird? Kurzfristig nichts. Auf mittlere Sicht aber die allmähliche Zermürbung, Zerstörung der Demokratie, Chaos auf den Straßen, in den Köpfen, in den Jobcentern, Radikalisierung auch der bürgerlichen Parteien, Dauerplebiszite, Araberaufstände, Anarcho-Koalitionen nach dem Weimarer Prinzip sowie die kurzfristig von den Deutschen durchgezogene Evaluierung der Juden nach Israel und Madagaskar ...«[61]

Maxim Biller, deutsch-jüdischer Intellektueller, 2021

Internationale Vergleiche führen den Deutschen täglich vor Augen, wie ihr Land beim internationalen Impfwettbewerb zurückfällt.[62] Russland und China dagegen spenden inzwischen großzügig an ärmere Nationen – wovon Deutschland und die EU nur träumen können.[63]

Die Auslandskorrespondentin Samiha Shafy weist außerdem auf ein Versagen des Westens insgesamt hin: »Die reichen Länder sorgen mit Hamsterbestellungen bei Impfstoffherstellern dafür, dass ärmere Länder in absehbarer Zeit überhaupt keinen Zugang zu Impfstoffen erhalten.«[64]

Dieses Gerechtigkeitsproblem innerhalb der Gesellschaften entwickelt neuen medizinischen und sozialen Zündstoff: Die westlichen Eliten schließen einen Großteil der Menschheit vom Zugang zum Impfstoff aus.

Der deutsche Investigativ-Reporter Harald Schuman skizziert mit guten Argumenten das Szenario eines Welt-Bürgerkriegs um Biosicherheit: Die eigentliche »Globalokalypse« besteht darin, dass nach Informationen des amerikanischen Duke Institute die »einkommensstarken Länder der OECD mit gerade mal 17 Prozent der Weltbevölkerung bis Mitte Januar 60 Prozent der bis dahin verfügbaren jährlichen Impfstoffproduktion in 2021 für sich reserviert« haben.[65]

Wieweit Reden und Taten auseinanderklaffen, beweisen erneut die Politikpropagandisten Merkel, Macron und von der Leyen. Sie stellen fest, dass »die Covid-19- Krise der größte Test für die globale Solidarität seit Generationen« sei, und fordern daher, dass es einer »starken und international koordinierten Antwort, die schnell den Zugang zu Impfstoffen erweitert und eine umfassende Immunisierung als globales öffentliches Gut anerkennt, das für alle verfügbar und erschwinglich sein muss«, bedürfe.[66]

Diese Politiker überführen sich selbst mit diesen Aussagen. Denn inzwischen steht fest, dass »die Impfung vier Fünftel der Menschheit nicht erreicht«.[67]

Der Internationale Währungsfonds prognostiziert regelrechte Katastrophen: Corona sei nichts anderes als die dramatischste Wirtschaftskrise seit der Großen Depression von 1930. Außerdem werde »die Pandemie (…) den Planeten von Grund auf verändern«, glaubt die Zeitschrift *Foreign Policy*.[68]

Deutschland blickt als Nation auf eine besonders schlimme apokalyptische Vergangenheit zurück. Seine Bürger haben zahlreiche Traumata zurückbehalten. So erkennt die Journalistin Sabine Bode ganz allgemein kollektive Auffälligkeiten ihrer Landsleute, weil die Kriegsgeneration ihre »unbewusste(n) Ängste an die Nachgeborenen« weitergegeben habe.[69]

Angesichts der Pandemie erinnern sich viele aber wieder an Lösungen, mit denen ihre Großeltern oder andere Vorfahren frühere Krisen bewältigt haben. Für manche ist es das einmalige Erlebnis von Solidarität während des Bombenkriegs der Alliierten gegen die deutsche Zivilbevölkerung. In dieser Zeit höchster Not rechnete jeder Bürger und jede Bürgerin, die Ausgebombte bei sich aufnahm oder Nachbarschaftshilfe leistete, damit, am nächsten Tag vielleicht in derselben Lage zu sein. Dementsprechend kam es zu fast hundertprozentiger Solidarität. Andere Deutsche erinnern sich an die Stunde Null von 1945: eine Zeit, in der im zerstörten Deutschland der Eindruck vorherrschte, dass alle vom gleichen Niveau aus neu starteten. Das war das Narrativ der Aufbaugeneration, das vielen Mut und Kraft gab, aus den Ruinen ein neues und besseres Deutschland zu errichten. Beide Rettungsversuche basierten auf den Werten, die in Notlagen retten: auf Solidarität und auf Gemeinsinn.

So überwiegen bei den meisten Deutschen die typischen Zukunfts- und Existenzängste angesichts schwerer Krisen. Der Historiker Frank Biess von der Universität San Diego erklärt das aus dieser »katastrophischen Vergangenheit«.[70] »Die spezifische ›Dramatisierung der Politik‹ (…reicht) bis zur Zeit nach dem Ersten Weltkrieg zurück.«[71] So stößt man wieder auf die 1920er-Jahre. Damals machte sich in Deutschland eine neue Emotionalität in der Politik breit – konkret eine der emotionalen Vergemeinschaftung. Leider aber hatte sie eine Kehrseite: Sie gründete sich teilweise leider »auch auf die Abgrenzung von einem inneren Feind«[72] – damals den deutschen Juden.

Das Versagen der heutigen Politiker lässt die Gefahr gesellschaftlicher Feindbilder wieder real werden. Den politischen und wirtschaftlich führenden Kreisen gelingt es nicht, diese positiven Werte durch

Vorbildfunktionen in Wort und Tat lebendig werden zu lassen. Sie schaffen nicht den Sprung von Marktdenken zu neuem Gemeinsinn, von individuellem Egoismus zu nationaler Solidarität, von Ausgrenzung zu Versöhnung in der Not.

Hybris der Staatsspitze

Da wirkt es befremdlich und auf viele sogar wie Heuchelei, wenn Bundespräsident Frank-Walter Steinmeier in seiner Trauerrede für 80 000 Corona-Tote in Deutschland im April 2021 zwar einerseits zugibt: dass »auch die Politik habe lernen müssen. Wo es Fehler und Versäumnisse gegeben habe, müssten diese aufgearbeitet werden«, das aber sofort wieder einschränkt: »Aber nicht an diesem Tag«.[73] Er fügt vielmehr moralingetränkt hinzu: »Eine Gesellschaft, die dieses Leid verdrängt, wird als ganze Schaden nehmen.«[74] Vielen Mitbürgern Steinmeiers stößt bei diesen Worten ihres Präsidenten übel auf, dass es führende Politiker wie er sind, die durch ihr Impfstoffdesaster eine Teilschuld für dieses Leid tragen.

Am gleichen Tag, an dem ein Machtkampf innerhalb der Spitzenpolitiker der Republik um die Kanzlerkandidatur entbrennt, baut ein Mann einsam vor der Zentrale der CDU in Berlin mit Plastikhaltern eine kleine Protestwand auf. Er hängt ein Bild seines Vaters auf. 86 Jahre sei er geworden, vorige Woche gestorben, an Covid-19. »Er hat keinen Impftermin in Sachsen-Anhalt bekommen, immer wieder hingen wir in der Hotline fest.« Dem Mann kommen die Tränen. »Ein Toter zu viel, das war es mit der CDU«, steht auf einem zweiten Bild, das seinen Mitgliedsausweis zeigt, Nummer 5255-0-03842. Er will ihn beim Pförtner abgeben, für immer. »Da draußen sterben die Menschen, und hier machen sie Hahnenkämpfe!«[75]

Die politische Kaste aber lässt sich nicht beirren: Sie arbeitet mit Rhetorik und verlangt sogar in Werbeanzeigen eine »emotionale Vergemeinschaftung« aller Masken,- Lockdown- und Impfwilligen – während sie gleichzeitig von oben alle Nicht- oder Unwilligen inzwischen oder sie sogar als innere Feinde denunziert – oder gar dem Verfassungsschutz ausliefert.

8. Die »reine Kanzlerin« und das »unreine Volk«

> »Angela Merkel hat die Republik nicht nur verwaltet.
> Sie hat die Regeln der alten BRD kontrolliert gesprengt.
> Jetzt, da ihre Macht schwindet, erkennt man ihr Prinzip.«[76]
>
> *Philip Manow, deutscher Politikwissenschaftler, 2018*

Die Hybris der Politiker kennt keine Grenzen. Inzwischen merken auch politisch naive Bürger, wie stark das System Merkel bröckelt. Trotzdem zelebriert sie sich weiter als entrückte Politikerin, die mit dem normalen Volk nicht viel gemein hat: Sie proklamiert mitten in der Krise öffentlich: »Ich bin im Reinen mit mir.«[77] Gleichzeitig lässt sie an Plänen arbeiten, um ihre Macht und ihre Machtzentrale gigantisch auszubauen. Dabei war schon das alte Bundeskanzleramt überdimensioniert: Es ist die größte Regierungszentrale der Welt, etwa achtmal so groß wie das Weiße Haus in Washington.

Muttis Schloss

Merkels Anspruch genügt das nicht und es wird klar: »… der größte Regierungssitz der Welt (sei) leider zu klein, man müsse ihn für 485 bis 600 Millionen Euro erweitern.«[78] Beim Einzug hatte das Amt 450 Mitarbeiter, Merkel vergrößert auf 750. Jetzt aber will die »Mutti der Nation« mehr und damit weit mehr, als Macron oder Biden sich das leisten. Sie will nicht weniger als 400 Bedienstete zusätzlich einstellen – »plus einen Hubschrauberlandeplatz, neun fünfgeschossige Wintergärten und zwei Brücken über die Spree« bauen. Journalisten sprechen von einem »gigantischen Sicherheitsschloss« in den »Dimensionen eines Kleinstaats«.[79]

Das sind äußere Belege dafür, wie die Politikkaste der zweiten Republik den Staat ausbeutet. Bei näherer Betrachtung erweist sich Deutschland als besonders triftiges Beispiel für unverhältnismäßige Machtkonzentration. Macron war nicht der erste Systemsprenger, der als Außenseiter die klassischen Parteien und Institutionen überwand. Auch Merkel hatte als Außenseiterin die Macht errungen. Ihr Politikstil und der wachsende Machtzugewinn der EU über die nationale deutsche Politik verstärken den Trend in Richtung Präsidentialisierung der deutschen und europäischen Politik: Das bedeutet nichts weniger als eine Verschiebung der Macht weg von dem bisherigen Checks-und-Balances-System hin zur Entscheidungsbefugnis durch wenige, noch dazu teilweise nicht demokratisch legitimierte Autoritäten wie die EU-Kommission.

Von Verzicht keine Rede

Die Kanzlerin entzieht der deutschen Demokratie immer wieder Macht durch Krisen, die sie als »Systemsprengerin« selbst angeheizt oder sogar verursacht hatte. Sie hat diese Krisen – von der Eurokrise über die Flüchtlingskrise und den Brexit bis zu Pandemie – dazu benutzt, das Parlament immer stärker zu entmachten.[80]

Macron, Merkel und viele andere Vertreter der politischen Spitzenklasse haben auf diese Weise einige Jahre lang »durchregiert«, aber gleichzeitig die Alternativen torpediert. Sie haben keine qualifizierten Nachfolger aufgebaut und fallen qualifiziertem Nachwuchs eher in den Rücken – was sich fatal in Krisenzeiten auswirkt. So wie Merkel nicht beizeiten auf die Macht verzichten wollte, so verzichtet auch kein einziger ihrer Politikkaste auf Gehalt oder Privilegien – um Vorbild zu sein. Dazu ringt sich ein nur einziger europäischer Politiker von Rang durch, das ist Mario Draghi, der als neuer Regierungschef sein Salär ablehnt.[81]

Doch die Halbwertszeit der deutschen Politikkaste verfällt umso schneller: »Die Volksparteien CDU/CSU lösen sich angesichts des neuen plebiszitären und personalisierten Politikstils beschleunigt auf.«[82] Das hatte der junge Youtuber Rezo treffend mit seinem Video von der »Zerstörung der CDU« aufgespießt. Seine Analyse traf einen entscheidenden Schwachpunkt: Denn wenn die Systemsprenger ihre Ausstrahlung verlieren, knickt das Machtgefüge des Staates umso rascher ein. Es kommt zum Massensterben der ehemaligen Volksparteien.

Neoliberale, soweit das Auge reicht

Das System Merkel hat die anderen Parteien mit kompromittiert: Die Establishment-Parteien einschließlich der Linken und vielleicht mit Ausnahme der Grünen verfügen über keine Köpfe, die den Wählern überhaupt vernünftige Zukunftsaussichten versprechen. Die Grünen nominieren Annalena Baerbock als Kanzlerkandidatin. Das ist unter anderem ein Beleg dafür, wie stark diese Partei neoliberal gewendet ist: Baerbock hat an der Kaderschmiede der Neoliberalen, der London School of Economics, ihren Master abgelegt – einer Universität, die sich kein Normalstudent leisten kann. Grundsätzlich vertritt die grüne Kanzlerkandidatin die Wählerschicht der Besserverdiener, die im Vergleich die meisten SUVs fahren und einen besonders großen CO_2-Fußabdruck hinterlassen.[83]

Die Mehrheit der Wähler schätzt inzwischen Politiker, die sich fundamental gegen den neoliberalen Mainstream stellen. So küren die Deutschen Sahra Wagenknecht im November 2019 zur beliebtesten Politikerin überhaupt. Wagenknecht verweist Kanzlerin Merkel auf Platz zwei.[84]

Zuvor noch drohte Wagenknecht der Kanzlerin mit einer deutschen »Gelbwestenbewegung«. Und auch hierbei zeigte das System Merkel seinen Hang zur Manipulation der Öffentlichkeit und der Wähler. Die Große Koalition in Berlin vermied über ein Jahr lang ängstlich jede CO_2-Besteuerung, die die Verbraucher belastet hätte. Warum? Ministerpräsident Söder plauderte die Erklärung dafür aus: Er warnte davor, dass eine CO_2-Steuer nichts anderes als »Gelbwestenproteste« auch in Deutschland provozieren könnte.[85] Infam war jedoch die weitere Vorgehensweise. Die Koalition überrascht die Bevölkerung hinterrücks im Moment ihrer größten Schwäche und Ohnmacht: Mitten im Lockdown beschließt sie diese Steuer für den 1. Januar 2021 und lastet dem Volk neue Kosten auf, entlastet aber gleichzeitig die Konzerne.[86]

Ende März schlagen die Wellen des Unmuts aus der Bevölkerung denn auch höher. Die nationale Politik wie auch diejenige des föderalen Systems zeigen totales Versagen.[87] Die Politikkaste steht jetzt vor einem gewaltigen Scherbenhaufen. Im Kanzleramt macht sich Panik breit: Merkel lässt prüfen, ob man nicht Mallorca-Flüge stoppen soll, da diese der Mehrheit der Bürger verwehrt bleiben. Dann aber würde es sich die Politikkaste auch mit der Geldkaste verderben und müsste sämtliche Auslandsflüge stoppen – also auch die Impf-Luxusflüge. Zum ersten Mal wird jetzt auf breiter Front der Ruf nach Rücktritt laut. Die Parolen von der Staats- und Regierungskrise und einer dringenden Jahrhundertreform gehen um. Brinkhaus will die Stimmung auffangen und ruft in diesem Augenblick dazu auf, dass »eine Revolution in Deutschland nötig sei«.[88]

Das wiederum ist nichts anderes als der totale Offenbarungseid. Jetzt bieten sich den Wählern neoliberale Kandidaten für das Kanzleramt an wie Baerbock, Laschet und Scholz, die letztlich alle keine echte Alternative zur bisherigen Politik darstellen. Bei den meisten von ihnen ist zudem unklar, was sie vorhaben. Nur eines ist klar: Sie alle stehen auf derselben Seite der »Barrikade«.[89]

VIII. Gemeinsinn, Gegenmacht, Gewalt von oben? Wer uns nicht beschützt, muss weg

1. Aufstandsbekämpfung von oben und Gegengewalt von unten

> »Die Rottweiler-Gesellschaft verliert
> den Sinn für sozialen Zusammenhalt.«[1]
>
> *Paul Collier, britischer Politologe, 2019*

Wie ist es so weit gekommen? Was ist an Zusammenhalt in der Gesellschaft verlorengegangen und warum? Das ist kein Wunder, denn die deutsche Bevölkerung erlebt ein Eliten- und Staatsversagen ungeheuren Ausmaßes. Die Stimmung kippt mit Beginn des Jahres 2021. So erodiert das Vertrauen der Bürger in ihre Führung.[2]

Verlust des Gemeinsinns

Unter den Normalbürgern aller Schichten machen sich Ängste breit und die Kanzlerin verhält sich so, als gehe es ihr hauptsächlich darum, ihre Untertanen wegzusperren.[3] Doch statt sich der Verantwortung zu stellen und ihre Minister zur Verantwortung zu ziehen und wenigstens die unfähigen zu entlassen, schiebt sie die Verantwortung weiterhin an die Bevölkerung ab: Diese trage die Schuld an einer Verlängerung der Krise und einer Steigerung der Todeszahlen, so lauten immer wieder die direkten oder indirekten Vorhaltungen von oben. Das politische Klima in Deutschland gewinnt dadurch nicht an Ernsthaftigkeit angesichts der Lage, sondern infantilisiert endgültig. Die Leitmedien sprechen jetzt unverhohlen vom Abstieg eines Staates.

Die Krise entlarvt, was die Bevölkerung befürchtet hat: Die Kasten kümmern sich in erster Linie um sich selbst.

Normalerweise hat der Staat die Aufgabe, in Krisen angsteindämmend zu wirken. Die Bundesregierung unter Angela Merkel und ihrer Berater und Wortführer von dem ewigen Worst-Case-Propheten Christian Drosten über den Tierarzt Lothar Wieler bis zum unerträglichen Mutti-Bewunderer Altmaier schüren unbeirrt immer neue Ängste und bedrohen die Bevölkerung, statt ihr Mut zuzusprechen und verlorengegangenes Vertrauen zurückzugewinnen. Eine Umfrage bestätigt Ende März: 65 Prozent der Bürger sind unzufrieden und bei ihnen stellt sich das »mulmige Gefühl ein, in einem kaputten Land zu leben«.[4]

Der Boulevard titelt: »Ein Land zwischen Chaos und Rebellion« und spricht von einem bösen Erwachen, das sich mit dem Unmut über Politikerinnen und Politiker paare, die sich mit ihren Versprechen ständig zu widersprechen scheinen.«[5]

»Failed State«

Das Chaos nimmt zu: Großdemonstrationen leben erneut auf. Katholische Theologen klagen »Krisen- und Seuchengewinnler« an und scheuen nicht vor der Wortwahl mittelalterlicher Prediger in Zeiten der Pest zurück.[6] Querdenker halten Protestplakate hoch, auf denen die Worte »Södolf« und »Diktatur« zu lesen sind.[7] Das Klima erweist sich als immer vergifteter.

Die Kasten aber gehen in ihrer Panik jetzt aufeinander los. Der Top-Manager Wolfgang Reitzle klagt die Politiker an, für »unnötig viele Menschen, die sterben«, verantwortlich zu sein. Zudem bezeichnet er die Hauptstadt Deutschlands unverfroren als einen »Failed state« – mit Clankriminalität und dysfunktionaler Bürokratie.[8]

Der Rechtsaußen der Bundesregierung, Innenminister Horst Seehofer, bastelt umso hektischer an Auswegen. Er lässt neue Machtstrategien für die Kanzlerin erstellen, damit sie nicht in den totalen Lähmungszustand der »lame duck«, der »lahmen Ente«, verfällt, wie man einen Amtsträger auf Abruf bezeichnet. Jetzt kann sich die politische Kaste nur noch selbst ermächtigen, weil andere sie nicht mehr schützen.

Bernard E. Harcourt ist Juraprofessor an der Columbia Universität und vertritt als Anwalt zum Tode Verurteilte. Außerdem kämpft er gegen Menschenrechtsverletzungen in Südafrika. Er legt knapp vor der Corona-Krise ein Buch mit dem Titel *Gegenrevolution* vor. Darin schildert er den Kampf der Regierungen gegen die eigenen Bürger.[9]

Kenntnisreich belegt er darin, wie westliche Regierungen bestimmte Methoden perfektionieren – und zwar diejenigen zur Bekämpfung der Kritiker und Aufständischen aus dem eigenen Volk. Die Oberen machen das in den letzten Jahrzehnten zum Teil ihrer Strategie gegenüber den eigenen Bürgern. Harcourt aber bezeichnet das kenntnisreich als nichts anderes als die »Gegenrevolution ohne Revolution, die gegen Phantomfeinde geführt wird und jeden von uns ins Visier nimmt«.[10] Harcourt erklärt so das neue Paradigma des Regierens. Es richtet sich gerade nicht gegen eine revoltierende Minderheit, sondern es erweckt die Illusion feindlich gesinnter Minderheiten. Die Regierung nutzt dann diese künstlich erzeugte Gegnerschaft, um insgesamt kritische Teile der Gesellschaft kaltzustellen.[11]

»Europa befindet sich im Krieg«, zitiert Harcourt entsprechende politische Quellen. Es handelt sich um »politische Kriegführung, als eine der fünf Komponenten eines Aufstands«, wie ihn der Berufsrevolutionär Mao gelehrt hatte .

Das ist exakt jene Methode, die Donald Trump und seine Vertrauten für ihren Putschplan ausgeheckt hatten: Der Sturm aufs Kapitol sollte provozieren und die Sicherheitskräfte zu einem Gegenschlag animieren – eventuell zu einem Blutbad. Genau das wäre der Vorwand für den Präsidenten gewesen, den Ausnahmezustand auszurufen und die Macht autoritär oder gar diktatorisch an sich zu ziehen. Trump hätte also die amerikanische Bevölkerung erst in Panik gestürzt und dann von oben »gerettet« – das erinnert unter anderem daran, wie Hitler ein vom Bürgerkrieg, von politischen Morden und Straßenschlachten aufgewühltes Deutschland »befriedete«.

Präsident Macron hat schon vor Jahren die friedlichen Demonstrationen der »Gelbwesten« provoziert, bis schwarze Blocks aufmarschierten und diese ihm den Vorwand lieferten, Sturmtruppen und Militär einzusetzen und den Ausnahmezustand über alle Franzosen zu verhängen. Er schränkte anschließend – wie gesagt, vor der Corona-Krise – zusätzlich die Bürgerrechte ein, bis heute eine geschwächte Demokratie davon übrigbleibt. Diese wird jederzeit von oben – und das sogar rechtmäßig – in einen autoritären Modus umgeschaltet. Seit dem Ereignis von Washington und der Putschdrohung der französischen Militärs im Jahr 2021 steht diese Warnung auf der Tagesordnung aller Demokratien: Nur ein kluger und strategischer Widerstand von unten kann die Geld- und Politikkasten stoppen und bezwingen.

2. Immunität für obere, »Unendlichkeitshaft« für untere

> »(Das Gesetz) führt im Übrigen auch die Fußfessel für Personen ein,
> von denen eine Gefahr ausgeht. Man sollte die Fessel, am besten
> auch für die Hände, den Abgeordneten anlegen,
> die für so ein Gesetz stimmen.«[12]
>
> *Heribert Prantl, Chefredaktion der Süddeutschen Zeitung, 2017*

Auch die deutsche Politikkaste steht im dringenden Verdacht, Aufstandsbekämpfung von oben zu betreiben. Der deutsche Publizist Wolf Wetzel hat diese Strategie bereits 2015 in seinem Buch *Der Rechtsstaat im Untergrund* überzeugend dargestellt, aber es sollte danach noch schlimmer kommen.[13] Im Jahr 2018 beschließt zum Beispiel der damalige bayerische Ministerpräsident Seehofer mit seinem Kabinett ein neues Gesetz zur inneren Sicherheit. Allein die Ankündigung löst einen bis dahin ungeahnten Proteststurm aus. Es kommt in München zu Demonstrationen Zehntausender aufgebrachter und besorgter Bürger, wie sie die Stadt seit der 68er-Epoche nicht mehr erlebt hat. Denn das neue »Polizei-Aufgaben-Gesetz« stellt erstmals in der Geschichte des Freistaats Bayern und der zweiten deutschen Demokratie hart erkämpfte Verfassungsrechte infrage und damit ein Herzstück der freiheitlichen Demokratie.[14]

Bayern führt damit die sogenannte Unendlichkeitshaft ein: Diese erlaubt es zum Beispiel den Staatsorganen, Bürger ohne Begründung und ohne Pflichtverteidiger auf unbestimmte Zeit in Haft zu nehmen. Die ersten drei Menschen in Bayern sind bereits mit Hilfe dieses Gesetzes verschwunden, ohne dass die Behörden Auskunft über sie geben.[15]

Viele Bürger beschleicht das ungute Gefühl, dass die Regierenden sie nicht in erster Linie beschützen, sondern eine Form von struktureller Gewalt anwenden.[16] Angefangen bei undemokratisch gefällten Impfstoff-Entscheidungen der Europäischen Kommission über willkürliche Enteignungen durch die Europäische Zentralbank bis zu Ermächtigungsgesetzen der Kanzlerin ohne ordentliche Beratung.

Gegengewalt von unten?

Die führende französische Feministin Elsa Dorlin provoziert darum mitten in der Corona-Krise mit radikalen Thesen und Darstellungen. Kein Wunder, dass ihr Buch *Selbstverteidigung eine* heftige Debatte auslöst.[17] Dorlin ermutigt darin Menschen, die zum Opfer der Gewalt von Herrschenden werden, sich notfalls gewaltsam zur Wehr zu setzen. Sie schildert als Beispiele sowohl die Suffragetten- wie die Black-Panther-Bewegung. Ihr Buch erhält zurecht den Frantz-Fanon-Preis – benannt nach dem anti-kolonialen Vorkämpfer und Verfasser des Klassikers *Die Verdammten dieser Erde*. Und es stimmt: Dorlin bricht so radikal mit Tabus wie Fanon und wie das in der französischen Tradition seit der Großen Revolution von 1789 üblich ist. Sie stellt zum Beispiel die provokante, aktuelle Frage: »Warum reißen die Attentate in Frankreich nicht ab?« Ihre Antwort: »Weil diese nicht nur islamistisch motiviert sind. Das wahre Problem sind die vielen Staatsbürger zweiter Klasse.«[18]

Wehrlose Körper

Sie schließt daran sofort weitere ketzerische Fragen an: Woher rührt eigentlich der Unterschied der Machtverhältnisse? Welche Körper sind verteidigungswert und welche wehrlos – und welche werden von oben wehrlos gehalten? Dorlin stellt eindeutig klar: Bei jedem Versuch, sich von unten zu wehren oder zu befreien, taucht die Frage danach auf, ob und wie die Unterworfenen zuvor entwaffnet wurden.

Die Autorin zeigt auch auf, wie Frauen in der Geschichte zahlreiche soziale und demokratische Revolutionen als auch die Volkssouveränität mit Waffen verteidigt haben: Sowohl die weibliche Nationalgarde zu Zeiten der Französischen Revolution wie auch die »im Kampf befindlichen afro-amerikanischen Frauen (… waren) immer bewaffnet«.[19] Und ganz allgemein spielte physische Gewalt in den Befreiungs- und Emanzipationsbewegungen der vergangenen Jahrhunderte die entscheidende Rolle.[20]

Aus diesem Grund zogen die Obrigkeiten immer Demarkationslinien zwischen solchen Bürgern und Bürgerinnen, »die würdig sind, sich zu verteidigen – wie etwa Angehörige der Aristokratie – und den Angehörigen ›niederer‹ Schichten, denen das Waffentragen strengstens verboten war«. Die Französin widerspricht darum scharf der Auffassung »die einen auf die Schusswaffen und die anderen auf ihr Geschlecht« zu verweisen.[21] Sie zeigt vielmehr auf, dass Frauen oft zu Gewalt greifen mussten und sich zu Recht im bewaffneten Widerstand engagiert haben. Dorlin schildert das anschaulich – angefangen vom Sklavenwiderstand bis zu den Kampftechniken jüdischer Widerstandskämpferinnen: »Bei der Praxis der direkten Aktion warfen die Aktivistinnen keine Bomben, sondern wurden selbst zu ›menschlichen Bomben‹.« Das sei Stadtguerilla-Taktik mit dem Ziel »körperlicher Übung, Aktions- und Rückzugspläne, Verstecken von Waffen unter der Kleidung, Unterstützungsnetzwerke, Waffenlager, Rückzugsorte etc.«.[22]

Rückzugsorte des Volkes

Dorlin setzt also den globalen Rückzugsorten der oberen Kasten die Rückzugsorte der restlichen Klassen entgegen. Ein solcher Rückzugsort ist und bleibt bis heute die Nation. Auch der anti-kolonialistische Vorkämpfer Frantz Fanon verstand die befreiende Wirkung antikolonialer Gegengewalt als »nationale Befreiungsbewegung«. Er und andere Vorbilder lösten eine Welle nationaler Selbstbestimmungskämpfe in der Dritten Welt aus.

Heute werden andere Mächte zu modernen Kolonialmächten, die die nationale Selbstbestimmung gefährden. Dazu zählen zum Beispiel die Tech- oder die Finanz-Giganten, die Hauptgewinner der Krise. Sie schrecken die Öffentlichkeit immer wieder auf mit Nachrichten über ihre überdimensionalen Profite. Schon Ende 2020 stellt sich heraus, dass Hedgefonds und Investmentgesellschaften wie BlackRock äußerst erfolgreich auf Verluste spekulieren. Sie wetten durch sogenannte Leerverkäufe zynisch auf nichts Anderes als auf den Niedergang von nationalen Realwirtschaften und Realgesellschaften.[23]

Damit schließt sich der Kreis, der mit der Denkschrift gegen »Kriegsgewinnler« des jungen Offiziers Kurt von Schleicher begonnen hat: Wie in den 1920er-Jahren provoziert die oberste Geldkaste mit ihrer überzogenen Marktmacht und mit struktureller Gewalt die Gewaltandrohungen von unten. Dorlin verteidigt diese Gegenmaßnahmen mit Hilfe der Prinzipien der Selbstverteidigung und der nationalen Selbstbestimmung.

3. »Gemeinschaftsgefährder« von oben?

»Soll eine Idee nicht ebenso gut wie ein Gesetz der Physik vernichten dürfen, was sich ihr widersetzt? (…) Der Weltgeist bedient sich in der geistigen Sphäre unserer Arme ebenso, wie er in der physischen Vulkane oder Wasserfluten gebraucht. Was liegt daran, wenn sie nun an einer Seuche oder an der Revolution sterben? Das Gelangen zu den einfachsten (…) Grundsätzen hat Millionen das Leben gekostet, die auf dem Weg starben. Ist es nicht einfach so, daß zu einer Zeit, wo der Gang der Geschichte rascher ist, auch mehr Menschen außer Atem geraten?«[24]

Saint Just in seiner Rede über den Tugendterror der Französischen Revolution, aus Georg Büchners Drama »Dantons Tod«

Zwei Beispiele verdeutlichen, was Dorlin mit Gegengewalt von unten meinen könnte. Das erste Beispiel handelt von einem jungen Afroamerikaner, der als einer der ersten den Krisengewinner Amazon öffentlich scharf aufs Korn nimmt: Christian Smalls dringt mit hunderten gleichgesinnten Demonstranten im Sommer 2020 in das luxuriöse Wohnviertel vor, in dem die Villa des Amazon-Multimilliardär Jeff Bezos liegt. Die Gruppe baut demonstrativ vor seinem Wohnhaus eine Guillotinen-Attrappe auf.

Guillotine gegen das Geld?

Mithilfe von Guillotinen exekutierten bekanntlich die Führer der Französischen Revolution die Mitglieder des *Ancien Régime*. Smalls hat persönliche Beweggründe, warum er ein so drastisches Symbol benutzt: Er ist ein ehemaliger Amazon-Beschäftigter, der schlechte soziale und gesundheitliche Verhältnisse in Amazons Lagerhäusern anprangerte: In einem über soziale Medien verbreiteten Video vom Protestauftritt forderte er »einen Mindestlohn von 30 Dollar pro Stunde, da doch Bezos 4000 Dollar in der Sekunde verdient«. Amazon feuerte Smalls daraufhin, »weil er Amazons mangelnde Maßnahmen gegen eine Ansteckungsgefahr durch Covid-19 öffentlich kritisiert habe«.[25]

Diese Botschaft springt daraufhin nach Europa über. Umweltschützer und Greenpeace klagen die Flächenversiegelung und die Urwald-Abholzung durch Amazon für Millionen Tonnen Verpackungsmaterial an. Der Konzern verbucht zusätzlich offensichtlich Steuervermeidung, übelste Arbeitsbedingungen und Mobbing interner Kritiker sowie die Vernichtung von Arbeitsplätzen auf seinem Schuldkonto. Er steht darüber hinaus im Verdacht der Datenmonopolisierung, um zum Interface zu werden und möglichst alle Kontakte zwischen Kunden und Produzenten weltweit zu kontrollieren.

Die Sammlungsbewegung *Aufstehen* ruft in Bayern zu einem Amazon-Boykott auf[26] – denn der Plattformkonzern droht das Weihnachtsgeschäft des schwer angeschlagenen Einzelhandels im besten Sinne des Wortes plattzumachen und die Innenstädte zu verwüsten. Unter anderem stehen Hunderttausende deutscher und französischer Einzelhändler kurz vor der Pleite.

Konzerne löschen so wichtige Kulturbestände und hart erarbeitete Errungenschaften und Traditionen aus. Die Marktmacht Amazons zeigt, wie die Hypermoderne »viele Wahrzeichen von Politik und Gesellschaft hinwegfegt«.[27] Das verbindet die Kritiker in den USA und Europa, zu denen sich sogar Konservative aus der französischen Oberschicht gesellen.

Globalkonzerne »fressen sich voll«

Damit sind wir beim zweiten Beispiel: Die nationalkonservativ eingestellte französische Kulturministerin Roselyne Bachelot beschimpft Amazon in ungewohnt deutlicher Diktion: »Sie fressen sich voll – es ist an uns, sie nicht zu mästen!«[28] Und sie ruft zum Boykott auf.

All diese harten Gegenreaktionen erklären sich durch das Werk der Zerstörung, das der völlig entfesselte Kapitalismus in der Krise hinterlässt. Der französische Präsidentschaftskandidat der Sozialisten, Hollande, hatte die berechtigte Furcht sowohl von Linken wie von Konservativen angesichts der Drahtzieher des ungehemmten Kapitalismus in einer berühmten Wahlkampfrede auf den Punkt gebracht: »Mein eigentlicher Gegner hat keinen Namen, kein Gesicht, keine Partei und er wird seine Kandidatur niemals ankündigen, wird niemals gewählt werden und doch wird er Frankreich regieren. Dieser Gegner ist die Finanzwelt.«[29]

Der Fall Amazon bestätigt so im Übrigen die Prophezeiung des indischen Intellektuellen Mishra, von Gewalt und Gegengewalt: Dass viele Menschen sich »militant von dieser Zivilisation ab(-wenden), geprägt von einem breiteren, tieferen und flüchtigeren Verlangen nach schöpferischer Zerstörung«.[30]

Damit kommen wir zu einem zweiten Beispiel, welch radikale Reaktionen die Geldkasten auslösen: In Deutschland kommt es zum 1. Mai 2021 in Berlin zu einer ähnlich spektakulären Straßenaktion wie derjenigen des jungen Smalls in Washington.

Gefährdung der Gesellschaft durch Geld?

Ein paar junge Berliner Politaktivisten greifen auf eine Arbeitergeschichte aus dem Jahr 1931 zurück: Der proletarisch-revolutionäre Schriftsteller Kurt Kläber hat sie unter dem Titel *Perlemann geht in den Grunewald* veröffentlicht. Darin macht sich der Arbeiter Perlemann mit einem Freund aus dem Wedding in den Grunewald zu den Häusern der Reichen auf. Perlemann kündigt einem Villenbesitzer frech an, sein Haus werde bald »sozialisiert« und dieser solle sich schon mal nach einer neuen Unterkunft umsehen. Die Polizei vertreibt dann die Störenfriede.[31]

Die Politikaktivistin Frauke bezeichnet sich im Jahr 2021 als »Quartiermanagerin« im Grunewald. Mit Absicht nennt sie sich so wie die Sozialarbeiter, die in Berliner Brennpunktvierteln »dafür (sorgen), dass die Bewohner eines Quartiers sich ins soziale Leben eingliedern«. Frauke wendet das allerdings mit ihrer Aktion gegen die Reichenszene des Grunewalds. Dieser gilt in ihren Augen als Problembezirk anderer Art: in dem Sinne, dass die Reichen, die nicht sozial umdenken, der Gesellschaft Probleme bereiten. In ähnlichem Duktus klagt Frauke auch Gesundheitsminister Spahn an, nachdem dieser mitten in der Corona-Krise eine Berliner Villa für vier Millionen Euro erwarb. Frauke bezeichnet ihn glattweg als »Gefährder« und dreht den Begriff der Sicherheitsbehörden dieses Mal gegen die Politikkaste um: gemäß der Logik, dass Leute wie Spahn indirekt der Gesellschaft gefährlich werden können. Das Beispiel kann als Beispiel der Verrohung der politischen Kultur, aber auch als Reaktion auf das unverfrorene, eigensüchtige und rohe Treiben der Oberen gewertet werden.

Die beiden amerikanischen Krisenforscher Turchin und Goldstone sagen eine weitere Zuspitzung der gesellschaftlichen Konflikte voraus. Das gilt auch für Europa, solange Skandale der oberen Kasten weiter die Empörung und Wut von unten provozieren. Dabei bleiben die sozio-ökonomischen Verhältnisse entscheidend. Teile der Mittelschicht zehren somit in der Krise besonders aus. Beobachter befürchten, dass nunmehr »die Identifikation mit der Demokratie in Deutschland« geschädigt werden könne.[32]

Das alles entzieht den Geldkasten Glaubwürdigkeit. Damit geraten ihre Hauptmachtpfeiler ins Wanken, wie zum Beispiel die Globalisierung und das Glücksmärchen vom Exportweltmeister Deutschland. Viele betrachteten schon vor Corona die Globalisierung immer mehr als Risiko.

Experten wie der Wirtschaftsexperte Andreas Nölke legen schonungslos offen, wie der Exportwahn der deutschen Wirtschaft Deutschlands strategische Verwundbarkeit steigert. Angesagt wäre ein Umsteuern, um – wie Nölke sagt – Deutschland und seine Bevölkerung resilient zu machen gegen Risiken der Zukunft nach Corona.[33] Vordenker wie Herrhausen und Reuter hatten schon in den 90er-Jahren für eine Industriepolitik auf Grundlage der eigenen Interessen propagiert. Dazu müsste das Selbstbewusstsein der Deutschen aber insgesamt resilienter werden.

Politik als Totalausfall

Die politische Kaste kann sich von den riskanten neoliberalen Visionen und Versprechungen nicht lösen und macht sich zum Büttel einer Kaste der Neureichen und neuer urbaner Spießer und Tugendwächter. Die zur Wahl stehenden Spitzenköpfe der Politik bieten keinerlei Aussicht, dass Deutschland nach der Pandemie in eine gute Zukunft geht. Baerbock vertritt mit den Grünen die Schichten der Besserverdiener und Krisenprofiteure, die den Rest der Bevölkerung maßregeln und umerziehen. Wagenknecht hat sie und ihre Milieus treffend als »die Selbstgerechten« entlarvt.[34] Die Spitzen von SPD und CDU dagegen verkörpern von der Macht zerschlissene und korrumpierte Volksparteien, die sich europaweit im Untergang befinden. Sie alle sind sich einig, nur mehr den Machterhalt und ihre Privilegien sichern zu wollen.

Es ist einerseits typisch, dass die grüne Kanzlerkandidatin mit ihrem fünfstelligen Monatsgehalt sich nicht zu schade ist, zusätzlich einen Extra-Gehaltsbonus für die »schwere« Corona-Belastung einzustreichen und noch dazu ein Weihnachtsgeld von fast 10 000 Euro[35] – während die vielen Hunderttausend Geringverdiener oder Pflegekräfte in Deutschland von so etwas nur träumen können. Andererseits weist einer der höchsten Repräsentanten derselben Partei, Ministerpräsident Kretschmann, übereifrig und noch vor seinem Kollegen Söder den Verfassungsschutz an, die unbequemen Corona-Politik-Kritiker zu beobachten.[36]

So spaltet die Politikkaste die Gesellschaft weiter: Der Journalist Florian Rötzer erkennt in den Privilegien für Geimpfte zurecht ein neues Explosionspotenzial. Fast 70 Prozent der Deutschen lehnen ab, dass Ältere privilegiert ihre Grundrechte zurückbekommen, während die Jüngeren gleichzeitig Ausgangssperren unterliegen. Außerdem stößt immer mehr Bürgern unangenehm auf, dass zum Beispiel junge Familien mit Kindern, die endlich eine Urlaubsreise ins Ausland planen, dafür einige Hundert Euro für PCR-Tests ausgeben müssen, während die Älteren längst günstig reisen und ausgelassen feiern.[37]

Frankreich führt schon während der Lockdowns vor, dass das Anlass für einen neuen Ausbruch von Hass und Ressentiments sein kann.

Wie aber konnte es dort so weit kommen? Im Herbst nutzt Präsident Macron die Zwangslage der weggesperrten Bevölkerung aus, um ein neues Polizeigesetz mit dem Titel »Sécurité globale« zu verabschieden. Es verbietet Journalisten, bestimmte Foto- und Videoaufnahmen von Sicherheitskräften bei Demonstrationen zu machen. Die Polizei dagegen erhält auch das Recht zur Drohnenaufklärung. Macron legt den Medien einen unverhältnismäßig engen Maulkorb an und schränkt eindeutig die Pressefreiheit ein.[38]

Am 27. November brechen auf breiter Front Protestaktionen mit mehr als 130 000 Teilnehmern aus.[39] Hier leuchtet Ende November erstmals kurz das Szenario eines ökonomischen Bürgerkriegs auf.

IX. Nationale Demokratie oder globaler Markt?

1. Kampf um die Demokratie

> »Wer dagegen daran mitwirkt, nationale Identitäten und die Sehnsucht nach Stabilität, Vertrautheit und Zusammenhalt moralisch zu diskreditieren, zerstört die gesellschaftliche Basis für eine Politik, die Märkte und Ungleichheit in Grenzen halten kann.« [1]
>
> *Sahra Wagenknecht, deutsche Politikerin und Publizistin, 2021*

Das demokratische Lager in Deutschland erleidet durch die paranoide Sicherheitspolitik und die soziale und moralische Spaltung von oben großen Schaden. Noch schlimmer wiegt, dass sich Teile der politischen Linken ganz der neoliberalen Sache verschreiben. Scharfsinnige Vordenker der politischen Rechten wie Benedikt Kaiser haben diesen Schwachpunkt im gegnerischen Lager klar erkannt: Dass nämlich »Teile der Linken durch neokonservative Souffleure, die den ›Wesenskern der Linken zu entleeren‹ versuchen, ›neoliberalisiert‹ wurden«.[2] Kaiser hat insofern recht: Wenn die Linke auf der falschen Seite der Barrikade steht, wird sie die Normalbevölkerung, das »petit peuple«, nicht mehr vertreten.

Das Vakuum der sozialen Frage

Kaiser plädiert deshalb leidenschaftlich dafür, die soziale Frage von rechts aufzugreifen. Er rät der AfD, die Lücke, die die beiden Parteien die SPD und Die Linke lassen, konsequent zu schließen. Bisher aber ist auch die AfD stark neoliberal geprägt. Noch schwenkt sie nicht auf den Vordenker Kaiser ein. Trotzdem ist diese Partei, ebenso wie die

Partei Le Pens, bereits jetzt zu DER Arbeiterpartei und zur Partei der kleinen Leute geworden. Sie kann bei der nächsten Bundestagswahl Deutschland noch weiter rechts verorten. Und das kann wiederum einen Impuls für die französischen Präsidentschaftswahlen im Jahr 2022 auslösen. Was steht also in den nächsten Monaten auf dem Spiel? Kippt Europa möglicherweise ganz nach rechts?[3]

Die Amerikaner haben den Sturm auf das Kapitol und eine illegale Machtergreifung in den USA knapp überstanden. Die nächste große Gefahr für die Demokratie droht nun mitten in Europa, in Paris – wie im Jahr 1934. Dort gefährdet heute ein unfähiger Neoliberaler das Schicksal der Nation und ganz Europas. Das endet schlecht für uns alle. Warum?

Macron versagt ähnlich wie die neoliberalen deutschen Eliten. Aber in Frankreich steht – anders als in Deutschland – eine mächtige Gegnerin bereit, die ihn bald ablösen kann: Marine le Pen, die Chefin des rechtsradikalen, chauvinistischen und anti-deutschen *Rassemblement National*. Sie wurde bei den letzten Präsidentschaftswahlen fast ins höchste Staatsamt gewählt.

Anfang Mai 2021 schockieren mehrere ehemalige Generäle und aktive Offiziere der französischen Armee mit mit einer Putschdrohung: Die Militärs klagen an, dass erstens ein gewisser »Antirassismus« Hass in den Gemeinden säe, dass zweitens »Theorien zum Antikolonialismus« zur Missachtung des »Landes, seiner Traditionen, seiner Kultur« führten und drittens der »Islamismus« und die »Horden aus den Vorstädten« zur Zerstörung Frankreichs beitragen würden.[4] Daran schließen sie den ultimativen Aufruf an: Wenn die Regierung nicht endlich handele, könnte es zu einer »finalen Explosion und einer Intervention unserer aktiven Kameraden« zum Schutz der französischen Zivilisation und Nation kommen.[5]

Aber die noch viel schockierendere Nachricht lautet: Eine Mehrheit der Franzosen unterstützt die Botschaft der Generäle.[6] Und Marine le Pen solidarisiert sich nach erstem Zögern mit den Militärs: »Ich lade Sie dazu ein, sich uns anzuschließen, in unserem Kampf für Frankreich.« Ihr Appell liest sich wie ein »Aufruf zum gemeinsamen Umsturz«.[7]

Das linke Lager schreit auf, aber es versagt wie in Deutschland, weil es der Mehrheit keine Alternative anbietet. Eine neue politische Studie sieht bereits schwarz: Unter dem Titel »2022 – Bewertung des Risikos Le Pen« kommt sie zu dem Ergebnis, dass viele französische Linkswähler nicht mehr bereit sind, Macron zu wählen, nur um die Rechtspopulistin zu verhindern.[8] Diese politisch-strategische Lage zeigt, in welches Dilemma die neoliberalen Kasten unsere Gesellschaften treiben. Denn Macron bevorzugt im Grunde dieselbe Strategie wie Le Pen: Er zeigt kein Interesse daran, dass die politische Mitte und ihre Parteien stark bleiben. Er will lieber in einem Wahl-Duell allein und exklusiv der Rechtsextremistin gegenüberstehen, damit linke und bürgerliche Wähler letztlich gezwungen sind, ihm ihre Stimme zu geben. Spitzenpolitiker der Mitte halten Macron deshalb schon jetzt »eiskalte, zerstörerische Berechnung« vor.[9] »Wer Macron wählt, wählt Le Pen«, warnt Didier Eribon, der Autor von *Rückkehr nach Reims.* [10]

Macron spielt in der Tat ein riskantes Spiel nach dem Motto: »Wollt ihr den totalen Neoliberalismus oder den Untergang?« Das allerdings kann tatsächlich Frankreich und Europa in eine Katastrophe führen.

Denn verliert Macron die Wahl, dann stürzt nicht nur ein Symbol der Neoliberalen. Es stürzt auch ein Stück Demokratie. Dann verliert Europa insgesamt – und Deutschland in besonderer Weise. Dann verwickelt Frankreich den Rest Europas in eine aggressive Politik, auch militärisch. Dann übernehmen deutschfeindliche Kräfte die Macht in Frankreich, die unsere gemeinsame Geschichte radikal zurückdrehen und Europa sprengen werden.[11]

Die Merkels und Macrons haben diese apokalyptischen Reiter angelockt. Und diese wollen offensichtlich den Pandemie-Shutdown Europas in einen politischen Shutdown verwandeln.

2. Kampf gegen den Krieg

> »Die Verlierermassen sind weiterhin da – und sie sind die eigentlichen Sieger. Aber die obere Kaste unterdrückt sie und macht sie unsichtbar. Sie sind zwar weiter da – und sie könnten die Macht erringen, gerade weil sie hinterrücks ermordet wurden.«[12]
>
> *Timothy Snyder, amerikanischer Historiker, 2020*

Wie können wir verhindern, dass sich aus der Corona-Krise weitere Krisen oder gar eine Katastrophe entwickelt? Wir müssen die soziale

Frage neu stellen und werden sie nur in Verbindung mit der ökologischen lösen.

Ein besonders wichtiges Stück Gerechtigkeit betrifft die junge Generation. Diese wird seit Jahren und Jahrzehnten politisch stiefmütterlich behandelt, angefangen von Hartz-IV-Kindern über Haupt- und Realschüler und Studenten bis zu jungen Familien. Die Krise wird zu einer Zeit besonders schlimmer Entwürdigung und Benachteiligung: »Corona hat mit pandemischer Gnadenlosigkeit offengelegt, wie wenig junge Menschen in Deutschland zählen«,[13] kritisiert der Journalist Sascha Lobo: »Kein Impfstoff für Kinder, keine Luftfilter für Schulen« und er kommt zu der Schlussfolgerung, dass die Republik zu einer Art »Rentokratie« geworden ist.[14] Ich kann ihm nur zustimmen: Die Politik sperrt Feriengebiete für dringend erholungsbedürftige Kinder und als die Familienministerin Giffey wegen Betrugs zurücktritt, ernennt die Regierung keinen eigenen Minister mehr für dieses Schlüsselressort – es scheint ja nicht wichtig zu sein.[15]

Die Kasten stehlen dieser Generation ein Stück Leben – und verletzen oft auch Körper und Seelen der Jüngsten. Sie nehmen ihnen vielfach die so wichtigen Bildungschancen – oder liefern sie indirekt sogar körperlicher Gewalt aus. Denn: Jeder dritte Hartz-IV-Empfänger in Deutschland ist ein Kind. Viele junge Menschen sind verschuldet und schlimmen Verhältnissen und häuslicher Gewalt ausgesetzt. Die Impfstrategie der Regierung benachteiligt sie doppelt: Über 60-Jährige erhalten nach Wunsch BioNTech-Impfstoff und nehmen diesen den Jüngeren weg, die, wenn überhaupt, sich oftmals mit dem für sie gefährlicheren AstraZeneca Impfstoff begnügen müssen. Nachdem die Welle der älteren Jahrgänge erstgeimpft ist, werden aber Ende Mai weitere Erstimpfungen von oben gestoppt. Die Conclusio: Die jüngere Generation hat keinerlei Priorität mehr.[16]

Die Geld- und Politikkasten schieben darüber hinaus die Kosten der Krise an diese Generation ab. Sie belasten sie, statt sie zu entlasten. Sie schieben ihr massive soziale und ökologische Zukunftsrisiken zu.

Wir müssen das verhindern. Ich schließe mich deshalb dem französischen Wissenschaftler Todd an. Er fordert eine »Entschädigung für die Opfer, die man der Jugend abverlangt und die sie zu bringen bereit ist«.[17] Todd behauptet mit Recht, dass die junge Generation einem »anthropologischen Vakuum« ausgesetzt ist. Die Generation soll aber nicht in einem Vakuum verharren, sondern in eine bessere Zukunft gehen.

Ich fordere hiermit ein Hilfsprogramm für die junge Generation. Diese Generation muss Deutschland und Europa nach dem Krisendesaster neu aufbauen und nach vorne bringen. Sie muss unsere Demokratie und Souveränität zurückkämpfen.

3. Kampf gegen die Kasten

> »Beschützt oder verschwindet besser.
> Und die herrschenden Klassen haben nicht beschützt …«[18]
> *Philippe Cohen, amerikanischer Ökonom, 1999*

Ich habe aufgezeigt, wer die heutigen Geld- und Politik-Kasten sind, wie sie leben und arbeiten und welche Ziele sie verfolgen. Was sind nun die Ergebnisse – zusammengefasst?

Erstens verschafft sich eine kleine Klasse von Vermögenden bereits vor der Corona-Krise einen großen Vorteil und Vorsprung vor der restlichen Weltbevölkerung – auf Kosten von Gerechtigkeit und Ökologie. Die Politikkaste wiederum nutzt die Krise, um ihre Macht überproportional zu erweitern.

Zweitens schotten sich beide Kasten massiv nach unten ab. Noch niemals in der Geschichte der Menschheit haben Eliten über einen solchen Schutz und solche Privilegien verfügt – nicht einmal zu Zeiten des Feudalismus und Absolutismus.

Drittens streben die Kasten nach Autonomie von der Gesellschaften oder Nationen, denen sie angehören, und machen sich von diesen, soweit es geht, unabhängig.

Viertens entwickeln sie eine eigene höhere Moral und teilweise einen Tugendterror, mit dem sie ihre Kritiker und wachsende Teile der Gesellschaft ausgrenzen, entmündigen und entmachten.

Fünftens gelingt es der winzigen Spezies der globalen Superkaste von einem Prozent, sich vom gemeinsamen Schicksal des Homo sapiens soweit wie möglich abzukoppeln. Sie sichert sich kleine Refugien auf dem Planeten und schottet sich vor dem finanziellen Zugriff der Allgemeinheit und der Verantwortung von den Folgen ihres Tuns, wie zum Beispiel des Klimawandels, ab.

Das ist der Blick in den ABGRUND: Darum zeigen diese Kreise wenig oder kein Interesse mehr am gemeinsamen Schicksal von Mensch und Natur und an politischen Zukunftslösungen. Sie schreiben, im Gegenteil, das Schicksal der Allgemeinheit ab ebenso wie das Schicksal des Planeten Erde. Sie denken nur noch in Kategorien des *Ich*, nicht mehr des *Wir*. Sie preisen diese Risiken in ihre Finanz- und Sicherheitsstrategien ein. Letztlich versuchen sie, ihr Vermögen und ihre Familien in Sicherheit zu bringen. Aber sie fürchten mehr denn je den Widerspruch und Widerstand der großen Masse der Menschheit und deren Mitsprache durch Demokratie und Nationalstaat.

Es ist deshalb in unser aller Interesse, die Demokratie und den souveränen Staat zu retten und zu stärken. Es ist im Interesse der Mehrheit, den Prozess der Entfesselung des Kapitals und der Ermächtigung einer neoliberalen Klasse zu stoppen und umzudrehen. Es ist außerdem in unserem Interesse, die Risiken, die die Geld- und Politikkasten auf uns abwälzen, abzuwehren und an diese zurückzugeben.

Wir müssen die neoliberale Revolution kontern. Denn es gab auch vor dieser radikalen Revolution eine Marktwirtschaft – aber sie war sozial und dem Primat der Politik unterworfen. Wir müssen das »Menschenrecht auf Kapitalflucht« abschaffen und der nationalen Souveränität Geltung verschaffen.

Ich habe persönlich erlebt, was der Markt und die ungehemmten Konkurrenzprinzipien anrichten. Sie schüren Hass und Ressentiments ohne Ende. Ich habe zusammen mit denen gekämpft, die ganz unten in der Nahrungskette des Kapitalismus die Konsequenz daraus ziehen: Dort schlägt bereits Verzweiflung in Hass und Gewalt um. Dort unten, am Bodensatz der Gesellschaft, brodelt es mehr, als viele ahnen. Dort entsteht aber entweder ein Stück Gesellschaft der Zukunft oder aber eine Bedrohung derselben: Wollen wir eine Gesellschaft der entwerteten, überflüssigen und gewaltbereiten Menschen, die nichts mehr zu verlieren haben, oder eine Gesellschaft, die diese

Mitbürger und ihre Rechte achtet? Der Inder Mishra hat uns frühzeitig prophezeit: Die »nicht eingelösten Versprechen stacheln zu zahllosen (…) Revolten und Revolutionen« an.[19]

Der AUSWEG: Wir müssen politisch neu ansetzen, und zwar von unten. Wir müssen Bündnisse der Betrogenen bilden und diese politisch organisieren. Wir müssen uns mit derselben Chuzpe und Arroganz ermächtigen, wie die Geld- und Politikkasten das getan haben und weiterhin tun. Wir müssen der Gier der Oberen unsere eigene Ermächtigung entgegensetzen. Wir müssen diese Bündnisse nationenübergreifend organisieren und den neoliberalen Mächten entgegenstellen.

Der GEGNER: Die Neoliberalen haben es geschickt verstanden, in Deutschland sowohl das rechte wie das linke Parteispektrum zu infizieren – von der AfD, CSU, FDP über CDU und SPD bis zu den Grünen und der Linken – bei der der Wagenknecht-Flügel eine Ausnahme bildet. Besonders schlimm ist der Verrat des links-ökologischen Lagers, das heute im Sinne der Open-Border-Lobby die Doktrin der Globalisten im Sinne Quinn Slobodians vertritt.[20] Und die SPD? Sie kungelt mit Wirecard und steht beim CumEx-Milliardenbetrug im Verdacht. Sie besteuert längst Arbeit stärker als Kapital und verrät ihre Prinzipien immer aufs Neue.

Wie sieht es auf der rechten Seite aus? Die AfD gibt sich als Arbeiterpartei und Partei der kleinen Leute aus, kümmert sich aber nicht um Mindestlohn oder Leiharbeit oder um den wirtschaftlichen Absturz und die Gefährdung der Frauen und Mütter in der Krise. Und die CDU/CSU verfällt immer offensichtlicher der Machtausübung ohne Prinzipien und der Korruption. Die christdemokratischen Parteien haben längst ihre Überzeugungen und die eigentliche soziale Marktwirtschaft aufgegeben. Sie verraten das, was der Jesuit Jorge Bergoglio aus Buenos Aires, kaum dass er zum neuen Papst Franziskus gewählt wurde, in seiner Kapitalismus- und Reichtumskritik formulierte: »Diese Wirtschaft tötet«, wettert er in seiner Enzyklika *Evangelii Gaudium* gegen Kapitalismus und Neoliberalismus und fährt fort: »Nein zu einem Geld, das regiert, statt zu dienen. (…) Nein zur sozialen Ungleichheit, die Gewalt hervorbringt. (…) Nein zum Krieg unter uns.«[21]

Der Papst zeigt auf, wie sehr die neoliberalen Kasten heucheln – ob sie nun grün, rot oder schwarz lackiert sind. Darum sind es nicht die sogenannten »Raubtiere«, die als abstoßend empfundenen Aushängeschilder des Kapitalismus wie die Fulds, Schrempps, die Winterkorns oder die Epsteins, die unser Gemeinwesen und unsere Demokratie am stärksten bedrohen. Es sind die Merkels und Macrons, die von der Leyens und Bidens und auch die augenscheinlich größten Sozial-Heuchler wie die Osterlohs, Gabriels und Baerbocks, die Eskens, Kühnerts und Kippings und andere Feigenblätter mit forschen Versprechungen, aber dem Gummischlauch im Rücken.

Denn am schlimmsten sind diejenigen, die mit ihren Taten gegen ihre eigenen Prinzipien verstoßen: Sie reden von Frieden und Gleichgewicht. Aber sie führen stattdessen Kriege oder unterstützen Kriege.

Sie stützen damit aber auch – entgegen ihren Reden und Programmen – eine aggressive Expansions- und Außenpolitik. Es darf nicht vergessen werden, dass die Neoliberalen die Komplizen von Kolonialismus und Rassismus waren. So blicken wir auf eine Geschichte der Heuchelei zurück – von der brutalen Kolonisation der Welt in früheren Jahrhunderten über den Algerienkrieg eines Ministers François Mitterand, den Vietnamkrieg eines John F. Kennedy bis zum Irakkrieg eines Sozialisten Tony Blair und dem Balkan- und dem Afghanistankrieg der rot-grünen Bundesregierung, die deren Nachfolger an neuen Kriegsschauplätzen fortsetzen.

In ihren Reden appellieren sie an Gleichheit und soziale Gerechtigkeit, aber geben im Zweifel dem »Menschenrecht des Kapitals« Vorrang vor den echten Menschen und ihren Rechten. Sie gebärden sich gerne als Anti-Rassisten. In Wirklichkeit heizen sie in der Gesellschaft Hass und Gewalt an, weil sie große Bevölkerungsgruppen ökonomisch, sozial, aber auch moralisch ausgrenzen und ihnen das Gift des skrupellosen Egoismus und der Entzweiung einimpfen.

Das bleibt nicht ohne Folgen. Es brodelt und gärt unter dem Ausnahmezustand in der ganzen Welt. Vielleicht gelingt es der Mehrheit, nach der Pandemie an ihre Protestwellen vor der Pandemie, von 2019, anzuknüpfen?

Die ABLÖSUNG: Darum bleibt nur eines, was in einer Demokratie (noch) möglich ist, bevor auch das verboten wird: die oberen Kasten abzulösen und sie zu ersetzen. Die 2010er-Jahre haben gezeigt, wie rasch und effizient das gelingt und wie schnell die Bevölkerung bestimmte Politikkasten schwächt und ersetzt. Diesen sitzt der Schock noch in den Knochen. Darum wollen sie die Bürger- und Freiheitsrechte scheibchenweise und subtil weiter beschneiden und ihr Gewaltmonopol ausbauen.

Wir müssen bei ihnen dringend zwischen Worten und Taten unterscheiden: Das führt zu einer bitteren Bilanz vor der Bundestagswahl 2021 und vor der französischen Präsidentschaftswahl 2022. Am schlimmsten sind diejenigen, die uns darüber täuschen, wie ungleich verteilt das Weltvermögen von circa 560 Billionen ist – ebenso ungleich und ungerecht wie die circa 150 Billionen Schulden.

Der APPELL: Wir kämpfen für einen neuen Gemeinsinn. Wir stoppen den übertriebenen Machtanspruch der liberalen Kasten und ihrer Hilfstruppen, wir fahren ihre Privilegien zurück und legen ihre Rückzugsrefugien trocken. Das ist der Menschheit in ihrer Geschichte gegenüber Privilegierten und Gemeinschaftsgefährdern immer wieder gelungen. Wir können das von unseren geschichtlichen Vorbildern lernen.

Aber unsere neoliberalen Politiker werden uns erneut täuschen. Sie werden versprechen, dass sie gegen die Konzerne und Finanzwelt und ihre Lobbyisten angehen. Aber an ihren Taten sollt ihr sie erkennen. Nur dann öffnen wir der nächsten Generation die öko-soziale Perspektive, die sie verdient.

Danksagung

Mein ausdrücklicher Dank gilt meiner Frau Anke, ohne deren intellektuelle und investigative Unterstützung ich das Buch nicht hätte schreiben können.

Außerdem bedanke ich mich bei Sahra Wagenknecht, die dieses Buchprojekt unterstützt hat – ebenso wie beim Verleger des Westend Verlags, Markus J. Karsten, und dem Geschäftsführer Andreas Horn. Besondere Anerkennung schulde ich meiner urteilsstarken Lektorin Viviane Richarz.

Besonders wertvoll für mich war das Feedback meiner Kinder und Stiefkinder aus Sicht der jungen Generation.

Zusätzlich haben mich mit wichtigen Hinweisen und kritischen Anmerkungen unterstützt:

Meine Anwälte Dr. Petra Ostermaier und Prof. Dr. Peter Lutz und außerdem die »Politrebellen« Beate Jenkner und Murat Yilmaz ebenso wie Dr. Arndt Embacher, Dr. Uli Gausmann, Max Höfer und und Eduard Böser.

Besonders wichtig war und ist mir die Unterstützung der Tausenden Leih- und Bandarbeiter, von denen einige dieses Buch leider als Analphabeten nicht werden lesen können – aber Taten wiegen wie gesagt viel schwerer … Ebenso bezeuge ich meine Solidarität mit den vielen Hunderttausenden Geschädigten der Corona-Politik: angefangen von den Heil- und Pflegeberufen, dem Klinikpersonal ebenso wie den Pädagogen, den kleinen Gewerbetreibenden und Soloselbständigen, den Mitarbeitern der Gastro- und Hotelbranche und nicht zuletzt der Kultur- und Kunstbranche, mit denen ich einige Aktionen wie *Aufstehen für Kultur* auf die Beine stellen konnte.

Internetseite: www.hans-christian-lange.de

Anmerkungen

Einleitung

1. Michael Mann: Das Ende ist vielleicht nah – aber für wen?. Frankfurt 2014
2. Gabriele Tergit: Effingers. München 2020, S. 576
3. Bert Hoppe: Von Schleicher zu Hitler. In: Institut für Zeitgeschichte 45, München 1997, Heft 4. Im Ersten Weltkrieg und in den anschließenden Krisen gelang es einer kleinen Schicht, in relativ kurzer Zeit große Vermögen anzuhäufen und den Abstand zur restlichen Bevölkerung stark auszubauen. Schon das Kaiserreich hatte der jungen Republik eine hierarchische Gesellschaftsstruktur hinterlassen, wie der Weimar-Spezialist Prof. Volker Berghahn feststellte. Die anschließenden politischen und wirtschaftlichen Krisen und die Pandemie ließen eine noch zugespitztere »Pyramide sozialer Ungleichheit durch Benachteiligung oder Privilegierung« entstehen. Im Laufe der 1920er-Jahre sahen sich viele Gesellschaftsschichten folglich immer stärker »in ihren Lebenschancen blockartig von anderen Gruppen abgegrenzt«. Die sogenannte Überklasse des Adels und des Spitzenbürgertums bildeten Teile einer modernen Form von Klassengesellschaft.
4. Der Begriff »Kriegsgewinnler« wurde auch literarisch besetzt: u.a. durch Bert Brechts Mutter Courage, durch Otto Reutters Der Kriegsgewinnler von 1919, Brechts Trommeln in der Nacht und Hans Hellmut Kirsts 08/15. U.a. die Finanzkrise von 2008 hat den Begriff mit den Krisengewinnern der Wallstreet, die Milliarden am wirtschaftlichen Absturz verdient haben, wiederbelebt: siehe SPIEGEL vom 26.04.2010: Hedgefonds-Star Paulson – Die unglaubliche Unschuld eines Wall-Street-Genies.
5. Siehe dazu: Karl-Dietrich Bracher: Die Auflösung der Weimarer Republik. Eine Studie zum Problem des Machtverfalls in der Demokratie. Königstein/Düsseldorf 1978, S. 453, 619
6. Siehe dazu: Hagen Schulze: Weimar. Deutschland 1917–1933, Berlin 1982, S. 402 ff.
7. Bundeszentrale für politische Bildung, Reinhard Sturm: Zerstörung der Demokratie 1930–1932. 2011

8. Karl-Dietrich Bracher, S. 453, 619
9. Wolfgang Weßling: Hindenburg, Neudeck und die deutsche Wirtschaft. Tatsachen und Zusammenhänge einer »Affäre«. In: Vierteljahresschrift für Sozial- und Wirtschaftsgeschichte 64, 1977, Heft 1, S. 41–73
10. Ebd. Soweit der Historiker und Weimar-Experte Eberhard Kolb
11. Ebd.
12. Fritz Fischer: Bündnis der Eliten – Zur Kontinuität der Machtstrukturen in Deutschland 1871–1945., Düsseldorf 1985, S. 72
13. Dietrich Schwanitz, Bildung, München 2002, S. 244
14. L'Opinion : Armée: une majorité de Français soutient la »lettre des généraux«., 29.04.21
15. Yascha Mounk: Der Zerfall der Demokratie, München 2018, S. 23 f.
16. Ebd. S. 103
17. Tagesschau: Lobbyismus im Bundestag: Die stille Macht., 21.06.2020
18. Isabel Wilkerson: Caste – The lies that divide us. London 2020, S. 97 ff.
19. David Rothkopf: Super-Klasse – Die Welt der internationalen Machtelite. München 2008, S. 16
20. WELT: Top-Manager Reitzle wirft Bundesregierung bei Corona-Politik Versagen vor., 04.04.2021
21. Jasper von Altenbockum: Eine kleine Revolution., in Frankfurter Allgemeine Zeitung 30.03.2021, S. 1

Exkurs I: Expeditionen ins Reich der Einflussreichen

1. Eduardo Galeano: Die offenen Adern Lateinamerikas. Wuppertal 2009
2. Helmut Müssener: Exil in Schweden. Politische und kulturelle Emigration nach 1933, Kalifornien 1974
3. Cambridge University 11/2019: History and Politics – Raymond Aron and Liberal Thought in the Twentieth Century.
4. Ein Türke als Regierender – Ernst Reuters Vermächtnis., In Frankfurter Allgemeine Zeitung 18.04.2007, S. 43 / Edzard Reuter: Schein und Wirklichkeit, München 1998, S. 175
5. Edzard Reuter veröffentlichte diese erst im Jahr 2010: Edzard Reuter: Stunde der Heuchler: Wie Manager und Politiker uns zum Narren halten, Berlin 2010
6. Zitiert in: Jürgen Grässlin: Jürgen E. Schrempp – Der Herr der Sterne. München 1998, S. 102
7. Frankfurter Allgemeine Zeitung: Welche Rolle Jeffrey Epstein bei der Gates-Scheidung spielen soll., 14.05.2021
8. The Spectator: Jeffrey Epstein's Lolita Express and the art of unequal justice., 08.07.2019
9. Jürgen Grässlin: Jürgen Schrempp – Der Herr der Sterne. München 1998, S. 58 und S. 102
10. Ebd.
11. Ebd., S. 107

12. Tagesspiegel: Der Daimler-Chef verdient am meisten., 20.06.2003
13. Spiegel: Ackermann feierte auf Staatskosten – Der Chef der Deutschen Bank, Josef Ackermann, hat seinen 60. Geburtstag im Bundeskanzleramt gefeiert. Bezahlt wurde das exklusive Abendessen nach einem Bericht des ARD-Magazins »Report Mainz« von Steuergeldern., 24.09.2009

II. Grausame statt goldene 20er-Jahre?

1. Georg Büchner, Dantons Tod, 2013
2. Matthias Brümmer von der Gewerkschaft NGG in Report Mainz vom 07.07.2920: Warum Schweinebaron Tönnies kritische Berichterstattung jahrelang nichts anhaben konnte.
3. Süddeutsche Zeitung: Unterm Rad, Buch zwei., 13./14.03.2021, S. 12
4. Georg Meck: Auto – Macht – Geld: Die Geschichte der Familie Porsche Piëch. Berlin 2017, S. 243
5. Ebd., S. 250
6. Ebd., S. 251
7. Charles Darwin: Der Ursprung der Arten durch natürliche Selektion oder Die Erhaltung begünstigter Rassen im Existenzkampf, Stuttgart 2018, S. 206
8. Bericht der Weltbank zur »Weltweiten Ungleichheit 2018«: »… konnte aufgrund der hohen und wachsenden Ungleichheit innerhalb einzelner Länder das reichste 1 Prozent der Weltbevölkerung seit 1980 mehr als doppel so viel Wachstum auf sich vereinen wie die unteren 50 Prozent.«
9. Ebd.
10. Siehe: Bericht der Weltgesundheitsorganisation vom 10.09.2001: Arbeit und Gesundheit
11. Charles Darwin: Die Abstammung des Menschen, Leipzig 1908, S. 99
12. Bericht der Weltgesundheitsorganisation vom 10.09.2001: Arbeit und Gesundheit.
13. Spiegel: Ratten im Müll – Hunger und Elend lassen eine Generation von körperlich und geistig verkrüppelten Menschen heranwachsen., 23.12.1991
14. Siehe auch: Vice: Unterwegs in Brasiliens »Stadt der Kleinwüchsigen«., 28.01.2017
15. Ebd.
16. Die weltweite Ungleichheit nimmt nach den Erkenntnissen des französischen Spezialisten für soziale Ungleichheit, Prof. Piketty, weiter dramatisch zu. Siehe auch: »Weltreport über Ungleichheit« (World Inequality Report) vom 30.7.2017
17. Ebd.; sowie »World Development Report 2000/2001«: Dort empfahl die Weltbank die folgenden Initiativen zur Minderung der Armut: Förderung von Chancen durch Erleichterung eines selbstbestimmten Handelns.
18. Neue Osnabrücker Zeitung: Das Zuhause der Eimermenschen: Ausländische Schlachter leben in Sögel auf Baustelle., 01.12.2012

Exkurs II. Entlarvung der Elitenmoral:
Wie ich vom Kanzleramtsberater zur Gelbweste wurde

1. Peter Wahl (Hg.): Gilets jaunes. Anatomie einer ungewöhnlichen Bewegung., Köln 2019, S. 131
2. Zu Deutsch »Unbeugsames Frankreich«. Es handelt sich um die linkspopulistische Bewegung von Jean-Luc Mélenchon, mit der er bei den Präsidentschaftswahlen 2017 fast 20 Prozent erzielt hatte.
3. Sebastian Chwala im Interview mit Wolf Wetzel von den Nachdenkseiten: Das Virus ist dasselbe, aber die politischen Proteste gegen die Corona-Maßnahmen sind deutlich andere., 21.05.2021
4. Der Deputierte der Nationalversammlung der Bewegung »La France Insoumise«, François Ruffin, in seinem Dokumentarfilm »J'veux du soleil« (dt.: »Ich möchte auch mal auf die Sonnenseite«)
5. Wolf Wetzel: Interview mit Sebastian Chwala in Nachdenkseiten: Das Virus ist dasselbe, aber die politischen Proteste gegen die Corona-Maßnahmen sind deutlich andere., 21.05.2021
6. Dokument 6 in Peter Wahl (Hg.): Gilets jaunes. Köln 2019, S. 131
7. La Croix: Des gilets jaunes mobilisés contre les armes qui les ont mutilés.,25.05.2019 / 20 minutes: »Gilets jaunes«: Grenades, lanceurs de balle de défense ... L'arsenal du maintien de l'ordre est-il trop dangereux?, 17.01.2019
8. France Inter: Le 1er décembre, l'Élysée aurait pu tomber – Un CRS raconte le chaos des »gilets jaunes« l'hiver dernier., 01.11.2019
9. Emmanuel Todd: Après la démocratie., Paris 2008, S. 91
10. Ebd., S. 146
11. Ebd., S. 11
12. TAZ: Gewalt bei Gelbwesten-Protest: Nur der Staat war überrascht., 17.03.2019
13. Revue des deux Mondes: Il y a quelque chose de pourri au Royaume de Macron., 20.1.2020
14. Oda Schäfer (Hg.): Schwabing – verliebt, verrückt, vertan. München 1972, S. 151
15. Unter anderem war die Ministerin Merck in die Beschäftigungs- und die Schottdorf-Affäre verwickelt, siehe: Handelsblatt: Seehofer wusste von Labor-Affäre., 07.05.2014
16. Dirk Heiserer: Wo die Geister wandern. München 2016, S. 191
17. Spiegel: »Gelbwesten«-Protest in München. »Wir haben das Signal gesetzt« – In München rief die Wagenknecht-Bewegung »Aufstehen« zur ersten »Gelbwesten«-Demo in Deutschland auf., 15.12.2018
18. Berliner Morgenpost: Linken-Fraktionschefin Wagenknecht protestiert mit gelber Weste vor Kanzleramt., 24.12.2018
19. Joel Kotkin: The Coming of Neo-Feudalism. New York 2020, S. 129 f.
20. TZ München vom 08.08.2020: München: Neue Studie macht deutlich, was Münchner über Stadt denken – Eine Sache stößt fast jedem bitter auf.

21. Automobilwoche: Haus des Ex-VW-Chefs in München Bogenhausen – Winterkorn überträgt Villa auf eine GmbH., 29.03.2017
22. Abendzeitung: 390 000 Menschen pendeln täglich nach München! Täglich quälen sich 390 000 Menschen durch Staus und überfüllten Zügen zur Arbeit in die Stadt., 15.10.2019
23. Creditreform München (Hg.): Schuldner Atlas Stadt München 2019. München 2020
24. Christophe Guilluy: La France périphérique – Comment on a sacrifié les classes populaires., Paris 2014
25. Charles Darwin: Der Ursprung der Arten durch natürliche Selektion oder Die Erhaltung begünstigter Rassen im Existenzkampf. Stuttgart 2018, S. 205
26. Yuval Noah Harari: Eine kurze Geschichte der Menschheit. München 2013, S. 35 f.
27. Siehe David Rothkopf: Die Superklasse. Leipzig 2008
28. Welt: Die Wall Street setzt auf ausgediente Nato-Masten., 29.07.2014
29. Siehe Charles Darwin: Der Ursprung der Arten durch natürliche Selektion oder Die Erhaltung begünstigter Rassen im Existenzkampf. Stuttgart 2018
30. Welt: Die Wall Street setzt auf ausgediente Nato-Masten., 29.07.2014
31. Siehe u. a.: Shoshana Zuboff: Das Zeitalter des Überwachungskapitalismus, Frankfurt 2018
32. Siehe Charles Darwin, Stuttgart 2018, S. 205
33. Siehe Darwin, Stuttgart 2018, S. 201
34. Nancy Fraser: Die halbierte Gerechtigkeit: Schlüsselbegriffe des postindustriellen Sozialstaats. Frankfurt 2001 / Siehe u. a. auch Chantal Mouffe: Das demokratische Paradox. Wien 2018
35. Joel Kotkin, The Coming of Neo Feudalism – A Warning to the Global Middle Class., London 2020, S. 2 f. / Richard Savage: Richest 1% on target to one two-thirds of all wealthy by 2030., in: Guardian, April 2018
36. Gabriel Zucman: Wealth Inequality in the United States since 1913., Quarterly Journal of Economics, vol. 131:2, 5/2016, S. 519
37. Finanzen: Von Corona-Krise profitiert? So viel reicher wurden die Reichen in 2020., 21.11.2020
38. Berechnungen der Beratungsgesellschaft PwC und der Schweizer Großbank UBS in: Manager Magazin: Die Reichen werden weltweit immer reicher: Corona-Krise? In der Welt der Superreichen kaum der Rede wert. Die weltweit 2189 Dollar-Milliardäre konnten in der Pandemie ihre Vermögen einer Studie zufolge weiter steigern – auf einen neuen Rekordwert. 07.10.2020
39. Welt: Das sind die 1000 reichsten Deutschen., 20.09.2020
40. Ebd.
41. Frankfurter Allgemeine Zeitung: Die Probleme der FDP mit IT-Konzernen, 05.10.2020, S. 20

42. Maja Göpel: Unsere Welt neu denken – Eine Einladung, Berlin 2020, S. 167 mit Bezug auf Gabriel Zucmans Buch »The Hidden Wealth of Nations«

43. Ebd.

44. Joel Kotkin: The Coming of Neo-Feudalism. New York 2020, S. 28

45. Ebd., S. 2

46. Ebd., S. 27

47. Interview mit Prof. Michael Sandel in der Süddeutschen Zeitung: Das hat unser soziales Gefüge in Gefahr gebracht., 21.09.2020

48. Andreas Reckwitz: Die Gesellschaft der Singularitäten. Berlin 2017, S. 279

49. Ebd.

50. Ebd., S. 371 ff.

51. Christopher Lash: Die blinde Elite, Hamburg 1995, Umschlag

52. Frankfurter Allgemeine Zeitung: Wenn Le Pen Präsidentin ist., 23.02.21, S. 2

53. Yasha Mounk: Der Zerfall der Demokratie, München 2018, S. 125 f.

54. Interview mit Bill Fletcher in der TAZ: US-Linker über Sturm aufs Kapitol: »Seit Frühling vor einem Putsch gewarnt«., 09.01.2021

55. Ebd.

56. Christoph Möllers in der Frankfurter Allgemeinen Zeitung: Ihr müsst jetzt brav sein – 2020, Jahr der Verbote., 30.12.2020, S. 6

57. Frankfurter Allgemeine Zeitung: DAX knackt erstmals Marke von 14 000 Punkten – Aktien von Waffenherstellern steigen., 08.01.2021, S. 23

58. Welt: Leon de Winter: Die Tech-Oligarchen dominieren jetzt den politischen Diskurs., 12.01.2021

59. Frankfurter Rundschau: Markus Söder befürchtet Bildung von »Corona-Mob oder einer Art Corona-RAF« in Deutschland., 11.01.2021

60. Guillaume Paoli: Die lange Nacht der Metamorphosen – Über die Gentrifizierung der Kultur. Umschlagtext, Berlin 2017

61. Finanzen: Von Corona-Krise profitiert? So viel reicher wurden die Reichen in 2020., 21.11.2020

62. Ebd.

63. Time: The Top 1% of Americans Have Taken $50 Trillion From the Bottom 90% – And That's Made the U. S. Less Secure., 14.09.2020

64. nt-v: Virus als Vermögensbooster – Superreiche scheffeln trotz Krise Milliarden., 19.09.2020

65. Ebd.: Die Studie stützt sich dabei auf die Daten von »Forbes«.

66. Ebd.

67. Finanzen.net: So will Bernie Sanders Elon Musk, Jeff Bezos & Co. um mehrere Milliarden Dollar erleichtern., 13.08.2020

68. Bundeszentrale für politische Bildung: Welttag der sozialen Gerechtigkeit., 19.02.2021

69. Nachdenkseiten: Auszug aus dem Buch von Christoph Butterwegge:

»Wie Corona die Ungleichheit verstärkt – Zwischen Pest und Cholera«, 11.09.2020

70. Bastian Brauns: Armes Deutschland. In Cicero 9/2020, S. 79

71. Tagesspiegel: Generation Goldener Löffel – Sprengkraft für die Gesellschaft: Die Deutschen erben immer mehr, doch die Erbschaften sind ungleich verteilt., 30.07.2016

72. Braunschweiger Zeitung: Sozialexperte: Corona-Pandemie wird für weitere Unruhen sorgen., 03.07.2020

73. Ebd., dort heißt es weiter: »Darüber hinaus kommt es auch zu Ausschreitungen in anderen Ländern wie Großbritannien, Frankreich, Italien, Spanien und Israel.«

74. Frankfurter Allgemeine Zeitung: Bunte Misstrauensgemeinschaft – Ein Forscherteam untersucht die Zusammensetzung der Corona-Proteste, 07.10.2020, S. 8

75. Süddeutsche Zeitung: Corona-Politik: Es bröckelt., 30.10.2020, S. 4

76. Frankfurter Allgemeine Zeitung: Corona-Pandemie – Todeszeit und Weltzeit., 14.10.2020

77. Sebastian Brauns: Armes Deutschland. In Cicero 9/2020, S. 79

78. Neue Westfälische: Arm und Reich in der Krise: »Wir brauchen einen Corona-Soli«. Armutsforscher Christoph Butterwegge über die wachsende Ungleichheit in der Gesellschaft und warum Arme eher an Covid-19 sterben. Der Experte sieht die Umverteilung von oben nach unten als Ausweg., 17.10.2020

79. Ärzteblatt: Die Lebenserwartung von Arm und Reich klafft in Deutschland weiter auseinander., 26.04.2019
Siehe dort Hinweis auf Untersuchung des Max-Planck-Instituts für demographische Forschung.

80. Süddeutsche Zeitung: Corona spaltet Arm und Reich., 20.11.2020

81. Bastian Brauns: Armes Deutschland., in Cicero 9/2020, S. 79

82. DIW Wochenbericht: Carsten Schröder: MillionärInnen unter dem Mikroskop: Datenlücke bei sehr hohen Vermögen geschlossen – Konzentration höher als bisher ausgewiesen., 29 / 2020, S. 511–521 l / TAZ: Berlin und seine Millionär*innen: Die Stadt der Reichen., 19.09.2020

83. Siehe Bastian Brauns, S. 79

84. Private Banking Magazine: Billionnaires Insider Report: Vermögen der Milliardäre wächst auf Allzeithoch., 12.10.2020

III. Pest, Panik und Plutokratie:
Warum die oberen Kasten das Volk aufgeben

1. Friedrich Nietzsche in Colli, Montinari (Hg.): Sämtliche Werke. Kritische Studienausgabe in 15 Bänden. 1980, Band 12, S. 313

2. Wendy Brown: Neoliberalism's Scorpion Tail in: William Callison, Zachary Manfredi (Hg.): Mutant Neoliberalism –
Market Rule and political Rupture, New York 2020

3. Ebd., S. 47 f.
4. Ebd., S. 49
5. Ebd., S. 51
6. Ebd., S. 51
7. Ebd., S. 52
8. Ebd., S. 53
9. Ebd., S. 53
10. Ebd., S. 55
11. Ebd., S. 54
12. Ebd., S. 57
13. Brigitte Hamann: Hitlers Wien – Lehrjahre eines Diktators. München 1996, S. 336
14. Quinn Slobodian: Globalisten – Das Ende der Imperien und die Geburt des Neoliberalismus. Berlin 2019, S. 48
15. Bayerischer Rundfunk: »Globalisten« – ein antisemitisches Codewort., 11.05.2021
16. Rezension von Jens Bisky: »Globalisten« von Quinn Slobodian – Als das Kapital kosmopolitisch wurde., Süddeutsche Zeitung vom 23.02.2020
17. American Historical Association AHA: Preisträger 2019
18. Jens Bisky in Süddeutsche Zeitung vom 23.02.2020. David Nirenberg: Anti-Judaismus - Eine andere Geschichte des westlichen Denkens. München 2017; Max Höfer: Vielleicht will der Kapitalismus gar nicht, dass wir glücklich sind? Erkenntnisse eines Geläuterten. München 2013
19. Ebd., S. 138
20. Jens Bisky In Süddeutsche Zeitung: »Globalisten« von Quinn Slobodian: Als das Kapital kosmopolitisch wurde., 23.02.2020
21. Slobodian, Globalisten, S. 128 f.
22. Ebd. S. 388
23. Pankaj Mishra: Blank fanatics – Liberals, Race and Empire. London 2020, S. 87
24. Slobodian, Globalisten, S. 153
25. Ebd., S. 143
26. Ebd., S. 139
27. Ebd., S. 152
28. Ebd., S. 135
29. Ebd., S. 33
30. Jens Bisky: »Globalisten« von Quinn Slobodian – Als das Kapital kosmopolitisch wurde, Süddeutsche Zeitung vom 23.02.2020
31. Die Zitate zu den Kernaussagen des Neoliberalismus der Genfer Schule im Folgenden siehe Slobodian: Globalisten, S. 386 ff.
32. Ebd., S. 389
33. Jens Bisky In Süddeutsche Zeitung vom 23.02.2020: Globalisten von Quinn Slobodian: Als das Kapital kosmopolitisch wurde
34. Slobodian: Globalisten, S. 393

35. Ebd., S. 218
36. Ebd., S. 395
37. Ebd., S. 224
38. Hans Kundnani: Joschka Fischer und die deutsche Beteiligung am Krieg gegen Serbien, in: Siehe Jürgen Peter Schmied (Hg.): Kriegerische Tauben – Linke und linksliberale Interventionisten vom 19. Jahrhundert bis in die Gegenwart. Bonn 2019, S. 151
39. Siehe Jürgen Peter Schmied (Hg): Kriegerische Tauben – Linke und linksliberale Interventionisten vom 19. Jahrhundert bis in die Gegenwart. Bonn 2019
40. Ebd. S. 141 ff.
41. Thomas Freiberger: Barack Obama und der Drohnenkrieg, in: Jürgen Peter Schmied (Hg.): Kriegerische Tauben – Linke und linksliberale Interventionisten vom 19. Jahrhundert bis in die Gegenwart. Bonn 2019, S. 177 ff.
42. Ebd., S. 185
43. Ebd., S. 186
44. Manager Magazin: Biden will ab Mai jedem US-Bürger eine Impfung anbieten., 17.03.2021
45. Frankfurter Allgemeine Zeitung: Biden sorgt für Knappheit an Impfstoff, 08.05.2021, S. 1
46. Dieses und das folgende Zitat aus: Rainer Mausfeld: Die neoliberale Mitte als demokratische Maske. In: Heiner Flassbeck u. a.: Die extreme Mitte – Wer die westliche Welt beherrscht. Wien 2020, S. 143 ff:

VI. Das Zeitalter des Zorns: Der Demos meldet sich machtvoll zurück

1. TAZ: Colin Crouch über Postdemokratie: Ein schizophrener Moment, 14.02.2009
2. Yascha Mounk: Der Zerfall der Demokratie. Wie der Populismus den Rechtsstaat bedroht. München 2018, S. 75
3. Ebd., S. 75
4. Süddeutsche Zeitung, 12.10.2011, S. 19
5. Victoria Honeyman: Tony Blair und der Irakkrieg. In: Jürgen Peter Schmied (Hg.): Kriegerische Tauben – Liberale und linksliberale Interventionisten vom 19. Jahrhundert bis in die Gegenwart. Bonn 2019, S.174
6. Dieter Langewiesche: Liberale und Krieg. In: Jürgen Peter Schmied (Hg.): Kriegerische Tauben, ebd., S. 25 ff.
7. TAZ: Zehn Jahre Kosovokrieg: Völkerrecht gebrochen, 23.03.2009
8. Institut für Demoskopie Allensbach: Vertraulicher Bericht zu: Verständigungsbarrieren zwischen Wirtschaft und Bevölkerung. Kommentarband, 27.03.2000
9. Essay von Oliver Zimmer. In Neue Zürcher Zeitung: »Der Populismus der liberalen Eliten: Warum das progressive Schwarz-Weiss-Denken in die

Irre führt – Der Liberalismus verschiedener Schattierungen orientiert sich seit seinen Anfängen an einem ins Universale strebenden Fortschrittsglauben. Auf Erfahrungen, die diesem Glauben widersprechen, reagieren seine Anhänger eher mit erzieherischem Furor als mit Selbstkritik.«, 18.02.2021

10. Oliver Nachtwey: Entzivilisierung. Über regressive Tendenzen in westlichen Gesellschaften. In Die große Regression, Frankfurt 2017, S. 221
11. Christoph Butterwegge: Die zerrissene Republik. Basel 2020, S. 342
12. Ivan Krastev: Europadämmerung. Berlin 2017, S. 32
13. Philip Manow: Die politische Ökonomie des Populismus. Frankfurt 2018, S. 31
14. Ebd.
15. Werner Rügemer: Die Kapitalisten des 21. Jahrhunderts. Köln 2018, S. 113, siehe auch Butterwegge, S. 344
16. Philip Manow: Die politische Ökonomie des Populismus. Frankfurt 2018, S. 28
17. Oliver Nachtwey: Entzivilisierung. Über regressive Tendenzen in westlichen Gesellschaften. In: Die große Regression, Frankfurt 2017, S. 227
18. Süddeutsche Zeitung: James David Vance., 20.04.2021, S. 4 / James David Vance: Hillbilly Elegie – Die Geschichte meiner Familie und einer Gesellschaft in der Krise. Berlin 2018
19. Saphia Azzeddines: Mein Vater ist Putzfrau. Berlin 2009
20. Didier Eribon: Rückkehr nach Reims. Frankfurt 2016
21. Ebd., S. 137
22. Edouard Louis: Wer hat meinen Vater umgebracht. Frankfurt 2018
23. Christian Baron: Ein Mann seiner Klasse, Berlin 2020
24. Siehe Pankaj Mishra: Das Zeitalter des Zorns. Frankfurt 2017
25. Frankfurter Allgemeine Zeitung: Wie eine Schusswaffe., 24.12.2019, S. 8
26. Dirk Jörke u. a.: Theorien des Populismus. Hamburg 2017, S.44 ff.
27. Oliver Zimmer: Der Populismus der liberalen Eliten: warum das progressive Schwarz-Weiss-Denken in die Irre führt., In Neue Zürcher Zeitung, 18.02.2021
28. Jakob Augstein: Demonstriert lieber gegen die Banken., In Spiegel, 27.08.2015
29. Cornelia Koppetsch: Die Gesellschaft des Zorns. Bielefeld 2019
30. Rainer Balcerowiak: Aufstehen – Wohin geht's? Berlin 2018, S. 16
31. Chantal Mouffe: Für einen linken Populismus. Berlin 2018, S. 98
32. Bernd Stegemann In Dirk Jörke u. a.: Theorien des Populismus. Hamburg 2017, S. 120
33. Peter Turchin: War and Peace and War: The Rise and Fall of Empires. New York 2007
34. Zygmunt Baumann: La vie liquide. Paris 2006 / Christophe Guilluy: Le temps des gens ordinaires. Paris 2020, S. 81
35. Christophe Guilluy: Le temps des gens ordinaires, Paris, 2020, S. 81

36. Ebd.
37. Chantal Mouffe, Für einen linken Populismus. Ebd. S. 149 f.
38. Südwest Presse: Chile auf dem Weg zu einer neuen Verfassung., 29.10.2020
39. Bayerischer Rundfunk 24: Neue Verfassung: Stimmt Chile für den Wandel?, 25.10.2020
40. Ebd.
41. Nachdenkseiten: Chile – Unabhängige Wahllisten der Linken fügen der Regierung Piñera krachende Niederlage zu und stellen Mehrheit für Verfassunggebende Versammlung, 19.05.2021
42. Zeit: Corona-Proteste in Italien: Die Wut geht auf die Straße., 05.11.2020
43. Präsident Macron zitiert Bloch im Interview der Tageszeitung Ouest-France: Emmanuel Macron: »Le moment que nous vivons ressemble à l'entre-deux-guerres«., 31.10.2018
44. Bayern Kurier: Das Hinterzimmer hat gewonnen., 03.07.2019
45. Stefan Kornelius: Wunderkandidatin., In Süddeutsche Zeitung, 03.07.2019, S. 4
46. Stefan Ulrich: Zeit für den Aufstand., Süddeutsche Zeitung, 04.07.2019, S. 4

V. Flucht vor Volk und Virus: Die Kasten koppeln sich ab

1. Albrecht von Lucke: Die rechte Wende – der ganz normale Osten. In Blätter für deutsche und internationale Politik 10'19, S. 8, Fußnote 3
2. Spiegel: »Anne Will« über die Parteienkrise – Die Angst vor dem nächsten Weimar., 17.02.2020
3. Zeit: Davide Cantoni: Wo die NSDAP erfolgreich war, ist es heute die AfD., 25.02.2019
4. Tagesspiegel: Linksextreme bilden kriminelle Vereinigung – Bundesanwaltschaft ermittelt gegen Leipziger Autonome nach gewaltsamen Attacken auf Rechtsextremisten., 06.11.2020
5. ZDF: Politisches Motiv-Stephan E. gesteht Mord an Lübcke: Wenige Tage später legt Stephan E. ein Geständnis ab, nachdem er nicht nur Lübcke, sondern ca. 60 Personen und Objekte im Visier hatte., 26.06.2019
6. Süddeutsche Zeitung vom 12.11.2019, S. 2
7. Spiegel: Früherer SPD-Vorsitzender Gabriel verteidigt Wechsel zur Deutschen Bank., 26.01.2020
8. Tagesschau 16.08.2019
9. Focus: Erhielt fünfstelliges Honorar – Tönnies-Neffe bringt bösen Gabriel-Verdacht ins Spiel – der streitet alles ab., 04.07.2020
10. Deutsches Tierschutzbüro: Dritte Undercover-Recherche deckt auf, wie Tierquälerei für Tönnies weitergeht., 02.01.2021
11. Süddeutsche Zeitung: Gabriel auf dem SPD-Parteitag., 14.11.2013
12. Frankfurter Allgemeine Zeitung: Verheerende Vertrauenskrise für Union und Regierung., 23.03.2021

13. Spiegel: Friedrich Merz arbeitet wieder als Aufsichtsrat bei Blackrock., 18.01.2019
14. Zeit: Cum Ex: Staatsanwaltschaft durchsucht Räume von BlackRock., 06.11.2018
15. Frankfurter Allgemeine Zeitung: Merz klagt gegen Offenlegung von Nebeneinkünften., 28.02.2006
16. Pankaj Mishra: Das Zeitalter des Zorns. Eine Geschichte der Gegenwart. Ebd., S. 370
17. Ebd., S. 371
18. Ebd., S. 373
19. Ebd., S. 374
20. Ebd., S. 378 f.
21. Siehe auch: Tagesspiegel: Das Virus in Echtzeit., 10.03.2020
22. Eva Illouz: Die Welt danach – Plädoyer für einen neuen Gesellschaftsvertrag., in Süddeutsche Zeitung, 24.03.2020
23. Frankfurter Allgemeine Zeitung: Die große Angst vor der Gewalt., 02.11.2020
24. Ebd.
25. Frankfurter Allgemeine Zeitung: Die Pandemie verschärft die Ungleichheit., 17.10.2020, S. 2
26. Siehe dazu u. a. Udo di Fabio: An den Grenzen der Verfassung., In Frankfurter Allgemeine Zeitung, 06.04.2020, S. 7 / Oliver Lepsius: Warum lauert die Polizei Spaziergängern auf? In Frankfurter Allgemeine Zeitung, 25.04.2020, S. 13
27. Kritisch äußern sich v. a. Verfassungsrechtler sowie: Juli Zeh, Prof. Julian Nida-Rümelin und Prof. Christiane Woopen in Steingarts Morning Briefing, 06.04.2020 / Udo di Fabio: An den Grenzen der Verfassung., In Frankfurter Allgemeine Zeitung, 06.04.2020
28. Süddeutsche Zeitung: Verschärfung des Infektionsschutzgesetzes: Vollmacht für den starken Mann., 25.03.2020
29. Bild: Merkel-Rede: »Die tatsächliche Lage an der Front ist katastrophal«., 19.03.2020
30. Ebd.
31. Süddeutsche Zeitung: Verschärfung des Infektionsschutzgesetzes: Vollmacht für den starken Mann., 25.03.2020
32. Naomi Klein: Die Schock-Strategie: Der Aufstieg des Katastrophen-Kapitalismus. Hamburg 2021, siehe Buchdeckel
33. Spiegel: Über-die-Coronakrise., 23.03.2021
34. Andreas Zielcke: Demokratie in Not. In Süddeutsche Zeitung, 20.03.2020, S. 11
35. Welt: In der Krise haben freiheitsfeindliche Mythen Konjunktur., 02.04.2020
36. Yuval Noah Harari: In der Corona-Krise stellen wir die Weichen für die Zukunft: Wir müssen den Totalitarismus bekämpfen und den Bürgersinn stärken., In Neue Zürcher Zeitung, 23.03.2020

37. TEKK.TV: Coronavirus-Krise birgt Risiken und Chancen für Gewerkschaften., 06.04.2020
38. Welt: Sachsen will Quarantäne-Verweigerer in Psychiatrien sperren., 10.04.2020
39. Berliner Morgenpost: Gefängnisrevolte mit 6 Toten., 07.03.2020
40. Renverse: Brigades de Solidarité Populaire – Pour une autodéfense sanitaire. Dans de nombreuses villes de France et également à Genève, des brigades de solidarité populaire voient le jour et commencent à se coordonner pour assurer l'autodéfense sanitaire., 11.04.2020
41. Süddeutsche Zeitung: Entwicklungsländern droht Tragödie – IWF sieht »dunkelste Stunde«,06.04.2020, S. 17
42. Zeit: Oxfam-Studie: Lateinamerikas Superreiche in Corona-Zeiten immer reicher., 27.07.2020
43. Steingarts Morning Briefing vom 13.03.2020
44. Ebd.
45. Sascha Lobo: Die deutsche Rentokratie, jetzt auch mit Corona-Topping., In Spiegel 05.05.2021
46. Der Standard: Zu viel des Guten? – Billionen an Geldspritzen: Rollt jetzt die große Inflationswelle an?, 09.02.2021
47. Merkur: Trend zur Shitstorm-Versicherung., 12.03.2020
48. Top Hotel: Versicherer gewinnen Corona-Prozesse um Betriebsschließung., 17.03.2021
49. Bayerischer Rundfunk: Allianz Hauptversammlung: Kein Schadensersatz für geschlossene Firmen in der Pandemie – 12 Prozent mehr Gehalt für Bäte., 05.05.2021
50. Handelsblatt: Autokonzerne stehen in der Kritik – BMW, Daimler und VW schütten Milliarden an ihre Aktionäre aus, obwohl sie Kurzarbeit in Anspruch nehmen. Das sorgt in der Politik für Diskussionen., 06.04.2020
51. Süddeutsche Zeitung: Zulässig oder zu lässig – Der Millionenkredit für Galeria Karstadt wirft die Frage auf, wie lax oder streng der Bund Steuergeld verteilen sollte., 22.02.2021, S. 15
52. Ebd.
53. Ebd.
54. Giorgio Agamben: Corona: Wir sind nurmehr das nackte Leben., In Neue Zürcher Zeitung, 18.03.2020
55. Allgäu Online: Madonna sendet bizarre Corona-Botschaft aus der Badewanne., 24.03.2021
56. Ebd.
57. Giorgio Agamben: Corona: Wir sind nurmehr das nackte Leben., In Neue Zürcher Zeitung, 18.03.2020
58. Ebd.
59. Frankfurter Allgemeine Zeitung: Quarantäne ist nicht gleich Quarantäne., 02.04.2020

60. Stern: Hedgefonds-Chef Ray Dalio wettet Milliarden gegen deutsche Konzerne., 23.03.2020

61. Frankfurter Allgemeine Zeitung: Quarantäne ist nicht gleich Quarantäne., 02.04.2020

62. Nouvel Observateur: Paris à l'heure des super-riches., 09.02.2020

63. Sebastian Chwala im Interview mit Wolf Wetzel von den Nachdenkseiten: Das Virus ist dasselbe, aber die politischen Proteste gegen die Corona-Maßnahmen sind deutlich andere., 21.05.2021

64. Frankfurter Allgemeine Zeitung: Quarantäne ist nicht gleich Quarantäne., 02.04.2020

65. Slate: Les riches mettent le paquet pour se préparer au coronavirus., 06.03.2020

66. judy.co/collections

67. www.medical-luxury-concierge.com/

68. Süddeutsche Zeitung: My home is my castle, 04/05.04.2020

69. Frankfurter Allgemeine Zeitung: Die Reichen fliehen aufs Wasser – In Amerika wächst der Ärger über Wohlhabende, die sich mit Geld vor Corona retten wollen., 25.03.2020, S. 7

70. Ebd.

71. Ebd.

72. Richard Florida: The New Urban Crisis: How Our Cities Are Increasing Inequality, Deepening Segregation, and Failing the Middle Class-and What We Can Do About It. New York 2017, S. 13 ff.

73. Süddeutsche Zeitung: My home is my castle., 04/05.04.2020, S. 54

74. WirtschaftsWoche: Die eigene Insel – Wohin die Superreichen vor Corona fliehen können., 18.03.2020

75. Anspielung auf die US-amerikanische Serie »Doomsday Preppers« von 2012, in der drei grundlegend unterschiedliche US-Amerikaner bei ihren Vorbereitungen auf den Tag begleitet werden, an dem die USA durch Krieg, Terror oder sonstige Katastrophen im Chaos versinken.

76. TAZ: Reiche auf der Flucht – Neues aus Neuseeland., 19.03.2020

77. Frankfurter Allgemeine Zeitung: Die Reichen fliehen aufs Wasser – In Amerika wächst der Ärger über Wohlhabende, die sich mit Geld vor Corona retten wollen., 25.03.2020

78. Olga Tokarczuk: Jetzt kommen neue Zeiten!, In Frankfurter Allgemeine Zeitung, 31.03.2020, S. 9

79. Edgar Allan Poe: Die Maske des roten Todes und andere phantastische Fahrten. Zürich 1992, S. 125

80. Tagesspiegel: Coronavirus und andere Krisen – Wie sich Prepper auf das Schlimmste vorbereiten., 13.03.2020

81. US-amerikanische Serie ›Doomsday Preppers‹ von 2012, siehe dazu u. a. Fernando Aguirre: Street survival skills. 2019 / Richard Duarte: Surviving Doomsday 2012 / Sebastian Hein: Prepper, Krisenvorsorge, Survival Guide. 2018

82. Siehe zahlreiche Prepper-Foren wie www.paranoid-prepper.com/einstei ger-prepper-grundlagen/; survival-tipp.com/category/tipps-und-tricks/ oder siehe auch der YouTube-Kanal »Doom Prepper«

83. Tagesspiegel: Coronavirus und andere Krisen – Wie sich Prepper auf das Schlimmste vorbereiten., 13.03.2020

84. Survival-tipp.com: Prepper werden – in 20 Schritten – Ultimativer Leitfaden zur Krisenvorsorge., 11.02.2019

85. Ebd.

86. Spiegel: Börsen-Hype trotz Corona-Krise – Die Totenzahlen in den USA steigen, die Kurse auch., 27.04.2020

87. Spiegel: Trumps Wirtschaftsberater rechnet mit Arbeitslosenquote von 16 Prozent – oder mehr., 27.04.2020

88. Spiegel: Börsen-Hype trotz Corona-Krise – Die Totenzahlen in den USA steigen, die Kurse auch., 27.04.2020

89. Redaktionsnetzwerk Deutschland: Kurzarbeiter versus Lockdown-Elite: Die neue deutsche Teilung., 27.04.2020

90. Jannis Brühl: Die Reichen hauen ab., in Süddeutsche Zeitung, 24.09.2020

91. Frankfurter Allgemeine Zeitung: Die Frühwarner – Bill Gates und Nassim Taleb haben jedenfalls gewusst, was droht., 03.04.2020, S. 20 / Nassim Nicholas Taleb: Der Schwarze Schwan: Die Macht höchst unwahrscheinlicher Ereignisse, München 2018

92. Frankfurter Allgemeine Zeitung: Die Frühwarner – Bill Gates und Nassim Taleb haben jedenfalls gewusst, was droht., 03.04.2020, S. 20

93. Oldenburger Zeitung: Armutsforscher: Coronavirus kann Kluft zwischen Arm und Reich vergrößern, 30.03.2020

94. Frankfurter Allgemeine Zeitung: Am Aktienmarkt herrscht Euphorie. Die Kurse brechen Rekord um Rekord., 19.03.2021, S. 23

95. Frankfurter Allgemeine Zeitung: Nun liegt London klar an der Spitze., 23.04.2021, S. 13

96. Siehe die Studie des ›Institute for Policy Studies‹: Billionaire Bonanza 2020: Wealth Windfalls, Tumbling Taxes, and Pandemic Profiteers., 2020

97. Frankfurter Allgemeine Zeitung: Die Frühwarner., 03.04.2020, S. 20

98. GQ-Magazin: Wie die Superreichen aus dem Silicon Valley sich auf den Weltuntergang vorbereiten., 23.02.2017

99. Cash: Bunker in Neuseeland – Reiche Amerikaner aktivieren ihre Fluchtpläne für Pandemien., 25.04.2020

100. Folgende Zitate aus: Antonio Garcia Martinez: Chaos Monkeys: Inside the Silicon Valley Money Machine. London 2017

101. Vanity Fair: Inside the Survivalist Bunker – Where Some Wealthy People Hope to Ride Out Coronavirus., 13.03.2020

102. Ebd.

103. Cash: Bunker in Neuseeland. Reiche Amerikaner aktivieren ihre Fluchtpläne für Pandemien., 25.04.2020

104. Business Insider: The wealthiest of Silicon Valley have become super

doomsday preppers by buying remote New Zealand properties, getting eye surgeries, and stockpiling ammo and food., 13.04.2020

105. Vanity Fair: Inside the Survivalist Bunker – Where Some Wealthy People Hope to Ride Out Coronavirus., 13.03.2020

106. Spiegel: US-Untersuchungsbericht – »Hall of Shame« der Finanzkrise., 28.01.2011

107. Frankfurter Allgemeine Zeitung: Biden sorgt für Knappheit von Impfstoff., 08.05.2021, S. 1

108. WirtschaftsWoche: Verfassungsschutz befürchtet Spionageangriffe auf Impfstoff-Forscher., 11.09.2020

109. Redaktionsnetzwerk Deutschland: Richard Hatchett – der Herr über die Corona-Impfstoffe., 16.03.2020

110. Finanznachrichten: Deutscher Zoll beschlagnahmt Corona-Atemschutzmasken und Schutzkleidung bei US-Konzern 3M in Jüchen bei Mönchengladbach., 19.03.2020

111. Tagesspiegel: USA fangen 200.000 Schutzmasken ab – Berlins Innensenator spricht von »moderner Piraterie«., 03.04.2020

112. Slavoj Žižek: Pandemie!: COVID-19 erschüttert die Welt. Wien 2020, S. 74

113. Ebd.

114. Wiener Zeitung: Mythen des Silicon Valley – Die Milliardäre und der Geist von 1968 – Interview mit Adrian Daub über Style und Denken der Big-Tech-Hipster., 15.12.2020

115. Der Monat: Survival of the Richest., 02.2019

116. Ebd.

117. Bernard E. Harcourt: Gegenrevolution – Der Kampf der Regierungen gegen die eigenen Bürger, Frankfurt 2018

118. Manager Magazin: All und Rauch – im Weltraum reich werden – Elon Musk und Jeff Bezos locken Anleger zu den Sternen. Die Weltraumwirtschaft verheißt ein neues Internet, spektakuläre neue Reiseziele, gar neuen Lebensraum., 18.03.2021

119. Spiegel: Gates, Musk, Bezos: Die Milliardäre werden uns nicht retten, 14.03.2021

120. Ebd.

121. Ebd.

Exkurs III: Verfolgungswahn im »Green Room« der Milliardäre

1. Der Monat: Survival of the Richest, 02.2019

2. Douglas Rushkoff: Throwing Rocks at the Google Bus: How Growth Became the Enemy of Prosperity. New York 2016 / Der Monat: Survival of the Richest, 02.2019

3. Dieses und folgende übersetzte Zitate aus: Douglas Rushkoff: Survival of the Richest: The wealthy are plotting to leave us behind., In Future Human, 05.07.2018

4. »Mister Robot« ist eine US-Serie, in der ein IT-Spezialist angeheuert wird, um die Weltwirtschaft ins Chaos zu stürzen.

VI. Hobbits, Hooligans, Vulkanier: Der Heilige Krieg zwischen Kaste und Masse

1. Nils Markwardt: Klassismus: Du gehörst nicht dazu!, in Zeit,15.02.2021
2. Futurezone: Milliardäre nutzten Gesichtserkennungs-App für Spaß und Spionage, 08.03.2020
3. Daniela Dröscher: Mittelschicht: »Ich bin zwar privilegiert, aber immerhin nicht reich« – Wer gehört zur Mittelklasse? Diese Schicht hat großes revolutionäres Potenzial., in Zeit, 20.02.2021
4. Michael Sauga: Wer arbeitet, ist der Dumme. Die Ausbeutung der Mittelschicht. München 2007, S. 211
5. Oliver Nachtwey: »Die Risiken sind dramatisch ungleich verteilt« – Corona trifft Ärmere härter als Reiche., Süddeutsche Zeitung, 10.03.2021, S. 9
6. Zeit: Friedrich Merz: »Heute verdiene ich rund eine Million Euro, 18.11.2018
7. Ebd.
8. Louis Ferdinand Céline: Reise ans Ende der Nacht. Hamburg 2008, S. 295
9. Oliver Nachtwey: »Die Risiken sind dramatisch ungleich verteilt«, Corona trifft Ärmere härter als Reiche., Süddeutsche Zeitung, 10.03.2021
10. Süddeutsche Zeitung: Hotspots am rechten Rheinufer, 22.03.2021
11. Zeit: Mittelschicht: »Ich bin zwar privilegiert, aber immerhin nicht reich – Klar ist allerdings: Diese Schicht hat großes revolutionäres Potenzial«., 23.02.2021
12. Ebd.
13. Süddeutsche Zeitung vom 03.05.2021
14. Telepolis: Die Empörten unterscheidet nichts vom Troll., 20.04.2021
15. Zeit: Mittelschicht: »Ich bin zwar privilegiert, aber immerhin nicht reich – Klar ist allerdings: Diese Schicht hat großes revolutionäres Potenzial«., 23.02.2021
16. Ebd.
17. Prof. Dr. Hinnerk Wißmann: Ad-hoc-Stellungnahme zum Gesetzentwurf der Fraktionen von CDU/CSU und SPD für ein »Viertes Gesetz zum Schutz der Bevölkerung bei einer epidemischen Lage von nationaler Tragweite«., 12.04.2021
18. Alexander Neubacher: Partei der Einfalt., In Spiegel, 14.05.2021
19. Frankfurter Allgemeine Zeitung: Jede fünfte Region Deutschlands steht auf der Kippe, 09.08.2020, S. 15
20. Ebd.
21. Georg Büchner, Dantons Tod.
22. Nils Markwardt: Klassismus: Du gehörst nicht dazu!, in Zeit, 15.02.2021
23. Ebd.

24. Ebd.
25. Christian Baron: Proleten, Pöbel, Parasiten. Warum die Linken die Arbeiter verachten. Berlin 2016, S. 37
26. Jason Brennan: Gegendemokratie – Warum wir die Politik nicht den Unvernünftigen überlassen dürfen. Berlin 2017, S. 415
27. Ebd., S. 20 f. ; hier sei nur ein Beispiel für Brennans offensichtlichen sozialen und ethnischen Rassismus genannt: »Die meisten armen schwarzen Frauen sind zu unwissend, um an der Wahlurne eine gute Entscheidung zu fällen (…).« S. 260
28. Frankfurter Allgemeine Zeitung: Wie bändigt man Eliten?, 03.07.2019, S. 10 / Klaus Bringmann: Das Volk regiert sich selbst. Eine Geschichte der Demokratie. Darmstadt 2019
29. J. Brennan: Gegen Demokratie – Warum wir Politik nicht den Unvernünftigen überlassen dürfen. Berlin 2017
30. Domenico Losurdo: Freiheit als Privileg – Eine Gegengeschichte des Liberalismus. Köln 2010
31. Oliver Nachtwey: Entzivilisierung. Über regressive Tendenzen in westlichen Gesellschaften. In Die große Regression, Frankfurt 2017, 226
32. Markus Dettmer: Neuer Datenreport – Deutschlands Armut und wie Corona sie verändert: (…) Die Coronapandemie droht die Lage benachteiligter Gruppen zu verschärfen., In Spiegel: Neuer Datenreport Deutschlands – Armut und wie Corona sie verändert: Wer einmal arm wurde, bleibt zunehmend länger arm als in der Vergangenheit., 10.03.2021 Dort heißt es u. a.: »Zwar verzeichneten in dieser ersten Phase höhere Einkommensgruppen häufiger Einkommenseinbußen. Doch für die betroffenen Menschen mit Niedrigeinkommen waren die finanziellen Folgen härter. In Befragungen berichteten 17 Prozent der angelernten und ungelernten Arbeiterinnen und Arbeiter und knapp 14 Prozent der einfachen Angestellten von finanziellen Schwierigkeiten und Risiken betroffen zu sein oder davon auszugehen, dass dies in den kommenden zwölf Monaten passieren könnte. (…) Am höchsten ist das Armutsrisiko demnach bei Alleinerziehenden (41 Prozent), Menschen mit Hauptschulabschluss ohne Berufsabschluss (35 Prozent) oder mit direktem Migrationshintergrund (29 Prozent), die also selbst eingewandert sind.«
33. Naika Foroutan, Jana Hensel: Die Gesellschaft der Anderen. Berlin 2020, S. 104
34. Ebd., S. 107
35. Christophe Guilluy: Le crépuscule de la France d'en haut. Paris 2016
36. Naika Foroutan, Jana Hensel: Die Gesellschaft der Anderen. Berlin 2020, S. 49
37. Ebd., S. 60 f.
38. Nachdenkseiten: Und der Rundfunk würde plötzlich wieder denen gehören, die dafür bezahlen müssen., 26.12.2020

39. Begriff nach Ezra Park, In Naika Foroutan, Jana Hensel: Die Gesellschaft der Anderen. Berlin 2020, S. 59
40. Ebd.
41. Ebd.
42. Ebd., S. 132
43. Interview mit Peter-Michael Diestel: »Die Staatssicherheit war zu diesem Zeitpunkt der fähigste Geheimdienst«., In Berliner Zeitung, 30.09.2020
44. Christophe Guilluy: La France périphérique. Paris 2016, S. 22
45. Ebd., S. 10 f.
46. Spiegel: Erst kurz vor Ostwahlen fordert Söder Sonderwirtschaftszonen mit niedrigen Steuern sowie die Gründung von Universitäten im Osten., 04.08.2019
47. Dieses und folg. Zitate: Frankfurter Allgemeine Zeitung: Die Folgen des Aderlasses – Wie die AfD vom enormen Bevölkerungsverlust im Osten profitiert., 21.12.2020, S. 8
48. Ebd.
49. Hengameh Yaghoobifarah u. a.: Eure Heimat ist unser Albtraum, Berlin 2019
50. Petra Köpping: Integriert doch erst mal uns! Eine Streitschrift aus dem Osten. Berlin 2018, S. 9
51. Ebd., S. 23
52. Ebd., S. 25
53. Ebd., S. 29
54. Frankfurter Allgemeine Zeitung: Die Folgen des Aderlasses – Wie die AfD vom enormen Bevölkerungsverlust im Osten profitiert., 21.12.2020, S. 8
55. Petra Köpping: Integriert doch erst mal uns! Eine Streitschrift aus dem Osten. Berlin 2018, ebd., S. 33
56. Teilhabe-Atlas des Berliner Instituts f. Bevölkerung und Entwicklung, in Frankfurter Allgemeine Zeitung: Ein Riss geht durch Deutschland, 23.08.2020, S. 18
57. Dieter Sauer u. a.: Rechtspopulismus und Gewerkschaften. Hamburg 2018, S. 93
58. Thomas Frank: Pouquoi les pauvres votent à droite. Marseille 2016
59. Malte Lehming: SPD streitet über Identitätspolitik – Der Arbeiter, das unbekannte Wesen., in Tagesspiegel, 18.03.2021
60. Ebd.
61. Elsa Dorlin: Selbstverteidigung. Eine Philosophie der Gewalt. Frankfurt 2020, S. 312
62. Bertelsmann-Stiftung.de: Corona: Traditionelle Aufgabenverteilung im Haushalt belastet Frauen stark., 03.12.2020
63. UNICEF-Bericht In Jugendhilfeportal.de: Faire Chancen für jedes Kind – Analyse zur Lage von Kindern in Deutschland., 22.06.2017
64. Süddeutsche Zeitung: Opferanwältin: »Ich behalte gerne die Kontrolle«., 29.07.2020

65. Ebd.
66. Frankfurter Allgemeine Zeitung: Gegen sexualisierte Gewalt – Wer weg-schaut, macht sich schuldig: In Frankreich kleben Frauen Botschaften an Häuserwände., 02.03.2021, S. 11
67. Süddeutsche Zeitung: Opferanwältin: »Ich behalte gerne die Kontrolle«., 29.07.2020

Exkurs IV: Sex, Zwangsarbeit und Spezialimmobilien

1. Claas Tatje: Und raus bist Du., in Zeit, 16.10.2018
2. Constanze Werner: Kriegswirtschaft und Zwangsarbeit bei BMW; Im Auftrag von MTU Aero Engines und BMW Group (Perspektiven, 1, Band 1), München 2005; hierzu sei eine kritische Rezension genannt, In H-Soz-Kult. Kommunikation und Fachinformation für die Geschichtswissenschaften zu: C. Werner: Kriegswirtschaft und Zwangsarbeit bei BMW
3. Informationsdienst Wissenschaft, idw: »Die Welt nach dem 11. September – Politik und Wirtschaft vor neuen Herausforderungen«., 25.06.2002
4. Z. B. Reich-Ranitzky zur Walser-Holocaust-Debatte., In TAZ, 03.12.1998
5. Ebd.
6. Stabsstelle Presse und Kommunikation FU-Berlin: Erinnerung., 07.06.1999
7. Ebd.
8. Bild: »Drecksau, wir machen dich kalt!«., 02.11.2015
9. Computer Bild: Apple, BMW, Microsoft und weitere: Zwangsarbeit in Lieferkette aufgedeckt., 03.03.2020
   Die IG Metall bestätigt die schlimmen Zustände: IG Metall München: Foxconn beißt in den sauren Apple., 09.06.2010 / Gongchao: Vorwort: Arbeitskämpfe in Chinas Autofabriken., 13.03.2018 / Gongchao: »Sie haben das selbst organisiert!« Die Streikwelle von Mai bis Juli 2010 in China., 01.10.2010
10. Guardian: Ford, GM and BMW linked to illegal logging and slave labour in Brazil – Car makers source iron from Brazil that contributes to Amazon deforestation, says Greenpeace ahead of Rio + 20., 17.05.2012
11. Die Zeit: Und raus bist Du., 16.10.2018
12. You tube: Frontal21: BMW sponsert Betriebsrat – schwarze Kassen. 15.07.2015
13. Claas Tatje: Und raus bist Du., in Die Zeit, 16.10.2018
14. Ebd.
15. Bild: Zulauf von BMW und Daimler: Betriebsrat gründet eigene Gewerkschaft., 04.03.2016
16. Bild: »Drecksau, wir machen dich kalt!«., 02.11.2015
17. Pressemitteilung der Gewerkschaft Social Peace vom 27.04.2021
18. Wirtschaftswoche: Machtkampf bei VW: Niederlagen konnten Piëch nichts anhaben., 17.04.2015
19. Stern: VW Affaire., 03.08.2006

20. Focus: Sex-Affäre bei VW – Wo bleiben die Weiber?, 02.11.2013
21. Ebd: »Der VW-Personalmanager sagte außerdem unter Eid aus: ›Eine Reise ohne Prostituierte (sei …) kaum mehr denkbar gewesen.‹«
22. Jens Berger In Nachdenkseiten: 750.000 Euro für einen Betriebsrat? Da muss sich die IG Metall nicht wundern, wenn ihr die Mitglieder weglaufen., 22.12.2017
23. Süddeutsche Zeitung: VW-Betriebsrat: Schlecht so., 24/25.04.2021 S. 4
24. Zeit: IG Metall: Und raus bist du., 13.10.2016

VIII. Angst, Ausgrenzung, Ausnahmezustand: Die Globalokalypse greift um sich

1. Frankfurter Allgemeine Zeitung: Niedergang der Freiheit – Wie die Covid-19-Pandemie weltweit die Demokratie schwächt., 21.11.2020, S. 10
2. Pankaj Mishra: Das Zeitalter des Zorns. Frankfurt 2017, S. 387 f.
3. Finanznachrichten: Wirecard: EY geht von schwerer Kriminalität und bandenmäßigem Betrug im großen Stil aus., 25.06.2020
4. Ebd.
5. Berliner Zeitung: Wirecard-Überraschung: Haben wir die Falschen gejagt?, 16.04.2021
6. Berliner Zeitung: Altmaier zu Wirecard: »Ich habe nur ein Sparbuch und eine bescheidene Immobilie«., 20.04.2021
7. Ebd.
8. Ebd.
9. Ebd.
10. Bayerischer Rundfunk: Söder: Verfassungsschutz soll »Querdenker« besser beobachten, 13.11.2020
11. Eric Gujer In Neue Zürcher Zeitung: Was soll das Gerede von »Covidioten« und Verschwörungstheoretikern?, 11.09.2020, Umschlag
12. Isabel Wilkerson: Caste – The lies that divide us. London 2020
13. Frankfurter Rundschau: Milliardäre an Krisenbewältigung beteiligen., 11.11.2020 / Businessinsider: Schäuble hat mit seiner Demokratie-Kritik Recht — doch Merkel steht ihm im Weg., 12.05.2020
14. Frankfurter Allgemeine Zeitung: Neues Infaktionsschutzgesetz: Unbegrenzte Ermächtigung?, 26.03.2020. Dort heißt es u. a.: »Das neue Infektionsschutzgesetz stellt die Gesetzesbindung von Regierung und Verwaltung weitgehend zur Disposition. In dieser künftig sogenannten ›epidemischen Lage von nationaler Tragweite‹ erhält der Bundesgesundheitsminister beispiellose, bisher ungekannte Vollmachten«.
15. Tagesspiegel: Parlament gibt Kontrolle aus der Hand., 01.04.2020
16. WDR: Kritik an Corona-«Ermächtigungsgesetz«., 30.03.2020
17. Süddeutsche Zeitung: Seehofer: Bund muss Kommando übernehmen, 29.03.2021
18. Ebd.
19. Deutsche Welle: Pandemie und Parlamente: Höhlt Corona die Demokra-

tie aus? Immer neue Gesetze, immer mehr Einschränkungen. Kanzlerin Merkel und die Länderchefs entscheiden über den Kurs der Pandemiebekämpfung – am Parlament vorbei. Nun regt sich Widerstand gegen eine »Verordnungsdemokratie«., 20.10.2020 / Prof. Dagmar Richter: Das Corona-Ermächtigungsgesetz – ein schlechtes Beispiel für Europa? Machtfülle des Bundesgesundheitsministers und Entmachtung des Gesetzgebers durch das neue deutsche Infektionsschutzgesetz., In Jean Monnet Saar , 20.04.2020

20. Ebd.

21. Neue Zürcher Zeitung: Der ehemalige Bundesverfassungsrichter Hans-Jürgen Papier warnt: »Auch wer die Gesundheit der Bevölkerung schützen will, darf nicht beliebig in die Grundrechte eingreifen« Die Politik muss die Maßstäbe ihres Handelns offenlegen, einen naturwissenschaftlichen Automatismus gibt es nicht, das Parlament sollte aus dem Dämmerschlaf erwachen: Papier kritisiert die Schieflagen in der politischen Debatte um das Coronavirus, 20.10.2020

22. Süddeutsche Zeitung: Söder deutet verfassungsfeindliche Tendenzen bei »Querdenkern« an., 09.11.2020 / Handelsblatt: Coronaregeln: Söder und Altmaier fordern höhere Strafen bei Verstößen gegen die Coronaregeln, 02.08.2020

23. General-Anzeiger: Daraus kann Terror entstehen, 09.09.2020 / Zeit: Corona als Waffe von Terroristen – Gefährliche Verschwörungsmythen, 13.05.2020

24. Ebd.

25. Redaktionsnetzwerk Deutschland: Lindner kritisiert neues Infektionsschutzgesetz: »Im Grunde ist es ein Blankoscheck«., 18.11.2020

26. Jens Berger: Debatte zum Infektionsschutzgesetz – Steilvorlage für die AfD, Nachdenkseiten, 19.11.2020

27. Susanne Gaschke: In Welt, 12.04.2021

28. Milosz Matuschek Blog, 25.10.2020

29. Martin Mosebach: Dankesrede zum Georg Büchner Preis., 2007

30. Milosz Matuschek Blog, 25.10.2020

31. So Karl Lauterbach:Die im Grundgesetz verankerte Unverletzbarkeit der Wohnung dürfe »kein Argument mehr für ausbleibende Kontrollen sein«., In Berliner Zeitung, 28.10.2020

32. Bayerischer Rundfunk: Aufruf zur Bespitzelung? Söder weist Vorwürfe zurück, 30.10.2020

33. Neue Zürcher Zeitung: #allesdichtmachen: Schauspieler sorgen für Aufsehen, 23.04.2021

34. Jakob Augstein In Der Freitag: Die große Ungeduld., 29.04.2021

35. Süddeutsche Zeitung: Corona wird Schulden steigen lassen., 11.11.2020, S. 17

36. Winfried Menninghaus: Ekel – Theorie und Geschichte einer starken Empfindung. Frankfurt 1999, S. 380 f.

37. Jochen Buchsteiner: Ratmageddon im Königreich – Viele Menschen kehren Großbritannien den Rücken – und Ratten breiten sich stark aus., In Frankfurter Allgemeine Zeitung, 02.03.2021, S. 7
38. Ebd.
39. Ebd.
40. Tagesschau: Die ungleiche Krise – Armes, reiches New York., 30.10.2020
41. Ebd.
42. Ebd.
43. Jochen Buchsteiner: Ratmageddon im Königreich – Viele Menschen kehren Großbritannien den Rücken – und Ratten breiten sich stark aus, In Frankfurter Allgemeine Zeitung, 02.03.2021
44. Frankfurter Allgemeine Zeitung: Orchestrierter Massen-Diebstahl, 30.03.2020, S. 5
45. Die Zeit: Corona-Proteste in Italien: Die Wut geht auf die Straße, 05.11.2020 / Die Welt: Spanien – Gewalttätige Proteste gegen Corona-Maßnahmen, 31.10.2020
46. Deutsche Welle: Zusammenstöße bei Corona-Protesten in London – In der britischen Hauptstadt ist es bei Protesten gegen die verschärften Corona-Maßnahmen zu teils gewaltsamen Zusammenstößen zwischen Demonstranten und der Polizei gekommen. Etliche Menschen erlitten Verletzungen., 22.09.2020
47. Ebd.
48. Alexander Hagelüken: Corona spaltet Arm und Reich, In Süddeutsche Zeitung, 20.11.2020, S. 17
49. Vorwärts: Wie Corona die Ungleichheit verstärkt., 19.09.2020
50. Albrecht Müller: Die Revolution ist fällig. Aber sie ist verboten. Frankfurt 2020, S. 139
51. Silke Wettach: Die EU setzte naiv auf den Markt, andere agierten strategisch, In Wirtschaftswoche 24.03.2021
52. Reuters: Frankreich blockiert EU-Bestellung von BioNTech/Pfizer-Impfstoff, 29.04.2021
53. Süddeutsche Zeitung: Kauf von Corona-Impfstoff: Merkel: »Im Großen und Ganzen nichts schiefgelaufen«., 02.01.2021
54. Merkur: Krach hinter den Kulissen – Söder knöpft sich auf Impfgipfel die zwei EU-Kommissare vor., 03.02.2021
55. Wagenknechts Wochenschau: Menschenleben zählen nicht – Der große Profit der Pharmakonzerne., 28.01.2021
56. Prof. Renate Köcher: Zweifel an der Impfstrategie – Der Rückhalt für den politischen Kurs bei der Bekämpfung der Pandemie schwindet., In Frankfurter Allgemeine Zeitung, 28.01.2021, S. 8
57. Bild: Spanien spricht von Impffreisepass für Malle-Urlauber., 10.02.2021, S. 3
58. Blick: Generäle, Bischöfe und Milliardäre. Diese Reichen und Mächtigen sind Impfdrängler., 17.02.2021

59. Spiegel: Urlaub und Corona-Impfung für 3000 Euro: »Shot-Trips« – was ist dran an Impfreisen?, 12.02.2021
60. Hessisch-Niedersächsische Allgemeine: Spahn will Sanktionen gegen Vordrängler beim Impfen prüfen., 12.02.2021
61. Maxim Biller: Failed State – Eines Tages wird Professor Bienlein Kanzler. Wenn es gut läuft. Und wenn nicht: ein deutschnationaler Grüner. In Süddeutsche Zeitung, 5./6.6.2021, S. 15
62. Bild: So wird Deutschland abgehängt., 10.02.2021, S. 2
63. Nils Markwardt: Klassismus: Du gehörst nicht dazu!, in Zeit, 15.02.2021
64. Zeit: Corona-Impfstoff-Politik, 18.12.2020
65. Ebd.
66. Ebd.
67. Harald Schumann: Corona und die tödlichen Patente – Wie EU und USA die Interessen der Pharmariesen schützen, In Tagesspiegel, 14.02.2021
68. Spiegel: »Wie Corona die Welt verändert – Das Jahr der Ratte: Nach der Pandemie wird alles anders sein – aber wie? Wer wird der Gewinner dieser globalen Veränderungen sein? Sechs Prognosen von Ökonomen, Diplomaten und Meinungsforschern., 19.04.2020
69. Frank Biess: Republik der Angst – Eine andere Geschichte der Bundesrepublik. Hamburg 2019, S. 425
70. Ebd., S. 23
71. Ebd., S. 451
72. Ebd.
73. Tagesspiegel: Trauer um 80.000 Corona-Tote: »In der schwersten Zeit seines Lebens konnten wir nicht für ihn da sein«., 18.04.2021
74. Frankfurter Allgemeine Zeitung: Eine Gesellschaft, die dieses Leid verdrängt, wird als ganze Schaden nehmen., 19.04.2021, S. 2
75. Tagesspiegel: Um 00:30 Uhr steht die Entscheidung: So verlief der Kanzler-Krimi der CDU hinter den Kulissen., 20.04.2021
76. Philip Manow: Ende der Situationsvernunft. In Zeit,14.07.2018
77. Merkel Interview In Frankfurter Allgemeine Zeitung: »Ich bin im Reinen mit mir«, 25.02.2021
78. Nachdenkseiten: »Mutti Merkel«-CDU: Auflösung in Männerbünde und in den Staat, 10.02.2021
79. Ebd.
80. Philip Manow: Ende der Situationsvernunft: Angela Merkel hat die Republik nicht nur verwaltet. Sie hat die Regeln der alten BRD kontrolliert gesprengt. Jetzt, da ihre Macht schwindet, erkennt man ihr Prinzip., In Zeit, 14.07.2018,
81. Spiegel: Mario Draghi regiert Italien wohl ehrenamtlich, 13.05.2021
82. Ebd.
83. Tagesspiegel: Grünen-Wähler kauften mehr SUV als Wähler anderer Parteien., 16.05.2021
84. Welt: Wagenknecht löst Merkel als beliebteste Politikerin ab., 21.11.2019

85. Spiegel: Söder: »Wenn das der Kurs der Grünen ist, sind Gelbwesten-Proteste provoziert«., 18.11.2019
86. Ebd.
87. Jasper von Altenbockum: Eine kleine Revolution, In Frankfurter Allgemeine Zeitung, 30.3.2021, S. 1
88. Ebd.
89. Tagesspiegel: Gewonnen hat er die Kanzlerkandidatur noch nicht: Armin Laschet droht ein Pyrrhussieg, 20.04.2021

VIII. Gemeinsinn, Gegenmacht, Gewalt von oben?
Wer uns nicht beschützt, muss weg

1. Paul Collier: Sozialer Kapitalismus!: Mein Manifest gegen den Zerfall unserer Gesellschaft. München 2019
2. Frank Biess: Republik der Angst. Hamburg 2019, S. 456
3. Bild: Millionen Deutsche betroffen – Merkel will Ausgangs-Beschränkungen!, 21.03.2021
4. Ebd.
5. Ebd.
6. Henrik M. Broder: Selbstüberschätzung, lustvolles Durchregieren – eine sehr toxische Mischung, In Welt, 04.04.2021
7. Welt: Bierzeltstimmung zwischen »Södolf«- und »Diktatur«-Plakaten., 03.04.2021
8. Top-Manager Reitzle wirft Bundesregierung bei Corona-Politik Versagen vor., in Welt, 04.04.2021
9. Bernard E. Harcourt: Gegenrevolution – Der Kampf der Regierungen gegen die eigenen Bürger. Frankfurt 2019
10. Ebd. Umschlagseite
11. Ebd., S. 287
12. Heribert Prantl: Gefährder-Gesetz – Bayern führt die Unendlichkeitshaft ein,. In Süddeutsche Zeitung, 20.07.17
13. Wolf Wetzel: Der Rechtsstaat im Untergrund: Big Brother, der NSU-Komplex und die notwendige Illoyalität, Köln 2015
14. Siehe Stellungnahme der Grünen-Bayern zur Einführung der Möglichkeit einer »Unendlichkeitshaft«: »NEIN zum neuen Polizeiaufgabengesetz«
15. Legal Tribune: Interview zum bayerischen Polizeiaufgabengesetz »Für Monate in Haft – ohne Anwalt«., 26.10.2018
16. Johan Galtung: Strukturelle Gewalt. Beiträge zur Friedens- und Konfliktforschung. Hamburg 1982
17. Elsa Dorlin: Selbstverteidigung – Eine Philosophie der Gewalt. Frankfurt 2020 / Buchmesse: Rassismus, Sex und Kolonialismus – eine aktuelle Debatte über europäische Grenzen hinaus., 16.10.2020
18. Welt: Französische Gewaltforscherin: »Wir erleben hier gerade die Zerstörung des Sozialstaates«., 25.10.2020
19. Dorlin, Selbstverteidigung, S. 171

20. Bayerischer Rundfunk: Philosophin Elsa Dorlin: Gewalt ist nicht nur etwas Negatives., 01.02.2021
21. Elsa Dorlin: Selbstverteidigung – Eine Philosophie der Gewalt. Frankfurt 2020, ebd.
22. Ebd., S. 75
23. Vorwärts: Wie Corona die Ungleichheit verstärkt, 19.09.2020
24. Zitiert aus: Martin Mosebach: Dankesrede zum Georg Büchner Preis, 2007
25. Frankfurter Allgemeine Zeitung: Wohlstand des Amazon-Gründers: Mit einer Guillotine gegen Jeff Bezos., 28.08.2020
26. Homepage Bayern der Sammlungsbewegung AUFSTEHEN: Startseite Aufstehen Bayern e. V., 01.12.2020
27. Mishra, Zeitalter, S. 36
28. La Presse: Regard critique sur Amazon, 20.11.2020 / l'Union: Amazon à nouveau au centre des critiques, 17.11.20 / NouvelObs: Hidalgo et Bachelot appellent les Français à ne pas acheter sur Amazon, 02.11.2020
29. Hollands berühmte Rede als Präsidentschaftskandidat der Sozialisten in Bourget vom 22.10.2012 / siehe: Pascal Blanchard u. a.: Les années 30 sont de retour. Paris 2014, S. 14
30. Mishra S. 36
31. Berliner Zeitung: Autonome kommen in den Grunewald: »Villenbesitzer abholen«., 29.04.2021
32. Alexander Hagelüken: Corona spaltet Arm und Reich., in Süddeutsche Zeitung, 20.11.2020, S. 17
33. Andreas Nölke: Exportismus. Frankfurt 2021
34. Sahra Wagenknecht: Die Selbstgerechten. Mein Gegenprogramm für Gemeinsinn und Zusammenhalt. Frankfurt 2021
35. Gabor Steingard: Dickes Weihnachtsgeld für Baerbock und Özdemir. In Focus, 21.05.2021
36. Homepage Staatsministerium Baden-Württemberg vom 09.12.2020
37. Florian Rötzer: Explosionspotenzial: Privilegien für Geimpfte. In Telepolis, 05.02.2021
38. Frankfurter Allgemeine Zeitung: Zerrüttetes Vertrauen – Bei Protesten für die Pressefreiheit in Paris eskaliert die Gewalt, 30.11.2020, S. 5
39. Frankfurter Allgemeine Zeitung: Proteste in Frankreich: »Inakzeptable Gewalt gegen die Ordnungshüter«, 19.11.2020 sowie Christophe Guilluy: La France périphérique – Comment on a sacrifié les classes populaires., Paris 2016

IX. Nationale Demokratie oder globaler Markt?

1. Sahra Wagenknecht: Die Selbstgerechten. Mein Gegenprogramm für Gemeinsinn und Zusammenhalt. Frankfurt 2021, S. 226
2. Benedikt Kaiser: Querfront. Schnellroda 2017, S. 66

3. Neue Zürcher Zeitung Am Sonntag: Die Front gegen Marine Le Pen bröckelt., 24.04.2021

4. Deutsche Welle: Frankreich., 21.5.2021

5. Ebd.

6. L'Opinion: Armée: Une majorité de Français soutient la »lettre des généraux«, 29.04.2021

7. Süddeutsche Zeitung: Rechter Brandbrief löst Unruhe in Frankreich aus, 28.04.2021

8. Frankfurter Allgemeine Zeitung: Bundespräsident Steinmeier zu Besuch in Paris., 26.04.2021

9. Frankfurter Allgemeine Zeitung: Zwischen den Stühlen., 12.05.2021, S. 8

10. Didier Eribon: Frankreich im Wahljahr: Ein neuer Geist von '68. In Frankfurter Allgemeine Zeitung, 18.04.2017, S. 3

11. Ebd.

12. Timothy Snyder: Trump's big election lie pushes America toward autocracy., In Bosten Globe, 11.11.2020

13. Sasha Lobo: Die deutsche Rentokratie, jetzt auch mit Corona-Topping, In Spiegel, 05.05.2021

14. Ebd.

15. Süddeutsche Zeitung: Ministerin für alles. 21.05.2021

16. Markus Becker: Her mit dem Konflikt der Generationen!, In Spiegel, 14.05.2021

17. Jürg Altwegg: Alte haben Geld, Junge keine Arbeit – Generationenkonflikte und ein bitterer Vorgeschmack auf das Jahr 2040., In Frankfurter Allgemeine Zeitung, 23.03.2021, S. 9

18. Ökonom Philippe Cohen gab 1999 diese Losung gegen die Eliten aus: in Christophe Guilluy: La France périphérique. Paris 2016, S. 12

19. Pankaj Mishra: Das Zeitalter des Zorns. Eine Geschichte der Gegenwart, Frankfurt 2017, S. 370

20. Die Bundeszentrale für politische Bildung bietet dankenswerterweise Slobodians »Globalisten«-Buch an.

21. Welt: Kapitalismuskritik: Der Vatikan benennt, was nicht mehr zu leugnen ist, 17.05.2018